FRANCOPHONIES

D'AMÉRIQUE

FRANCOPHONIES
D'AMÉRIQUE

1996   Numéro 6

Les Presses de l'Université d'Ottawa

FRANCOPHONIES
D'AMÉRIQUE

1996   Numéro 6

Directeur :
JULES TESSIER
Université d'Ottawa

Conseil d'administration :
GRATIEN ALLAIRE
Université Laurentienne, Sudbury
PAUL DUBÉ
Université de l'Alberta, Edmonton
JAMES DE FINNEY
Université de Moncton
YOLANDE GRISÉ
Université d'Ottawa
PIERRE-YVES MOCQUAIS
Université de Regina

Comité de lecture :
GEORGES BÉLANGER
Université Laurentienne, Sudbury
RAOUL BOUDREAU
Université de Moncton
ÉLOÏSE BRIÈRE
State University of New York at Albany
GILLES CADRIN
Faculté Saint-Jean, Université de l'Alberta
PIERRE PAUL KARCH
Université York, Toronto
PIERRE-YVES MOCQUAIS
Université de Regina

Secrétaire de rédaction :
France Beauregard

Publications récentes et thèses soutenues :
Lorraine Albert

Francophonies d'Amérique est indexée dans :

Klapp, *Bibliographie d'histoire littéraire française* (Stuttgart, Allemagne)

International Bibliography of Periodical Literature (IBZ) et *International Bibliography of Book Reviews (IBR)* (Osnabruck, Allemagne)

MLA International Bibliography (New York, États-Unis)

Cette revue est publiée grâce à la contribution financière des universités suivantes :
UNIVERSITÉ D'OTTAWA
UNIVERSITÉ LAURENTIENNE DE SUDBURY
UNIVERSITÉ DE MONCTON
UNIVERSITÉ DE L'ALBERTA – FACULTÉ SAINT–JEAN
UNIVERSITÉ DE REGINA

Ce numéro a bénéficié d'une subvention de la Chaire pour le développement de la recherche sur la culture d'expression française en Amérique du Nord.

Pour tout renseignement concernant l'abonnement, veuillez consulter la page 245 en fin d'ouvrage.

ISBN 2-7603-0429-9

TABLE DES MATIÈRES

L'ONTARIO

LES ÉTATS-UNIS

GÉNÉRAL

CHRONIQUE DES CENTRES DE RECHERCHE

PUBLICATIONS RÉCENTES ET THÈSES SOUTENUES

FRANCOPHONIES
D'AMÉRIQUE

« IL N'Y AURA PLUS DE JEANNE SAUVÉ ET DE GABRIELLE ROY »

Qu'on ne s'y méprenne pas, ce sombre pronostic ne provient pas d'un obscur folliculaire, mais bien de l'éditorialiste en chef de l'imposant quotidien montréalais *La Presse*. En effet, Alain Dubuc, dans le numéro du 8 décembre 1995, pour illustrer le phénomène de l'acculturation qui affecte à des degrés divers la francophonie nord-américaine, hormis le Québec et, dans une certaine mesure, l'Acadie, a écrit ce qui suit : « […] à l'exception de l'Acadie, aux traditions uniques, la culture canadienne-française hors Québec n'existe plus, sinon par sa lutte désespérée pour sa survie. Il n'y aura plus de Jeanne Sauvé et de Gabrielle Roy » (p. B2).

Cette façon de présenter la problématique de l'assimilation, dont on ne peut nier les méfaits, laisse cependant entendre que l'érosion des effectifs se doublerait d'une déperdition de vitalité, d'une espèce d'anémie linguistique et culturelle en perpétuelle progression, qui ferait de nos contemporains franco-canadiens vivant à l'ouest du Québec des gens de qualité moindre que leurs prédécesseurs.

Nous n'avons pas affaire, ici, à un indépendantiste qui tente d'occulter la francophonie hors Québec parce que cette réalité le dérange dans son projet. *La Presse* étant un journal ouvertement fédéraliste et ardent défenseur du lien canadien, ainsi que son président et éditeur, Roger D. Landry, l'a rappelé sans équivoque au cours de la récente campagne référendaire, pareille énormité ne peut être attribuable qu'à l'ignorance, une ignorance aussi stupéfiante qu'humiliante, étant donné sa provenance. À tout prendre, ce diagnostic d'appauvrissement, de dégénérescence culturelle, est tout aussi choquant que ces appellations de *dead ducks*, puis de « cadavres encore chauds », des métaphores de thanatologues assenées jadis par MM. Lévesque et Beauchemin.

Pour peu qu'on consente à nouveau des tarifs réduits, il ne fait aucun doute qu'après escale dans chaque province à l'ouest de la rivière des Outaouais, on réussirait à remplir un Boeing avec des femmes francophones d'une grande valeur, d'un calibre tout à fait comparable à la regrettée Jeanne Sauvé, à une différence près, mais de taille : ces personnes ne sont pas allées se réfugier au Québec pour goûter aux blandices de la société francophone homogène, ce qui ajoute encore à leurs mérites. Ainsi le démenti serait tangible, visible, et pourrait faire l'objet d'une belle photographie devant les bureaux du quotidien de la rue Saint-Jacques.

Par ailleurs, j'inviterais M. Dubuc à feuilleter notre revue — je vais m'empresser de lui en expédier un numéro, dès la parution de la présente livraison —, particulièrement la rubrique des « Publications récentes » où sont recensés tous les titres parus en français à l'extérieur du Québec au cours de l'année écoulée. Tout n'est pas de valeur égale, c'est une loi universelle, mais il s'y trouve quantité d'œuvres remarquables et il suffit de parcourir les nombreuses recensions reproduites dans nos pages pour s'en convaincre.

Quant à Gabrielle Roy, s'il est douteux que l'Ouest en produise une autre, il est tout aussi incertain que le Québec nous en donne une à l'avenir. Elle est unique. On ne fait pas de clone de Gabrielle Roy. Nulle part.

Passons maintenant à la présentation proprement dite du numéro 6 de *Francophonies d'Amérique*, en commençant, comme il se doit, par l'Ouest canadien.

L'Ouest : ça turbine au pays de Jeanne et de Gabrielle

Notre collègue Paul Dubé présente un portrait de Roger Léveillé, un écrivain né sur l'autre rive de la rivière Rouge, à Winnipeg, en 1945, l'année même de la publication de *Bonheur d'occasion*. Un émule de Gabrielle Roy ? Ce genre de comparaison est incongru et dépassé. On s'en rendra compte en parcourant les pages qui lui sont consacrées, Roger Léveillé est un auteur prolifique, talentueux, polymorphe, originaire du Manitoba où il est resté, lui, pour y faire carrière, en français, avec brio. Dans la même section, on trouve également une étude préparée par Claude Couture, portant partiellement sur *Tchipayuk* (1987), un roman historique qui a fait un malheur en France, écrit par un autre Franco-Manitobain, Ronald Lavallée, né en 1954, donc à peu près de la même génération que M. Dubuc. Enfin, nos lecteurs seront heureux de prendre connaissance de la seconde partie de l'étude que Jacques Julien a faite sur Pierre Falcon (1793-1876), qui a commencé à composer ses textes dans les Prairies avant qu'Octave Crémazie n'ait écrit un seul de ses poèmes sur les berges du Saint-Laurent. Pierre Falcon est le tout premier auteur qui figure dans l'*Anthologie de la poésie franco-manitobaine*, un fort volume de 591 pages préparé par Roger Léveillé (Éditions du Blé, 1990), où sont recensés 35 auteurs dont 12 sont nés après 1945, et parmi ces derniers, 5 après 1955. Pas mal pour un coin de pays où la relève, aux yeux de certains, si tant est qu'elle existât, serait de moins en moins douée. Et si les sceptiques ne sont toujours pas confondus, je demanderai à Gamila Morcos de l'Alberta d'expédier à *La Presse* sa monumentale compilation des écrivains de l'Ouest canadien, laquelle devrait paraître en 1996.

L'Acadie : un irremplaçable passé à exorciser

Les « minorités » doivent se rattacher à leur passé comme à un point d'ancrage pour éviter l'engloutissement, un passé toutefois qui peut devenir stérilisant et fixiste si on ne s'en affranchit pas.

Un paradoxe difficile à assumer, on s'en doute, et qui trouve un écho récurrent dans les littératures francophones d'Amérique, ainsi que nous le font voir les trois études en provenance de l'Acadie.

C'est ainsi que Blanca Navarro Pardinas montre comment le romancier Claude LeBouthillier valorise un passé inspirateur et cathartique alors que Glenn Moulaison, en prenant comme point de rupture le célèbre *Mourir à Scoudouc* d'Herménégilde Chiasson, met en relief la nécessité de mourir, justement, à un ordre ancien afin d'entrer dans la modernité. Les rites de passage sont divers et leur symbolique point toujours obvie ; aussi Denis Bourque nous met-il en garde contre une lecture hâtive et au premier degré du roman de Jacques Savoie, *Raconte-moi Massabielle*, puisque, derrière le carnavalesque rabelaisien, s'y profile une dimension sacrificielle, celle des grands mythes collectifs qu'il faut larguer pour prendre le large.

L'Ontario : à propos des francophones ordinaires

Les francophones nord-américains sont conscients du caractère de précarité qui affecte leur langue et leur culture, à des degrés divers, particulièrement à l'extérieur du Québec et de l'Acadie.

Cette hantise est à l'origine de ces nombreuses études et analyses sur l'état de la francophonie dans toutes les régions du continent. D'autre part, dans cette évaluation de vitalité linguistique et culturelle, il ne faut pas se restreindre aux genres « nobles » sanctionnés par l'institution littéraire, elle-même parfois déficiente, mais aussi prendre en compte toutes les manifestations artistiques et littéraires, quelles que soient leur provenance et leur nature.

Il est donc nécessaire d'avoir recours, périodiquement, à des études comparables à celle que nous proposent Pierre C. Bélanger et Stéphanie Dansereau sur l'influence de la télévision auprès des jeunes Ontariens, que le français soit pour eux une langue maternelle ou apprise dans les classes d'immersion. Par ailleurs, il conviendrait peut-être d'ajouter une autre acception au vocable « para-littérature » pour y inclure le théâtre amateur, un genre laissé de côté par les institutions mémorialisantes, mais néanmoins l'indice d'une certaine vitalité culturelle auprès du vaste public, ainsi que nous le racontent, sous forme de chronique, Pierre Fortier et Clermont Trudelle, à propos de Toronto. Il faut savoir gré à Yvan Lepage d'avoir fait preuve de discernement en mettant de côté certains critères de littérarité élitistes lorsqu'il a aidé Marie-Rose Girard, une simple Franco-Ontarienne au destin cependant exceptionnel, à publier ses mémoires, quitte, par la suite, à en faire l'objet d'une édition critique digne des plus grands auteurs. Il lui rend maintenant un ultime hommage à l'occasion de son décès survenu depuis peu.

Les francophones des États-Unis : des romans-photos

La façon dont on a abordé le volet littéraire dans la section réservée aux francophones américains est fort éloignée des analyses formelles savantes et jargonnantes. Ici, la fonction identitaire est privilégiée, qu'elle ait été voulue ou non par l'auteur. Le corpus littéraire devient le lieu d'émergence, à des époques précises, de profils nets et multidimensionnels de trois communautés francophones américaines des États-Unis : les Cadiens et les Créoles blancs de la Louisiane, puis les Franco-Américains de la Nouvelle-Angleterre.

À propos de ces derniers, Claire Quintal tente de faire revivre les « Francos » de Lowell et leur « Petit Canada » au tournant du siècle, en un premier temps, en comparant les descriptions tirées de deux romans : *Maria Chapdelaine* de Louis Hémon et *Canuck* de Camille Lessard-Bissonnette, pour ensuite confronter ces données à celles de sociologues qui ont étudié la communauté francophone lowelloise sensiblement à la même époque, un peu comme si elle juxtaposait des peintures et des instantanés photographiques. Ida Eve Heckenbach évoque la fin de la production romanesque issue de la communauté blanche créole en analysant le roman que George Dessommes à fait paraître en 1888, *Tante Cydette*, œuvre de fiction d'inspiration naturaliste dans laquelle filtrent les signes annonciateurs d'une fin d'époque. En revanche, Bertille Beaulieu, avec une admiration à peine dissimulée, traite de renaissance et de quête d'identité en faisant la synthèse des principaux textes produits par les Cadiens de la Louisiane depuis le réveil littéraire des années 70.

Général : What's in a name ?

En faisant appel aux ressources de la sociologie, après avoir retracé les avatars subis par l'appellation « Canada français », Claude Denis, de l'autre extrémité des Prairies, en Alberta, nous aide à comprendre les relations entre les francophones de l'extérieur et ceux du Québec, de même qu'entre les Québécois et les groupes ethniques, en invoquant notamment la différence fondamentale entre les nationalismes ethnique et civique. Dans un tout autre domaine, à la suite du décès subit de Jean Éthier-Blais survenu à Montréal le 12 décembre dernier, Robert Vigneault, un « confrère de classe » comme on disait à l'époque, évoque le personnage et la riche carrière littéraire de ce noble fils de l'Ontario français.

* * *

Conformément à la politique de la revue, les articles sont accompagnés de nombreuses recensions afin de faire connaître plus en détail quelques-unes des parutions récentes publiées en français à l'extérieur du Québec ou portant sur la francophonie nord-américaine. Ces comptes rendus ne sont pas réservés à des auteurs connus, mais servent aussi de lieu d'évaluation des toutes premières œuvres d'auteurs débutants, comme Simone LeBlanc Rainville (Acadie), Danièle Vallée et Marie-Andrée Donovan (Ontario) ou Jean-Pierre Dubé (Ouest).

La chronique des centres de recherche qui s'intéressent à une région ou à l'ensemble de l'Amérique française fait maintenant partie des sources de renseignements auxquelles on se réfère pour se documenter sur les recherches en cours et sur les artisans qui y œuvrent.

La rubrique très utile des «Publications récentes et thèses soutenues», comme à l'habitude, a été préparée avec soin et minutie par Lorraine Albert (Ottawa) avec le concours de Gilles Chiasson (Moncton).

* * *

Le secrétaire de rédaction depuis la fondation de la revue, Jean-Marc Barrette, ayant soutenu sa thèse de doctorat avec le plus grand succès en novembre dernier, nous a quittés afin de se rendre disponible pour un emploi à temps plein. Je tiens à le remercier pour les immenses services qu'il nous a rendus. Cette tâche est maintenant assumée par France Beauregard, une experte qui a conquis ses galons au Centre de recherche en civilisation canadienne-française de l'Université d'Ottawa.

Au conseil d'administration, Gratien Allaire représente l'Université Laurentienne depuis deux ans. Paul Dubé et James de Finney y siègent maintenant, ayant légué leurs postes, au comité de lecture, à leurs collègues Gilles Cadrin (Université de l'Alberta) et Raoul Boudreau (Université de Moncton). Armand Chartier, représentant de la Nouvelle-Angleterre au comité de lecture, a été remplacé par Éloïse Brière. Je remercie chaleureusement ces collègues dévoués pour les services rendus ou pour avoir accepté de nouvelles responsabilités afin d'assurer la continuité et la qualité de notre revue.

Enfin, je tiens à exprimer ma vive reconnaissance à Joseph Melançon, titulaire de la Chaire pour le développement de la recherche sur la culture d'expression française en Amérique du Nord (CEFAN, Université Laval) pour son aide matérielle ainsi que pour son appui moral exprimé en termes chaleureux et bien sentis.

Le prochain numéro (1997) sera thématique et portera sur «L'écriture au féminin en français en Amérique». Étant coordonné à partir de Calgary par notre distinguée collègue Estelle Dansereau, il est d'ores et déjà permis d'en escompter le plus grand succès.

Jules Tessier, directeur
Francophonies d'Amérique

LE NÉO-NATIONALISME ACADIEN « À L'HEURE ACTUELLE » OU LA QUESTION DU SAVOIR EN ACADIE

Glenn Moulaison
Université Saint-François-Xavier (N.-É.)

> C'était une ère à se demander si l'art servait réellement à quelque chose et si les artistes pouvaient être rentables[1].

Dans un numéro récent de la *Revue de l'Université de Moncton*, Herménégilde Chiasson signe un article où il livre ses réflexions sur « Le rôle de l'artiste dans la communauté acadienne[2] ». Le texte mérite un examen attentif pour deux raisons. D'une part, ce n'est pas tous les jours qu'une revue universitaire invite quelqu'un — encore moins un artiste — à traiter d'un tel sujet, surtout d'un sujet qui ne soit pas strictement universitaire. Le numéro en question, consacré aux « Arts et lettres », est le premier de trois ayant pour thème d'ensemble « L'Acadie d'hier à demain », publiés à l'occasion du Congrès mondial acadien (août 1994). Dans l'avant-propos, Jean-Bernard Robichaud, recteur de l'Université de Moncton, explique que ces numéros serviront à « approfondir la réflexion et [à] alimenter le débat » (p. 5) lors du Congrès, où l'on dressera le « bilan » d'une société acadienne orientée vers l'avenir. D'autre part, le texte est d'un grand intérêt étant donné que Chiasson, écrivain, cinéaste et artiste visuel, est l'un des principaux acteurs sur la scène culturelle acadienne, et indéniablement celui dont la carrière est la plus diversifiée. Après Raymond Guy Leblanc et Guy Arsenault, il est le « troisième poète fondateur de la poésie acadienne moderne[3] » et, depuis 1972 — où il faisait paraître avec Jacques et Gilles Savoie, *L'Anti-livre*, dit le premier ouvrage littéraire publié en Acadie —, il est l'auteur de plusieurs recueils de poésie, nouvelles, pièces de théâtre et scénarios de films. Il a réalisé, depuis 1985, une dizaine de films, dont six à l'ONF, et plusieurs galeries d'art ont exposé ses créations multimédias.

Le fait d'offrir des remarques sur le rôle de l'artiste dans la communauté acadienne comme matière à discussion dans un forum comme le Congrès mondial ne constitue pas en soi une singularité. Au contraire, dans un article paru dans le même numéro de la *Revue* sur «L'émergence de la littérature acadienne, 1755-1910», James de Finney et Pierre Rajotte démontrent que, depuis la fin du XIXe siècle, surtout par l'intermédiaire du journal *L'Évangéline*, on établit en Acadie des «liens inextricables entre vie littéraire et vie socio-politique» (p. 270). Toutefois, le fait de donner la parole à Chiasson, c'est-à-dire à un poète qui, il y a une vingtaine d'années, appartenait à une génération d'artistes acadiens qui choisissaient d'exercer leur fonction complètement à l'extérieur de la communauté plutôt qu'au sein de celle-ci — du moins dans la communauté acadienne traditionnelle — est propre à faire réfléchir. «Il fut un temps où l'artiste vivait en marge de la société pour effectuer son travail de visionnaire et de critique, mais il semble bien que ce temps-là fasse désormais partie de la légende» (p. 321). À plusieurs points de vue, les temps ont effectivement bien changé en ce qui concerne la place qu'occupe l'artiste en Acadie, et le succès et la reconnaissance gagnés, à force d'acharnement, tant à l'extérieur qu'à l'intérieur de l'Acadie, y sont pour beaucoup, comme Chiasson s'y réfère de façon oblique tout au long de son article. Cependant, à la lecture, ce qui ressort le plus des propos de Chiasson sur ce nouvel ordre des choses, est un malaise, comme si le confort — relatif, bien sûr — dont jouit l'artiste acadien «à l'heure actuelle» (une expression qui revient cinq fois dans le texte) répugnait à ses sensibilités de «maudit», plus à l'aise avec l'art de la subversion qu'avec l'art de la subvention, qui autrefois qualifiait l'Acadie de «trou béant, fausse [*sic*] commune, catacombe de la survie[4]».

Il serait facile de voir en ce malaise la nostalgie d'un nationaliste épuisé et inquiet qui souhaiterait voir une jeune relève se ranger sous les bannières dressées au début des années 70, où l'art, engagé, était presque un artisanat à but non lucratif, plutôt que de chercher à être rentable et à faire fortune: «Où est la charge révolutionnaire de l'art? Où sont les nouveaux indices, les nouveaux voyants? Sont-ils en ligne pour entrer dans un studio de télévision?» (p. 321). Mais il serait plus intéressant et pertinent de voir dans les réflexions de Chiasson moins un désir de retourner aux années 70 — et par extension naturelle, de se fermer les yeux à la situation de «l'heure actuelle» — qu'un rappel de ce que l'on avait vraiment réalisé au cours de ces années, afin que l'Acadie d'aujourd'hui et de demain en tienne compte.

Le discours et le rock

Pour le distinguer du nationalisme acadien traditionnel, qui remonte aux premières grandes conventions nationales de la fin du XIXe siècle où, par exemple, furent choisis les principaux symboles de l'Acadie — le drapeau, l'hymne, la fête, la devise —, on qualifie de «néo-» le mouvement nationaliste dont le Ralliement de la jeunesse acadienne, en 1966, marque le point de départ. La distinction entre ces deux moments de l'histoire acadienne n'est pas apparue au nom de la seule clarté: le *néo*-nationalisme s'oppose résolument au premier, qu'il considère comme étant bourgeois, conservateur, tourné vers le passé, l'idéologie d'une petite élite institutionnelle dont l'attitude de bonne entente avec le régime socio-politique anglophone maintient en pouvoir une classe de rares privilégiés, alors que les masses de la société acadienne traînent dans la misère. Ce mouvement, né avec un œil sur les bouleversements socio-politiques du Québec et l'autre sur l'agitation de la scène (étudiante) internationale, atteint une nette mise au point au début des années 70, dans la mesure où un projet social proprement acadien commence à se dessiner, à la formation duquel participent universitaires, politiciens et artistes. Des sociologues et des historiens procèdent à un nouvel examen de la société, à travers une grille d'analyse scientifique, c'est-à-dire libérée du carcan de la tradition franco-catholique. Le Parti acadien, fondé en 1972 au Nouveau-Brunswick, revendique la création d'une province acadienne. Le lyrisme personnel des poètes et des musiciens chante les réalités de l'Acadie quotidienne, telles que vécues dans la joie et la misère de ses contradictions violentes. En quelques années, on passe de la vision traditionnelle, qui voit en l'Acadie le dernier bastion de la civilisation catholique française, ayant survécu à la Chute de 1755 et étant sur la route du paradis grâce à sa foi de martyre, à la vision moderne et révolutionnaire, où l'Acadie est victime d'une illusion à dissiper qui valorise la souffrance et la suspension du bien-être afin de justifier et de perpétuer une injustice.

C'est ainsi que les critiques et les interprètes du néo-nationalisme, surtout dans les écrits les plus caractéristiques de ce mouvement, représentent ses progrès comme le passage du sommeil au réveil, comme la renonciation au « mythe national » pour arriver à une vision lucide de la réalité. Jusqu'alors étouffée par l'ignorance sur son propre compte, la société acadienne se révolte, prend conscience d'elle-même et regarde en arrière non plus avec nostalgie, mais avec honte. Désormais elle *sait*, et ce qu'elle sait, c'est qu'elle n'est pas, qu'elle n'a jamais été un peuple d'élection au destin glorieux habitant la Terre promise. Au contraire, comme Raymond Leblanc le fait remarquer de façon indéniable dans le poème épilogue de son *Cri de terre* (1972), « Je suis acadien », il n'y a absolument rien en l'Acadien qui soit digne d'admiration ou d'imitation ; la dure réalité ne correspond pas à la belle légende que certains aiment véhiculer depuis plus d'un siècle :

> Je jure en anglais tous mes goddam de bâtard
> Et souvent les fuck it me remontent à la gorge
> Avec des Jesus-Christ projetés contre le windshield
> Saignant medium-rare
> . . . .
> Je suis acadien
> Ce qui signifie
> Multiplié fourré dispersé acheté aliéné vendu révolté
> Homme déchiré vers l'avenir[5]

Le néo-nationalisme, selon la lecture orthodoxe, est un processus de désillusionnement, où l'Acadie est désabusée d'une tromperie collective. Anne

Marie Robichaud, par exemple, décrit la démarche de Michel Roy dans *L'Acadie perdue* (1978)[6] — un essai où l'auteur, au risque de simplifier, offre sa version personnelle du rôle du clergé dans l'histoire de l'Acadie, et qui est sans doute l'un des textes les plus violents de la période — comme une « entreprise de démystification, et même de démythification[7] ». Afin de mieux mettre en valeur les réalisations des poètes néo-nationalistes, Raoul Boudreau présente ainsi la production poétique acadienne antérieure aux années 70 :

> Cette poésie propose une vision théocentrique du monde et elle présente l'Acadie et les Acadiens comme le peuple élu de Dieu qui, par son indéfectible attachement à sa foi catholique malgré ses souffrances et ses misères, doit servir d'exemple aux peuples de la terre. Elle incite le plus souvent à la prière et à l'action de grâce, jamais à la révolte[8].

Yves Bolduc explique que chez des poètes comme Raymond Leblanc, Guy Arsenault, Herménégilde Chiasson, Calixte Duguay, Ulysse Landry, Louis Comeau et Gérald Leblanc, « l'image mythifiée [de l'Acadie s'efface] au profit du concret de tous les jours[9] ». Marguerite Maillet, dans la conclusion de son *Histoire de la littérature acadienne*, affirme que les « auteurs contemporains ont voulu rompre avec une littérature jugée passéiste, une littérature qui privilégiait l'événement de 1755 et les traditions dites nationales[10] ». Alain Masson, ainsi que Raoul Boudreau, qualifie la poésie acadienne des années 50 de « naïvement idéaliste[11] », avançant que l'image de l'Acadie véhiculée par la poésie, de même que par d'autres champs de discours — l'histoire et la linguistique, par exemple —, « exclue [*sic*] la complaisance du mythe[12] ». La position de Jean-Paul Hautecœur est un peu différente, mais elle abonde dans le sens général de ces interprétations. Dans *L'Acadie du discours* (1975), il essaie de démontrer que le néo-nationalisme constitue moins un rejet du « mythe national » en son entier qu'une identification restreinte à l'une de ses catégories, à savoir le moment de l'Acadien colon — substituant par là l'élite acadienne traditionnelle aux oppresseurs impérialistes français et britanniques[13].

Loin de suggérer que ces interprétations soient fausses, nous voulons néanmoins les nuancer. Car s'il est vrai que les intervenants néo-nationalistes, par opposition aux nationalistes traditionnels, sont ceux qui *savent*, et que ce savoir donne à leur prise de parole une légitimité qui ferait défaut aux partisans de la tradition, il reste à déterminer le processus par lequel ils ont réussi à accéder au savoir. Certes, dans certains cas, comme l'historiographie ou la sociologie, il est évident que ce sont les rigueurs de la science qui permettent de triompher de l'ancien paradigme. L'esprit critique, l'analyse « scientifique » des sources et des documents, le rejet systématique de la tradition au profit de la théorie, le recours à la connaissance objective plutôt qu'intuitive des faits, mènent à une vision désacralisée, démythifiée de la société acadienne. Devant les ressources des sciences humaines et sociales modernes, l'Acadie de Longfellow et de l'Église franco-catholique, ruisselant de lait et de miel, doit inévitablement s'éclipser. Mais dans le cas de l'art, de la poésie, l'accession au savoir s'effectue-t-elle de la même manière, étant donné qu'il serait difficile d'affirmer que l'artiste cherche sa légitimité là où le scientifique la trouve ? En fait, n'est-il pas permis de croire que le terrain privilégié de l'artiste est le mythe, et n'est-il pas alors paradoxal d'avancer que la prise de conscience de l'artiste acadien procède d'une renonciation au mythe — qu'il soit « national » ou autre ? L'artiste acadien néo-nationaliste *démythifie*-t-il la vision de l'Acadie ou exploite-t-il autrement les possibilités du « mythe national » ? C'est une question à laquelle nous allons tenter de répondre, et c'est ici que nous devons retourner à Herménégilde Chiasson.

Mourir à Scoudouc

En 1974, Chiasson publie aux Éditions d'Acadie *Mourir à Scoudouc*, son premier recueil de poésies, que nous considérons comme le texte poétique le plus représentatif de la période néo-nationaliste. Ce recueil, plus que tout autre en Acadie, est devenu la malheureuse victime des anthologies : on a tendance à mettre en relief des pièces individuelles, comme « Eugénie Melanson » et la série « Bleu, Jaune, Bleu, Rouge et… Noir », au détriment de l'ensemble. Bien entendu, « Eugénie Melanson », sans doute encore l'un des plus beaux poèmes jamais écrits en Acadie, mérite ce genre d'attention, mais le contexte dans lequel il s'enchâsse mérite aussi qu'on y prête une attention particulière. Dans la limite de nos connaissances, l'article d'Alain Masson paru dans la *Revue de l'Université de Moncton*[14] demeure l'étude la plus poussée de *Mourir à Scoudouc*. Grâce à une analyse thématique et structurale dans le sens large du terme, Masson, en ce qui concerne la narrativité du recueil, met l'accent sur la « prolifération du récit[15] », qui donnerait lieu à une poésie du « vertige[16] ». De notre côté, nous aimerions proposer qu'il existe dans *Mourir à Scoudouc* un *grand récit* qui atténue cette « prolifération » et qui met au point ce « vertige ».

Comme son titre l'indique, le thème principal de *Mourir à Scoudouc* est la mort. Le point culminant de tout le recueil se trouve dans l'avant-dernier poème, le poème-titre en l'occurrence, qui raconte comment le « je », en « auto », est « venu voir la fin […] du monde » à « Scoudouc », « un endroit seul et grand comme un trou » — qui est, en réalité, un petit village acadien dans la région sud-est du Nouveau-Brunswick. Pris de peur à la vue de « monsieur Net », « l'homme de Glad », et « le chevalier Ajax » (« Pourquoi étaient-ils venus ? / Peut-être parce que Scoudouc était sale »), il se creuse un trou à la pelle et s'y cache :

> Et je suis entrée [*sic*] dans ma nuit une autre fois
>
> J'avais peur parce qu'il n'y avait pas de lumière électrique je ne peux pas me coucher sans lumière électrique sans savoir qu'il y a quelqu'un qui me donne la lumière

Je sentais les racines de l'herbe sur mon dos et je me suis aperçu que je nourrissais l'herbe

J'entendais l'intimité de la terre j'étais prisonnier du vagin de la terre

J'entendais les roches qui glissaient et les racines qui s'enfonçaient et qui bougeaient à travers la planète

Les arbres qui s'étiraient et qui défonçaient le ciel

Je ne pouvais me rendre à la mort

Le « je » sort de son trou et rentre ensuite dans son auto, d'où il perçoit au ciel les « nuages » qui descendent « de façon inquiétante vers le royaume de Scoudouc » et « L'Évangile qui s'en venait du Cosmos comme des musiciens rock avec les anges en robes polyéthylène argentées » :

Scoudouc devint comme une cathédrale avec des arches et des anges dans les arcades qui se livraient à des gestes obcènes [*sic*]

Scoudouc devint la cathédrale avec l'auto son arche d'Alliance le moteur qui tournait au ralenti et la combustion qui empoisonnait les fidèles en robe blanche qui priaient en silence

Scoudouc devint la cathédrale avec l'auto son arche d'Alliance qui diffusait les tables de la loi

Le poème se termine alors que le « je » est « sorti dans le silence du ciel bleu encore [...] pour collectionner les reliques du dernier siècle » :

Les étiquettes de Chiclets les boîtes de conserves les boîtes de lait Carnation à moitié rouillées les sacs de chips les enveloppes timbrées les anciennes lettres déchirées les fenêtres barrées à double tour les mégots de cigarettes et les bouteilles de liqueurs douces au cœur du sauvage

Toutes je les ai déposées sur la terre la plus propre l'herbe la plus propre [...]

La typographie des lignes qui suivent cette mise en ordre des débris du siècle, laisse entendre que le « je », arrivé à « Scoudouc » en auto, adopte pour le départ un moyen de transport différent. De plus en plus petite, comme si le texte fuyait devant le lecteur ou le lecteur devant le texte, cette typographie suggère que le « je » s'éloigne en montant dans les airs, en conséquence de quoi « Scoudouc », étant perçu de là-haut, disparaîtrait peu à peu « parce que photographié de la lune », comme on dit à la dernière ligne du poème.

S'il y a une mort dans ce poème, il est évident qu'il n'y est pas question d'une mort ordinaire, c'est-à-dire d'une défaite ou d'un anéantissement complet, soit physique, soit moral. Dans l'acception courante du terme, le « je » ne meurt pas à « Scoudouc » : il n'y a aucune trace qui indiquerait une mort physique, et du point de vue moral, le « je » choisit la vie lorsque, caché dans son trou à cause de la peur que lui inspirent « monsieur Net », « l'homme de Glad » et « le chevalier Ajax », il reprend courage, disant qu'il ne peut pas « se rendre à la mort », la terre « vagin » le faisant renaître. Le mot « mourir » a donc un sens particulier dans ce poème et ailleurs dans le recueil de Chiasson.

La mort, comme le poème «Quand je deviens patriote» le fait valoir, est un événement par lequel «il faut bien passer», aussi difficile puisse-t-il s'avérer. Si le «je» meurt effectivement «à Scoudouc», il ne meurt pas comme le malade meurt à l'hôpital, mais comme le mystique meurt à son corps ou comme la religieuse meurt au monde, c'est-à-dire en s'en dépouillant, en y renonçant définitivement. Autrement dit, il faut mettre le verbe «mourir» dans le contexte d'une certaine tradition, où il constituerait moins le simple achèvement d'un processus vital que son accomplissement, de même que le point de départ d'une vie nouvelle.

Du récit au grand récit

Au début de «Mourir à Scoudouc», le «je» nous apprend qu'il est «venu voir la fin [...] du monde». Jusque-là, dans le recueil, on nous a présenté une sorte de tableau de ce «monde». Après un genre de poème-dédicace à Rimbaud, vient une série de neuf pièces où le thème principal est l'amour, en particulier l'amour frustré, nuancé par les sous-thèmes de l'exil, du silence, de l'emprisonnement, de la mort. Du premier poème, «Entre la saison du fol amour et la saison des framboises», au dernier, «En Acadie», on peut lire une progression du personnel à l'impersonnel ou au social, en ce sens que le pays qui, au début, constitue le cadre de l'idylle entre un homme et une femme devient peu à peu la condition de l'amour — sa possibilité, son obstacle —, sinon la partie féminine même du couple amoureux. Dans la section suivante du recueil, qui regroupe encore neuf poèmes, l'identification de l'«Acadie» à la femme est affichée dès le titre, «Acadie mon trop bel amour». Cette section, la plus chargée sur le plan «politique», comprend un appel au réveil, à la révolte, un désir de se défaire complètement des anciennes illusions du passé et d'affronter moins l'avenir que le présent, comme dans le texte «Rouge»:

> Acadie, mon trop bel amour violé, toi que je ne prendrais jamais dans des draps blancs, les draps que tu as déchirés pour t'en faire des drapeaux blancs comme des champs de neige que tu as vendus comme tes vieux poteaux de clôtures, tes vieilles granges, tes vieilles légendes, tes vieilles chimères, blancs comme une vieille robe de mariée dans un vieux coffre de cèdre. [...] Arrache ta robe bleue, mets-toi des étoiles rouges sur les seins, enfonce-toi dans la mer, la mer rouge qui va s'ouvrir comme pour la fuite en Égypte; la mer nous appartient, c'est vrai, toute la mer nous appartient parce que nous ne pouvons pas la vendre, parce que personne ne peut l'acheter.

«Mourir à Scoudouc», qui suit cette section, est le texte où convergent tous les thèmes de l'amour, de la révolte, de la mort et du pays. «Scoudouc», petit village acadien, «un endroit seul et grand comme un trou», représente la version concrète de cette Acadie qui n'existe pas sauf à l'état de mythe, un vrai pays où les enjeux de la vie et de la mort sont des réalités quotidiennes.

Si l'on prend un recul devant ce «récit», on voit se dessiner les traits d'un schéma biblique, du «grand récit» du christianisme orthodoxe, l'histoire de l'humanité entière, qui s'ouvre par une idylle amoureuse entre un homme et une femme, qui s'achève par une vision apocalyptique de la fin des temps, et qui est divisée en deux par l'avènement d'un messie. Comme dans la Bible, où la ville de Jérusalem, le peuple d'Israël, représente un être féminin, l'épouse frustrée ou mal préparée qui attend avec plus ou moins de patience l'arrivée de son époux céleste, le Christ, il y a dans *Mourir à Scoudouc* une identification entre le corps de la femme et le pays d'Acadie, le «trop bel amour», l'épouse qui, en l'occurrence, n'est pas prête pour l'arrivée de son époux, c'est-à-dire pour son salut : «Et dis toi bien qu'aujourd'hui que si le Messie revenait il serait en chômage» («Comprends-tu… là ? »).

Comme dans la Bible, l'intrigue — si l'on peut parler ainsi — de *Mourir à Scoudouc* est en quelque sorte une intrigue amoureuse, où l'amour est à la fois une relation littérale ou concrète, le sentiment qui unit une vraie femme et un vrai homme, et une relation symbolique, un sentiment d'appartenance à quelque chose qui dépasse l'ordre immédiatement humain. Malheureusement, dans les deux cas, cette histoire d'amour n'est qu'une série de révoltes, de ruptures, d'inconstances, d'infidélités. Dans le récit biblique, l'amour ne s'accomplit complètement qu'à la fin — soit à la fin du monde, au Jugement dernier inscrit dans le livre de l'Apocalypse où, dans une noce divine accompagnée de feux d'artifice, la Jérusalem céleste descend du ciel à la rencontre de son époux, le Christ.

Ce grand récit constitue, bien sûr, la charpente essentielle du «mythe national» acadien : le drame, la tragédie du peuple acadien, c'est la trame narrative d'ensemble de la «divine comédie» biblique. Éden : la période du régime britannique *soft*, qui va du traité d'Utrecht (1713) jusqu'au début des années 1750, une période exaltée par le romantisme de Longfellow avec ses deux personnages mythico-primitifs, Évangéline et Gabriel. Chute et exil : la rupture des alliances (le refus des serments d'allégeance inconditionnels), le Grand Dérangement de 1755 à 1763 et la diaspora qui éparpille la grande majorité des Acadiens à travers le monde. L'Évangile et la prophétie du Messie : le rassemblement et la renaissance d'un peuple-débris à la fin du XIXᵉ siècle, réalisés grâce aux efforts d'une élite qui, en plus, promet une rédemption future plus glorieuse encore, un Jugement dernier où l'Acadie écrasera tous ses ennemis et connaîtra l'ultime bonheur réservé aux seuls élus.

Mais il y a une différence entre cette «divine comédie» telle qu'elle est inscrite dans le «mythe national» acadien traditionnel, et son inscription dans un recueil comme *Mourir à Scoudouc*, d'inspiration néo-nationaliste. Dans sa préface à la deuxième édition d'*Acadie Rock* (1973) de Guy Arsenault, Chiasson tente une explication de ce que certains artistes avaient essayé de faire au début des années 70, et il vaut la peine de le citer :

> Il est difficile de s'imaginer [...] le vide des années soixante. Nous réalisions, quelques-uns d'entre nous, l'importance d'un discours qui nous singulariserait et qui ferait fonction d'un propos dirigé à l'endroit de notre réalité.

> L'importance d'un discours qu'il fallait ramener ici, qu'il fallait rapatrier. L'Idéal de vie basé sur des valeurs morales qu'avait constitué le projet existentiel de la génération précédente n'était devenu qu'un flot de paroles vides et sans prise de conscience véritable dans le réel[17].

Si le «discours» dont parle Chiasson est effectivement le grand «mythe national», on peut proposer que, dans une œuvre comme *Mourir à Scoudouc*, le poète tente en effet de le «rapatrier»; l'œuvre singularise l'«Idéal de vie» traditionnel devenu une simple abstraction coupée du réel. Car chez Chiasson, la «divine comédie» est ramenée à un niveau à la fois individuel et concret : ce n'est pas l'Acadie qui est impliquée dans le grand récit, mais un «je», un individu, et ce «je» en traverse tous les épisodes dans un présent qui comprend le passé et l'avenir. La Chute et le Jugement dernier, par exemple, n'appartiennent pas à des catégories temporelles abstraites, inaccessibles à l'expérience humaine, mais constituent plutôt des étapes que le «je» franchit dans un «ici et maintenant». D'abord un *grand récit* national qui est censé donner une interprétation complète du passé, du présent et de l'avenir d'un peuple, un *dire* qui est censé identifier ce peuple, le mythe acadien devient sous cet angle nouveau, c'est-à-dire néo-nationaliste, un programme narratif, un *être*, auquel s'identifie l'individu acadien afin de trouver une identité qui lui serait propre[18].

De l'universel au confessionnel

La «divine comédie» ramenée au niveau personnel, où l'individu s'y reconnaît comme acteur principal, est à la base d'une bonne partie de ce qu'on appelle la littérature confessionnelle ou mystique, de saint Augustin au Rimbaud d'*Une saison en enfer*, en passant par Jean de la Croix et Thomas a Kempis. Le fait que *Mourir à Scoudouc*, comme *L'Acadie perdue* de Michel Roy, s'ouvre par une dédicace à Rimbaud est alors significatif. L'objectif principal de la confession est de procéder à un examen de conscience, d'accéder à un savoir sur son propre compte, de porter un jugement sur son monde personnel afin de gagner sur lui une perspective nouvelle et de se purifier des éléments de son monde qui tiennent du mal, d'y renoncer, de mourir à ces éléments qui deviennent, en conséquence, les débris d'un mode d'être passé. Dans la partie d'*Une saison en enfer* intitulée «Alchimie du verbe», par exemple, les sept pièces en vers que Rimbaud tourne en dérision jouent ce rôle de débris ou de fragments, et dans le «À Rimbaud du fond de la nuit» de *Mourir à Scoudouc*, le «je» qui dit être «devenu confetti» renvoie à ce genre de morcellement et de dépouillement du moi. Bien entendu, chez Chiasson, ce à quoi le «je» veut mourir le plus est l'Acadie du «mythe national», l'Acadie humble et soumise, l'Acadie-«Scoudouc» qui prie «comme une folle dans sa petite église à deux clochers», l'Acadie-musée d'«Eugénie Melanson», endormie et qui rêve «à de nouvelles déportations», de même qu'à la partie de son moi qui veut continuer à y vivre, honteuse, mal à l'aise avec un bouleversement dans l'ordre des choses : «Le vent du défaitisme souffle sur nous, la tempête va nous salir / Nous avons peur de regarder nos enfants qui sont une extension de notre impuissance, de notre peur, de notre défaitisme » (« Quand je deviens patriote »).

Comme dans la « divine comédie » universelle, le point culminant de la « divine comédie » confessionnelle est le Jugement dernier, la fin du monde, l'Apocalypse. Dans ce cas cependant, il ne s'agit pas d'un événement de destruction ou de renouvellement ayant lieu, comme dans le « mythe national » acadien, dans un avenir indéfini, mais plutôt d'une « grâce », d'une réplique immédiate, divine le plus souvent, au jugement personnel du « je ». Autrement dit, si l'examen de conscience, le jugement que porte sur lui-même le « je », est réussi, s'il mène à un dépouillement de ce qui est considéré comme étant le « mal », il appelle un plus grand jugement qui vient authentifier l'effort de connaissance personnelle. Quand Rimbaud, dans « [Le loup criait sous les feuilles] », s'écrie : « Que je dorme ! que je bouille / Aux autels de Salomon. / Le bouillon court sur la rouille, / Et se mêle au Cédron », il appelle le Jugement dernier qui, selon la tradition biblique, aura lieu dans la vallée du Cédron, pour sanctionner son dépouillement esthétique[19]. Ainsi, après avoir fait le tour de son monde personnel, après s'être détaché, par exemple, des symboles traditionnels de l'Acadie — dans la série « Bleu, Blanc, Rouge, Jaune et... Noir » —, le « je » de *Mourir à Scoudouc* arrive à « Scoudouc » pour voir la « fin du monde ». Dans la « divine comédie » confessionnelle, le signe conventionnel de l'accomplissement du Jugement dernier est l'arrivée du Christ, le Messie, avec lequel l'âme du fidèle entre dans une « noce » spirituelle et accède ainsi à un autre mode d'être. Chose assez curieuse, il n'y a pas de Christ à « Scoudouc » ; d'ailleurs, on a vu dans le texte « Comprends-tu... là » que, selon le « je », même « si le Messie revenait / il serait en chômage ».

Il se dégage donc de *Mourir à Scoudouc* l'impression, d'une part, que le « je » n'est pas tout à fait prêt pour la « fin du monde », que celle-ci est un peu prématurée : le « je » a peur, il se creuse un trou à la pelle afin de s'y cacher ; comme s'ils avaient été pris à l'improviste, il n'y a que trois chevaliers de l'Apocalypse : « monsieur Net », « l'homme de Glad » et « le chevalier Ajax ». D'autre part, on a l'impression qu'en dépit du fait qu'elle est prématurée et une source d'épouvante pour le « je », elle est nécessaire, voulue, précipitée malgré tout par l'impatience du « je », en conséquence de quoi il devient lui-même le quatrième chevalier avec son auto. En plus, on sent que cette « fin du monde » est réussie. Certes, le Messie en chair et en os est absent de toute l'affaire, mais « L'Évangile », la parole qui est censée annoncer son dernier avènement, descend effectivement du ciel, et à la fin de la pièce, il reste que le « je » disparaît dans un mouvement ascensionnel, comme s'il faisait l'expérience d'une assomption, laissant derrière lui « Scoudouc » et les débris du monde ancien, c'est-à-dire « les reliques du dernier siècle ». L'examen de conscience, le tableau que le « je » offre de son monde dans les sections précédentes de *Mourir à Scoudouc*, est alors sanctionné : le « je » reçoit la révélation de l'ultime vérité sur son propre compte. Bien sûr, comme le laisse entendre la dernière section du recueil, «La maison du silence», où l'on nous présente deux «Inventaires», le premier, celui «du 25 avril 1974», «cadavérique», et le deuxième, dit «romantique», cette révélation peut être soit propre à écraser le «je», soit propre à l'inspirer.

Mourir «à l'heure actuelle»

On peut représenter la période du néo-nationalisme comme un effort pour redéfinir l'identité acadienne, un effort pour accéder à un savoir nouveau, à une vérité nouvelle sur l'Acadie. Pour certains, l'historien, le sociologue, par exemple, la légitimité de cet effort repose, certes, sur un grand récit, mais il s'agit d'un grand récit dans le sens lyotardien du terme, le métarécit de la science, qui s'accompagne de son propre «discours de légitimation[20]». Devant la rigueur et l'évidence de celui-ci, le statut de l'interprétation traditionnelle de l'Acadie, véhiculée par le grand récit du «mythe national», diminue en légitimité. Le nouveau savoir sur l'Acadie auquel accèdent le sociologue, l'historiographe, l'économiste, procède d'une réflexion sur les conditions et les critères mêmes du savoir, et sa victoire inévitable sur ce qui était autrefois considéré comme savoir devient par là un des épisodes du conflit plusieurs fois séculaire entre la science triomphante et le mythe. Désormais, de ce point de vue, afin de savoir en Acadie et afin de savoir sur l'Acadie, il faut renoncer au grand récit du «mythe national» et adopter le métarécit de la science.

Par contre, la légitimité de l'effort d'un artiste néo-nationaliste comme Chiasson pour accéder au savoir repose encore sur celle du «mythe national». Le poète néo-nationaliste ne renonce pas simplement au mythe : il s'y identifie, le rapatrie et le singularise, la renonciation étant l'un de ses épisodes les plus importants. Si l'artiste néo-nationaliste *sait*, c'est dans la mesure où il a fait du grand récit national un drame individuel qui devient par là un processus de connaissance personnelle. Le passé édénique de l'Acadie, la Chute, l'avenir glorieux mais indéfini des élus passent de l'état de catégories quasi historiques à l'état de moments d'appui à l'intérieur d'un cheminement narratif concrétisé et individualisé. Ce que le poète néo-nationaliste sait ne procède pas d'un examen des conditions du savoir, mais d'un examen de conscience, d'un premier jugement qui appelle un Jugement dernier, c'est-à-dire une prise de conscience qui vient sanctionner l'effort de connaissance personnelle. Le lyrisme qui caractérise la production artistique acadienne du début des années 70 n'a pas pour seul objectif d'étaler le moi, de présenter l'expérience que l'on en fait, d'en faire un «tableau», un «rapport», un «profil», un «manifeste» — des expressions qui reviennent souvent dans les titres de l'époque : le moi acadien y est l'acteur principal d'un drame, où il meurt à une partie de lui-même afin de gagner son identité véritable. Bien que l'on puisse trouver des épisodes isolés de ce drame dans diverses œuvres individuelles de l'époque, c'est dans *Mourir à Scoudouc* que l'on en trouve la forme la plus complète.

Dans « Le rôle de l'artiste dans la communauté acadienne », la situation que Chiasson représente comme celle de « l'heure actuelle » — où « la société demande à l'artiste d'effectuer un travail, [...] et surtout d'atteindre la célébrité, [...] où l'anonymat est en voie de devenir le fléau qui balaie toutes les identités », où l'art risque de devenir une « expérience "macdonalisable" » (p. 321) — se rapproche de la société que Jean-François Lyotard appelle postmoderne et postindustrielle. Une telle société se caractériserait par « l'incrédulité à l'égard des métarécits[21] », où le savoir devient marchandise : il n'est produit que si on peut le vendre, réduit à l'état abstrait de « bits » d'information invisibles et indivisibles qui, en raison du progrès des nouvelles technologies, peuvent être traduits en divers langages, langues et codes afin de répondre à toutes les exigences des consommateurs éventuels. Autrement dit, dans une société postmoderne et postindustrielle, il semblerait que, dans le vide laissé par « l'incrédulité à l'égard des métarécits », vient s'installer le métarécit du capitalisme moderne et industriel qui étend son pouvoir sur de plus en plus de secteurs où, abstraction faite des différences qui découlent de la division du travail, la dépense d'énergie humaine crée une masse informe, indéfinie, de produits — dans les mots de Marx, des « cristaux [d'une] substance sociale commune[22] ». La production et la circulation efficaces de la marchandise — qu'elle soit perruque ou périodique — dans un marché de plus en plus international dépendent de stratégies qui, inévitablement, dissimulent les conditions dans lesquelles l'énergie humaine est concrètement dépensée.

En somme, les tendances que Chiasson dénonce dans « Le rôle de l'artiste dans la communauté acadienne » sont semblables à celles contre lesquelles Chiasson et plusieurs artistes néo-nationalistes se dressaient il y a une vingtaine d'années. « Il fut un temps » où l'artiste acadien dut concrétiser, ramener sur terre le grand « mythe national », « rapatrier » un « Idéal de vie » ; « à l'heure actuelle », dans une société dite postmoderne et postindustrielle où règne « l'anonymat », il doit donner « une couleur à son propos, la couleur de son milieu, de la réalité à laquelle on ne saurait échapper » (p. 321). Malgré les différences de surface, l'adversaire de l'artiste acadien dans l'un comme dans l'autre cas est le même, l'abstraction, l'effort pour ériger l'absence en présence : à l'interprétation traditionnelle de l'Acadie, « sans prise de conscience véritable dans le réel », il oppose le concret d'un savoir qu'il possède grâce à un effort de connaissance personnelle ; aux stratégies uniformisantes d'une société industrielle, où l'art devient production de marchandises, il oppose un art « témoin » (p. 321-322), une pratique à la fois personnelle et sociale qui, à condition de garder une certaine autonomie, s'inscrit dans un milieu défini, l'Acadie. Après une vingtaine d'années, l'artiste acadien néo-nationaliste est encore celui qui sait. Si, dans l'espace d'une génération, son objectif a changé, c'est dans la mesure où, cette fois-ci, plutôt que de vouloir mourir à Scoudouc, il veut « mourir à mourir ».

NOTES

1. France Daigle, *Histoire de la maison qui brûle: vaguement suivi d'Un dernier regard sur la maison qui brûle*, Moncton, Éditions d'Acadie, 1985, p. 8.

2. Herménégilde Chiasson, « Le rôle de l'artiste dans la communauté acadienne », *Revue de l'Université de Moncton*, vol. 27, n° 1, 1994, p. 317-330. Dans notre article, les numéros de page entre parenthèses qui suivent les citations renvoient à ce numéro de la *Revue*.

3. Raoul Boudreau, introduction à *Rêves inachevés: anthologie de poésie acadienne contemporaine*, Fred Cogswell et Jo-Ann Elder (dir.), Moncton, Éditions d'Acadie, 1990, p. 11.

4. Herménégilde Chiasson, « 10 incantations pour que le pays nous vienne », *Rapport sur l'état de mes illusions* (recueil), Moncton, Éditions d'Acadie, 1976, p. 45.

5. Raymond Leblanc, *Cri de terre. Poèmes 1969-1971*, Moncton, Éditions d'Acadie, 1972, p. 53.

6. Michel Roy, *L'Acadie perdue*, Montréal, Québec-Amérique, 1978.

7. Anne Marie Robichaud, « La mer ou le système mouvant des régularités textuelles dans *L'Acadie perdue* », *Mer et littérature: actes du colloque international sur « La mer dans les littératures d'expression française du XXᵉ siècle* », Melvin Gallant (dir.), Moncton, Éditions d'Acadie, p. 38.

8. Raoul Boudreau, introduction à *Rêves inachevés*, *op. cit.*, p. 8.

9. Yves Bolduc, « La poésie acadienne », *Langues et littératures au Nouveau-Brunswick: survol historique*, Melvin Gallant (dir.), Moncton, Éditions d'Acadie, 1986, p. 155.

10. Marguerite Maillet, *Histoire de la littérature acadienne. De rêve en rêve*, Moncton, Éditions d'Acadie, 1983, p. 197.

11. Alain Masson, « Étranglement étalement », *Lectures acadiennes: articles et comptes rendus sur la littérature acadienne depuis 1972*, Moncton, Perce-Neige, 1994, p. 57. Paru pour la première fois dans *Revue de l'Université de Moncton*, vol. 7, n° 2, 1974, p. 165-195.

12. Alain Masson, « Une cité dans l'État », *Lectures acadiennes, op. cit.*, p. 108. Paru pour la première fois dans *Égalité*, n° 3, printemps-été 1981, p. 59-71.

13. Jean-Paul Hautecœur, *L'Acadie du discours. Pour une sociologie de la culture acadienne*, Québec, Presses de l'Université Laval, coll. « Histoire et sociologie de la culture », 1975, p. 281-285.

14. Alain Masson, « Chutes », *Revue de l'Université de Moncton*, vol. 8, n° 2, 1975, p. 139-149. Repris dans *Lectures acadiennes, op. cit.*, p. 85-95.

15. Alain Masson, « Chutes », *Lectures acadiennes, op. cit.*, p. 90.

16. *Ibid.*, p. 91.

17. Herménégilde Chiasson, préface du recueil de Guy Arsenault, *Acadie Rock: poèmes*, édition revue et augmentée, Moncton, Perce-Neige, 1994, p. 9.

18. Ma perspective diffère de l'interprétation de Hautecœur évoquée ci-dessus, qui voudrait que le néo-nationalisme s'identifie à une seule catégorie du « mythe national ».

19. Dans une thèse de doctorat déposée à l'Université de Toronto, « *Une saison en enfer* d'Arthur Rimbaud: épopée pour une sensibilité moderne », nous essayons de démontrer que les pièces en vers d'« Alchimie du verbe » reproduisent le schéma complet de la « divine comédie », de l'Éden au Jugement dernier.

20. Jean-François Lyotard, *La Condition postmoderne: rapport sur le savoir*, Paris, Éditions de Minuit, coll. « Critique », 1979, p. 7.

21. Jean-François Lyotard, *loc. cit.*

22. Karl Marx, *Le Capital*, Livre premier 1.1.1, trad. Joseph Roy.

QUAND LA FÊTE « TOURNE MAL » :
CARNAVALESQUE ET CRISE SACRIFICIELLE
DANS *RACONTE-MOI MASSABIELLE*
DE JACQUES SAVOIE

Denis Bourque
Université de Moncton

> Le fou du Roi a pris la place de celui qu'il
> faisait rire pis le royaume a pris un coup de
> tristesse[1].

Ce qui frappe en premier lieu le critique qui s'intéresse à *Raconte-moi Massabielle*, c'est l'aspect carnavalesque du récit. Savoie, ici, dans la plus pure tradition rabelaisienne et peut-être surtout maillettienne, exploite avec talent un grand nombre d'éléments caractéristiques de la fête populaire et de la littérature carnavalisée selon Bakhtine : le rire, les déguisements, les jeux, la transgression de tabous et, surtout, la parodie rabaissante de l'appareil religieux et étatique. Il faut ajouter que le roman tout entier est fondé sur un fait que nous pourrions qualifier d'acte carnavalesque par excellence, c'est-à-dire l'intronisation du fou.

À Massabielle, en effet, petit village abandonné, règne, intronisé dans l'église, un roi assez insolite. Pacifique, autrefois, était « le fou du village » (p. 38), comme il était aussi le « fou du Roi » (p. 46), le bouffon, en vérité, d'Adelbert Dugas, marchand, qui avait réussi à s'approprier presque toutes les terres du village : « Adelbert Dugas […] C'était lui, le Roi de Massabielle. […] Pacifique Haché, c'était juste le fou du roi. C'était lui qui faisait les commissions, pis qui faisait rire Adelbert, malgré tout » (p. 40).

Après le départ des habitants, appâtés par le gouvernement qui leur a promis de nouvelles maisons en ville, le roi meurt de chagrin, ayant vendu, pour une somme nominale, ses terres à son fou qui devient, à son tour, le « Roi de Massabielle » (*ibid.*). Or, Pacifique est un roi burlesque caractérisé par ses « excès » (p. 40), sa simplicité, ses déguisements, ses travestissements du religieux et son amour du jeu. Tous ces aspects font de lui un personnage éminemment carnavalesque. Aussi constitue-t-il une sorte d'incarnation du devenir et de la croissance, de symbole de ce que Bakhtine appelle l'inachèvement positif du monde. C'est pourquoi il réagit violemment contre Stella qui vient de le photographier et de le figer ainsi dans le temps et dans l'espace :

> — Bouge plus, c'est pour l'éternité. […] on a figé le roi de Massabielle […]
> La rage lui en sortait des yeux ! […]

— Pourquoi ??? Pourquoi tu m'as fait ça ? [...]

Me figer sur un morceau de papier, comme si j'avais plus le droit de bouger ni de changer ! (p. 77, 79)

À Pacifique s'oppose un autre personnage, lui aussi quelque peu singulier : c'est l'avocat, le porte-parole non seulement des Mines, c'est-à-dire de la compagnie au bénéfice de laquelle le gouvernement a délogé les habitants de Massabielle, mais aussi du clergé, et notamment de l'évêque qui menace d'excommunier Pacifique si celui-ci ne se retire pas de l'église. Si, d'une part, Pacifique incarne la désinvolture, la liberté joyeuse et une sorte de folie débridée, l'avocat, d'autre part, fait preuve d'un sérieux inaltérable, d'une logique rigoureuse et d'une grande rigidité dans ses manières que voile à peine une élégance affectée. Et si le premier incarne le devenir et une espèce de sagesse populaire, le second, à son tour, personnifie tout ce qu'il y a de plus officiel et statique : « L'avocat [...] se tenait droit, une main dans la petite poche de sa veste, comme sur les photos des vieux premiers ministres aux temps des confédérations » (p. 31).

Ces deux personnages caricaturaux forment, en fait, un couple carnavalesque, c'est-à-dire, selon Bakhtine, « un *couple* comique [...] basé sur les *contrastes*[2] ». L'avocat, le prétendu sage, celui qui a fait des études brillantes (p. 15), sera constamment confondu par le fou qui se fait la voix de la sagesse véritable et populaire, démasquant le mensonge du premier, et de l'ordre hiérarchique et hiératique qu'il représente. Aussi l'avocat sera-t-il, en même temps que le monde officiel étatique[3] et religieux, livré à une parodie incessante grâce surtout à l'ingéniosité de Pacifique, car celui-ci est, comme on dit en Acadie, « un fou [...] rusé » (p. 47), c'est-à-dire plein d'invention, d'intelligence et de débrouillardise.

L'église où Pacifique s'est installé est, dès le début du récit, l'objet d'une sorte de désacralisation festive. Une corde à linge pend au jubé, le confessionnal a été transformé en toilettes et, précise le narrateur, « la grande salle a l'air de prendre toutes ses aises, comme si le tabernacle était devenu une salle de danse, pour que le p'tit Jésus puisse se dégourdir un peu la nuit[4] » (p. 10). Cette désacralisation s'intensifie au fil de la narration, notamment à l'occasion des diverses visites que rend l'avocat à Pacifique dans le but d'obtenir les titres de propriété de Massabielle. Jeux, excès, travestissements et mises en scène font partie de la stratégie de Pacifique pour confondre son adversaire et l'empêcher d'arriver à ses fins.

Lors d'une première rencontre, Pacifique revêt un surplis, monte en chaire et prononce ce qui constitue véritablement, dans la plus pure tradition de la littérature carnavalisée, un sermon « pour rire »[5]. Cette prédication, en effet, s'effectue d'abord sur un ton sérieux et solennel, tombe vite dans la familiarité et l'incohérence et puis dégénère en parodie explicite du latin d'église :

— Mes bien chers frères ! [...] Le Christ notre frère nous en a laissé l'exemple : le travail est la source du bonheur, et l'oisiveté est la mère de tous

> les vices… mais là, j'voudrais quand même vous dire que pour l'oisiveté, c'était pas le Christ qu'était le pire de sa « gang ». Y en avait des pires que lui ! [...] Omnipotens Deus et Pater noster Massabielle et Confitor Deo Amen ! (p. 13)

Cette parodie du discours religieux et de la prière en latin s'étend ensuite à la Bible lorsque les paroles du Christ sur la croix côtoient, dans la bouche de Pacifique, une série de jurons[6]. Celui-ci cherche, à ce moment précis du discours, à expulser l'avocat de l'église : « — Mon Sacrament ! Dehors ! Sors de mon église, mon Hostie ! [...] Pardonnez-leur car ils ne savent pas ce qu'ils font. [...] Sacrament ! » (p. 18).

De toute évidence, l'avocat est, lui aussi, la cible de cette parodie. En tant que représentant des pouvoirs capitaliste et religieux, il se transforme rapidement, par la suite, en un véritable objet de dérision. C'est peut-être surtout comme porte-parole de la peur et du châtiment divins qu'il est, en un premier temps, couvert de ridicule[7]. Lorsque, mandaté par le clergé, il menace Pacifique d'excommunication, celui-ci se met à le festoyer de façon rabaissante, en le parant de papier de toilette en même temps que la sacristie tout entière. En quittant les lieux, l'avocat déconcerté cherche désespérément à cacher son humiliation pendant que Pacifique, exalté et victorieux, se livre à une joie sans borne :

> Dehors, en marchant, il essayait sans se pencher de se défaire avec élégance des bouts de papier qui lui tombaient de partout.
>
> Pacifique, lui, avait trouvé deux autres rouleaux de papier [...] C'était l'euphorie. (p. 28)

Ce carnavalesque, très rabelaisien dans son essence, se poursuit dans la même veine au moyen d'un rabaissement scatologique fort comique. La peur que l'avocat cherche à inspirer à Pacifique se retourne, en un premier temps, contre lui lorsqu'il aperçoit ce dernier, la langue tirée, pendu au plafond de la sacristie : « L'autre, presque vert, n'osait pas regarder, se tenait la gorge pour ne pas vomir et longeait les murs pour être le plus loin possible du mort » (p. 29). Rapidement, cependant, se rappelant sa mission, l'avocat effrayé se met à fouiller la pièce à la recherche des titres de propriété de Massabielle lorsque, inopinément, le mort fictif lui adresse la parole. Alors, l'avocat hautain, sérieux et menaçant est, comme tant de personnages rabelaisiens altiers, rapidement expédié dans la région du « bas matériel et corporel », du derrière et des excréments[8] :

> L'homme de la compagnie revint à la table, remit ses papiers dans sa serviette et recula jusqu'à sa voiture.
>
> Il laissa derrière lui une odeur de quelqu'un qui ne s'est pas rendu !
>
> Plus rien ne fut dit de tout ça[9]. (p. 30)

Le carnavalesque, dans *Raconte-moi Massabielle*, atteint une sorte d'apothéose au moment où Pacifique prépare, le jour de la Sainte-Anne, une immense procession burlesque devant l'église. Il s'agit, en réalité, d'un cortège de fantoches branlants que Pacifique a construits au moyen de piquets et de vêtements liturgiques défraîchis, de « grands épouvantails habillés de tout ce qui restait de chasubles, de soutanes, de surplis et autres guenilles sacerdotales » (p. 51). La visée parodique de la scène est évidente : ces « momies priantes » auxquelles Pacifique accroche « toutes sortes de missels, de bibles et autres lectures sérieuses » (*ibid.*) ont une fonction analogue à celle du pantin de carnaval qui incarne l'ancien ordre périmé et le ridiculise en même temps. La parodie, ici, a pour objet le culte religieux qu'évoque la procession fantoche, mais plus spécifiquement un catholicisme périmé que symbolise l'amalgame des objets liturgiques désuets formant le cortège processionnel : aux « guenilles sacerdotales » s'ajoutent, en outre, un ostensoir « dépoli », de « vieux » cierges et une bannière « déteinte » (*ibid.*) où se trouve représentée l'image de sainte Anne.

Soulignons que cette vaste parodie rabaissante de la religion s'étend aussi à l'avocat et à trois arpenteurs que le roi de Massabielle oblige à assister, à genoux, au spectacle qu'il a préparé et à qui il adresse des jurons : « — Priez mes saints ciboires de sacrements » (p. 53), leur crie-t-il. Est parodiée également l'avidité de l'avocat et de la compagnie qu'il représente, car, « accrochés à toute la cochonnerie, comme une hostie tendue au ciel, pendaient des morceaux de papier […] les titres des terres de Massabielle » (*ibid.*) que l'avocat, ridicule, cherche désespérément à lire.

Deux autres moments du récit méritent que nous nous y arrêtions en raison de leurs traits carnavalesques : le premier constitue un travestissement du sacrement de la confession, le second contient une référence explicite à la fête des fous.

Souhaitant poursuivre une conversation qui était demeurée inachevée, Stella décide de rejoindre Pacifique, qui est allé faire ses besoins dans le confessionnal. Son geste revêt un accent comique lorsque, manifestement, elle répète les actions d'une pénitente : « Elle entra dans la petite porte ou [*sic*] les pêcheurs allaient se faire pardonner, s'agenouilla sur le prie-Dieu et cogna sur la petite grille » (p. 70). La scène se transforme en parodie encore plus flagrante du rite pénitentiel lorsque Pacifique, « accroupi » (*ibid.*), ouvre la grille et lui pardonne ses péchés. Enfin, Pacifique lui-même est livré au rire et au rabaissement parodique quand Stella, furieuse, ouvre la grande porte du confessionnal et l'expose, à moitié dévêtu, assis dans « la position gênante » (p. 71). Il s'agit là d'un rire carnavalesque très typique, car dans le contexte de la fête populaire, le rire revêt un caractère universel et est même, nous dit Bakhtine, « braqué sur les rieurs eux-mêmes » (*L'Œuvre de François Rabelais...*, p. 20). Le rire, ici, se retourne contre le rieur, mais aussi contre la royauté de Pacifique. C'est aussi, bien sûr, le Roi de Massabielle que Stella, ici, tourne en dérision :

> Stella hésita un moment, puis éclata de rire !

> — Même les rois, cria-t-elle. Même les rois se mettent comme ça pour remercier Dieu du pain quotidien.
>
> Elle claqua la porte et continua de rire un moment. Pacifique, humilié, ne laissa plus paraître un son. (p. 71)

Enfin, l'aspect carnavalesque du roman est confirmé par le texte lui-même au moyen d'une analogie entre le contenu du récit et la fête des fous. Le portrait que Stella, en un premier temps, fait de cette fête est, sinon historiquement juste[10], du moins étonnamment conforme à la description générale que donne Bakhtine de la fête populaire au Moyen Âge et sous la Renaissance. On y retrouve, en effet, plusieurs éléments fondamentaux du carnavalesque selon Bakhtine : la suspension temporaire des inégalités sociales, la permutation du haut et du bas hiérarchiques, les couronnements bouffons, la liberté extraordinaire que procure la fête, le langage injurieux, la confraternité du peuple et l'aspect nécessairement éphémère des festivités.

> Tout le monde préparait un grand festin et puis [...] tous les rôles dans la vie changeaient.
>
> Le Roi n'était plus le roi ! Et le fou du roi non plus !
>
> Tout l'ordre social changeait !
>
> N'importe qui avait le droit de dire ce qu'il pensait au roi [...]
>
> Tous les plus fous, pour leur faire plaisir, étaient couronnés.
>
> On pouvait insulter son pire ennemi, qui pour l'occasion ne l'était peut-être plus... parce que plus rien ne tenait ce jour là ! [*sic*] [...] Et le lendemain, quand l'ordre revenait, on n'avait pas le droit d'en vouloir à personne. (p. 74-75)

Ici, l'aspect carnavalesque du récit se trouve en quelque sorte attesté par Stella, qui assimile son contenu à la description qu'elle vient de faire : « ça me fait penser au festin des fous, tout ça ! [...] Toi, Massabielle pis l'église... » (*ibid.*), confie-t-elle à Pacifique.

Ce carnavalesque de *Raconte-moi Massabielle* que nous venons de décrire brièvement peut paraître, au premier abord, très fidèle à la conception bakhtinienne, c'est-à-dire dynamique, positif et régénérateur. Par contre, une lecture plus approfondie du roman nous oblige à constater qu'il s'agit là, plutôt, d'une espèce de carnavalesque de façade qui ne sert tout au plus qu'à masquer de façon temporaire la décomposition réelle et profonde de la société qui l'a engendré. Dans l'univers de Bakhtine, de Rabelais, d'Antonine Maillet, le rire carnavalesque (ou le rabaissement parodique) est invariablement lié à la renaissance et à la régénération de l'homme et du monde :

> Rabaisser, écrit Bakhtine, consiste à rapprocher de la terre, à communier avec la terre comprise comme un principe d'absorption, *en même temps* que de naissance : en rabaissant, on ensevelit et on sème du même coup, on donne la mort pour redonner le jour ensuite, mieux et plus. (*L'Œuvre de François Rabelais...*, p. 30)

Toute l'imagerie grotesque gravite, en effet, autour de deux pôles : un pôle négatif destructeur et un pôle positif régénérateur. Dans la conception bakhtinienne de la fête populaire, il ne peut y avoir de rabaissement sans régénération, de fête sans renouvellement. Or l'imagerie carnavalesque dans *Raconte-moi Massabielle* semble déboucher inexorablement sur le pôle négatif des rabaissements grotesques, c'est-à-dire « la mort, la maladie, la décomposition » (*ibid.*, p. 190), sans qu'il y ait indice de renaissance, sans qu'une régénération quelconque de la société soit même esquissée.

Il est vrai que Bakhtine admet une certaine édulcoration progressive du carnavalesque dans la littérature à partir du XVIe siècle, évolution qui a constitué, précisément, à priver l'imagerie grotesque de sa vaste puissance régénératrice. Pourtant, il y a vingt ans à peine, André Belleau constatait une réapparition dynamique du carnavalesque dans certaines littératures d'Amérique, en particulier dans la littérature québécoise, phénomène qu'il attribue à la survivance de la culture populaire dans diverses sociétés. Dans cette reviviscence contemporaine d'une très ancienne tradition littéraire, l'Acadie n'a pas été laissée pour compte : Antonine Maillet et Laurier Melanson[11] y constituent, en cette fin du XXe siècle, d'admirables représentants de la littérature carnavalisée.

En ce qui concerne Jacques Savoie, nous sommes convaincu que le phénomène de la dégradation de l'imagerie grotesque que nous venons de signaler dans son premier roman ne constitue pas un simple cas d'édulcoration du carnavalesque dans le sens où l'entend Bakhtine. Cette dégradation, dans l'ensemble du roman, nous paraît beaucoup trop importante et significative pour que nous puissions avoir recours à une explication aussi simple.

Peut-être devrions-nous convenir plutôt, à la lumière de certains faits anthropologiques, que la pensée de Bakhtine sur la fête est, du moins à certains égards, lacunaire. Pour lui, la fête confirme, invariablement, le triomphe du grand corps populaire en marche, éternel, procréateur et vainqueur. Jamais n'envisage-t-il la possibilité, attestée par divers anthropologues, que la fête puisse, selon l'expression de René Girard, « mal tourner », c'est-à-dire l'éventualité où la violence qui s'y effectue « pour rire » puisse se transformer en violence mimétique destructrice de l'ordre social. La fête qui « tourne mal », selon Girard, est symptomatique d'un malaise social profond qu'il nomme la « crise sacrificielle ». Or, c'est peut-être à la lumière de cette notion girardienne que l'on comprend le mieux *Raconte-moi Massabielle* et nous proposons ici une seconde lecture de ce roman qui saura, pensons-nous, combler certaines déficiences de la première. Auparavant, il nous faudra présenter, très sommairement, certains aspects de l'anthropologie religieuse de René Girard.

Dans *La Violence et le Sacré*, Girard reprend l'idée de Caillois selon laquelle toute « théorie de la fête devrait s'articuler sur une théorie du sacrifice[12] ». Pour lui, il s'agit là de deux réalités tout à fait concomitantes et inséparables : le sacrifice suppose la fête, comme la fête entraîne le sacrifice. La fête, en vérité, ne serait que la commémoration d'une bacchanale primordiale ou d'une crise sacrificielle originelle, c'est-à-dire d'un premier déferlement incontrôlable d'une violence mimétique essentielle à l'homme, violence qu'il qualifie aussi de « fondatrice » dans la mesure où elle fonde le sacré et l'ordre social qui en émane. Or, pour devenir fondatrice, cette violence doit nécessairement avoir recours au mécanisme victimaire, c'est-à-dire que la violence réciproque qui risque, en s'accentuant, de détruire la communauté tout entière se transforme en violence collective dirigée contre un seul objet, un bouc émissaire, sous la forme d'un homme ou d'un animal, qui est chassé ou mis à mort pour ensuite être vénéré ou déifié. « La victime rituelle, écrit Girard, [...] doit attirer sur elle toute la violence maléfique pour la transformer, par sa mort, en violence bénéfique, en paix et en fécondité » (*La Violence et le Sacré*, p. 138). Le rite, comme la fête, n'a d'autre fonction que de répéter ce sacrifice originel pour empêcher qu'il ne se produise dans la société une nouvelle escalade de la violence mimétique destructrice. Quant à « la fête proprement dite », elle « n'est qu'une préparation au sacrifice qui marque à la fois son paroxysme et sa conclusion » (*ibid.*, p. 171).

En un sens, on n'est pas très loin ici de l'univers bakhtinien, car il est évident, comme le constate Victor-Laurent Tremblay, « que le rire garde une fonction sacrificielle, aux dépens de sa victime[13] ». Le carnaval aussi a ses victimes émissaires, tel le roi bouffon qu'on bat et qu'on détrône et dont le sacrifice symbolique ouvre la voie au renouveau et au triomphe de ce que Bakhtine appelle le « principe matériel et corporel » (*L'Œuvre de François Rabelais...*, p. 215)[14]. Mais Bakhtine n'envisage pas, comme Girard, la possibilité que la fête puisse déboucher sur autre chose que la « corne d'abondance » (*ibid.*, p. 99), c'est-à-dire l'échec du mécanisme victimaire et le retour à la crise sacrificielle.

C'est justement dans cette perspective que Girard aborde l'étude de la tragédie grecque, qu'il explique aussi la destruction de certaines communautés ethniques archaïques à l'époque moderne. Divers facteurs peuvent être à l'origine de ce retour à la crise sacrificielle, à une violence mimétique réciproque et généralisée, destructrice de l'ordre social fondateur. Le facteur principal qui est à la source de cette dégénérescence est la décadence du religieux, qui permet à la violence destructrice (impure) de supplanter ce que Girard appelle « la bonne violence » (*La Violence et le Sacré*, p. 61), c'est-à-dire la violence organisatrice (pure) centrée sur la victime émissaire.

Girard n'écarte pas la possibilité que certains facteurs extérieurs puissent aussi engendrer la crise sacrificielle ou du moins contribuer à sa réapparition. Dans la tragédie grecque, nous dit-il, celle-ci peut être imputée, en outre, à l'arrivée d'une violence impure que propage dans la cité le « guerrier qui rentre [...] ivre encore des carnages auxquels il vient de participer » (*ibid.*, p. 66). À propos des aborigènes Kaingang du Brésil dont la société se décompose sous l'effet de la violence, Girard écrit : « On peut constater l'existence du processus interne d'autodestruction sans méconnaître ou sans minimiser le rôle de l'univers blanc dans cette tragédie. [...] On doit se demander, en effet, si, à l'origine du dérèglement de la culture Kaingang [...] la pression de la culture étrangère ne joue pas un rôle décisif » (*ibid.*, p. 83).

Or, une analyse plus approfondie de *Raconte-moi Massabielle* révèle justement l'existence, dans le roman, d'une société profondément malade, en voie de décomposition sous le choc d'une violence externe, une société aussi où la décadence du religieux est évidente.

> Quand le religieux se décompose, écrit Girard, ce n'est pas seulement [...] la sécurité physique qui est menacée, c'est l'ordre culturel lui-même. [...] l'armature de la société s'affaisse et se dissout [...] l'érosion de toutes les valeurs va se précipiter ; la culture entière risque de s'effondrer et elle s'effondre un jour ou l'autre comme un château de cartes. (*ibid.*, p. 77)

Cette description de l'effritement du sacré et des conséquences sociales néfastes qu'il engendre correspond tout à fait à une certaine érosion du religieux et à la désagrégation sociale qui sont décrites dans *Raconte-moi Massabielle*. Le religieux, qu'incarne la procession de Pacifique, y est présenté, en effet, comme une espèce de charpente ou d'armature branlante battue par le vent et sur le point de s'effondrer :

> Le vent battait, toute la quincaillerie branlait dans une espèce de théâtre « cheap » [...] Accrochés à toute la cochonnerie [...] les titres des terres de Massabielle [...] claquaient au vent, avec le reste des saintetés ramassées là. (p. 53)

Cette décadence du religieux dont la procession constitue une allégorie est accentuée par l'état piteux dans lequel se trouvent les objets sacrés eux-mêmes : usés, décolorés ou privés de leur éclat, ils évoquent une sorte de dégradation intrinsèque du symbole religieux. Les vêtements liturgiques se sont transformés en haillons, en « guenilles sacerdotales » (p. 51), l'ostensoir semble avoir perdu le recouvrement de métal précieux qui lui accordait son lustre pour n'être plus qu'un « ostensoir de chrome dépoli » (*ibid.*) et la bannière de sainte Anne s'est décolorée, s'est « déteinte » (*ibid.*) avec le temps.

Il faut souligner, en plus, l'aspect dépréciatif des termes que le narrateur utilise pour décrire l'ensemble des objets du culte rassemblés par Pacifique. Ceux-ci sont qualifiés de « quincaillerie », de « cochonnerie » et, réunis, constituent « une espèce de théâtre "cheap" » (p. 53) ou, si l'on veut, une sorte de spectacle sans valeur. Ainsi peut-on affirmer que tous ces objets ont perdu non seulement leur valeur sacrée, c'est-à-dire leur pouvoir symbolique et rituel, mais toute valeur quelle qu'elle soit.

Si, pour Girard, le retour à la crise sacrificielle résulte de la décadence du religieux et signifie, comme c'est le cas ici, « la perte de tout symbolisme » (*La Violence et le Sacré*, p. 99), ce retour se manifeste, notamment, dans la fête qui « tourne mal » :

> La fête qui tourne mal, écrit-il, [...] est à l'horizon réel de toute « décadence ». Pour s'en assurer, il suffit de constater ce qu'il advient de la fête dans les

sociétés sans doute malades [...] dans des cultures en pleine décomposition violente comme les Kaingang. La fête a perdu tous ses caractères rituels et elle tourne mal en ce sens qu'elle retourne à ses origines violentes. (*ibid.*, p. 178)

Il faut se demander si la fête carnavalesque de Pacifique n'est pas, justement, une fête qui a « mal tourné ». La citation que nous avons placée en exergue à ce travail semble bien, en un premier temps, nous l'indiquer : « Le fou du Roi a pris la place de celui qu'il faisait rire pis le royaume a pris un coup de tristesse » (p. 46). De toute évidence, la permutation du haut et du bas hiérarchiques qui doit inaugurer la fête et laisser libre cours à la liesse populaire, à l'effusion de la joie collective, est l'objet ici d'une espèce de corruption : plutôt que la joie, elle engendre la tristesse. Il faut se demander également si cette dysfonction du processus inversif qui détermine tous les aspects de la fête populaire ne signale pas aussi un échec du mécanisme victimaire ou ce que Girard appelle encore « la perte du sacrifice » (*La Violence et le Sacré*, p. 76). Le fou, on le sait, est « éminemment sacrifiable » (*ibid.*, p. 28). Or, ici ce n'est pas le fou qui semble avoir été sacrifié, mais plutôt la communauté tout entière, qui s'est effondrée, nous le verrons, sous l'effet d'une violence généralisée qui s'est infiltrée dans la société par des voies extérieures. Visiblement, ici, pour reprendre les termes de Girard, la violence s'est « déchaînée contre des êtres que le sacrifice aurait dû préserver » (*ibid.*, p. 66). À cet égard, le nom de Pacifique Haché[15] nous paraît particulièrement significatif. S'il évoque, d'une part, la docilité de la victime émissaire et le dépeçage ou le démembrement réel ou symbolique que souvent on lui réserve, il évoque aussi la destruction violente de la paix communautaire que le sacrifice aurait dû conserver et restaurer.

Il y a, bien sûr, d'autres indications qui nous permettent d'émettre l'hypothèse que la fête de Pacifique est une fête qui a « mal tourné ». Dépourvue, en grande partie, nous l'avons vu, de son pouvoir rituel, elle a lieu non seulement dans une espèce de vide symbolique, mais aussi physique. Car Massabielle a été détruite et sa population décimée. Dès le début, en effet, Massabielle constitue un paysage désolé, déserté et sans vie, dont la ruine est, justement, associée à la fête. C'est bien la mort carnavalesque, c'est-à-dire la mort joyeuse, que ses décombres semblent évoquer en un premier temps. Les restes des fondations, les « petits murets de ciment portaient, nous dit le narrateur, des sourires de chemin de croix » (p. 45). Pourtant, c'est bien plus la fin tragique de ces maisons que nous retenons, car nous apprenons également que ce sont là « des commencements de maisons qui ont mal fini » (p. 9).

À ces images de mort et de désolation s'en ajoutent d'autres qui, à leur tour, évoquent la maladie et la décomposition. « Massabielle, dit Pacifique, c'est une maladie terminale » (p. 49). Quant aux anciens habitants du village, on apprend qu'ils ont, à la façon des Amérindiens conquis, sombré dans une sorte de torpeur permanente engendrée par l'alcool. Il est surprenant de constater jusqu'à quel point les images qui les décrivent évoquent à la fois l'indifférenciation de la crise sacrificielle[16] et l'anéantissement qui en résulte :

> ils avaient atterri [...] dans de belles maisons [...] Semblables, pareilles et ressemblantes. On avait mis les Indiens en réserve, cent ans plus tôt, presqu'au même endroit, et ils s'étaient dilués. Dissous. On refaisait la même chose aux gens de Massabielle. (p. 35)

Dans le contexte de la crise sacrificielle qu'évoque le roman, cette référence aux Amérindiens, évidemment, ne nous paraît pas fortuite. C'est une désagrégation et puis une disparition collectives toutes semblables qu'on a réservées aux anciens habitants de Massabielle :

> L'histoire se recopiait.
>
> Mais cette fois, on ne leur avait pas interdit l'eau-de-vie. Par expérience peut-être. Parce que la fois d'avant, on avait bien vu que l'eau-de-vie était devenue l'eau de mort. (*ibid.*)

Un peu plus loin dans le récit, les images de mort, de désolation et de désagrégation sociale que nous venons d'évoquer acquièrent un contenu violent. On apprend que Massabielle, comme le village voisin de La Dauversière d'où provient Stella, a été « violentée » par les mines qui représentent, dans le roman, le monde et les intérêts capitalistes. « Les mines, y ont autant violé La Dauversière qu'y ont pu violer Massabielle » (p. 69), affirme Stella. Aussi cherche-t-elle à révéler à Pacifique l'immensité de sa blessure et de la violence à laquelle on l'a exposée :

> Sais-tu comment c'est fait les mines ? C'est une grande cheminée, Pacifique ! Avec un diable noir derrière. Si tu veux voir, j'va te montrer la marque qu'a m'a fait, la mine, quand a m'a violée. Une grande cicatrice de la longueur de la cheminée. (p. 68)

En dernière instance, ce caractère violent de l'imagerie que nous avons étudiée semble confirmer notre hypothèse de base, c'est-à-dire que le roman exprime davantage la crise sacrificielle girardienne que le carnavalesque bakhtinien. Massabielle a bien été détruite sous l'effet d'une violence externe « impure » — il faut noter la référence au diable dans la citation qui précède —, violence qui, en se généralisant, semble avoir supplanté la « bonne » violence, la violence « pure », qui, dirigée contre la victime émissaire, aurait dû s'exprimer « pour rire » dans le contexte de la fête et conduire à un renouvellement de la société.

En terminant, nous voudrions émettre une seconde hypothèse qui pourrait bien nous éclairer sur le sens qu'il faut accorder à la première. Il nous paraît évident que ce roman, qui évoque un contexte acadien et qui reprend à sa manière la très ancienne thématique acadienne de la déportation et de l'exil, transpose sur le plan littéraire la destruction, plus ou moins récente, de la société acadienne traditionnelle par le monde moderne et capitaliste. À cet égard, ce roman de Jacques Savoie rejoint un certain nombre d'œuvres d'Antonine Maillet, mais s'en démarque également. Si Maillet exprime, comme l'a constaté avec tant de justesse Pierre L'Hérault, «la "crise d'une conscience historique à la recherche de son identité culturelle et sociale" occasionnée par le passage d'une société traditionnelle à une société moderne[17]», elle opte pour la perpétuation de cette société traditionnelle en faisant sans cesse revivre, le plus souvent dans le contexte de la fête carnavalesque, les grands mythes collectifs[18]. Savoie semble nous dire, pour employer un langage familier, que tout ça c'est fini, qu'il faut passer à autre chose, trouver d'autres solutions. Ces solutions, il semble les trouver dans la parole individuelle par opposition à la parole collective, dans le «je» plutôt que le «nous». Au fur et à mesure que le roman évolue, il adopte un point de vue intimiste sur la réalité. L'accent est placé non plus sur la collectivité et les rapports sociaux, mais sur la vie individuelle et intime de Pacifique et de Stella. Si lutte il y a avec le monde extérieur, elle s'effectue non plus dans le but de sauvegarder la collectivité, mais uniquement pour conserver l'intégrité et l'individualité du «je»: c'est là le sens de la longue lutte de Pacifique contre le téléviseur qui, de façon croissante dans le récit, incarne le monde capitaliste envahissant, assimilateur et destructeur des particularités individuelles.

Si nos constatations sont justes, il se peut fort bien que ce petit roman de Jacques Savoie que tout le monde a oublié ou presque, qu'on n'a pas l'intention non plus de rééditer, occupe une place importante dans l'évolution du roman acadien : il exprimerait, selon les catégories de Victor-Laurent Tremblay, le passage du «mytho-romanesque» (*Au commencement était le mythe*, p. 49), c'est-à-dire d'une littérature axée sur la collectivité et fondée dans le mythe, au «néo-romanesque» (*ibid.*) ou à une littérature qui, en niant le mythe, «tombe [...] dans la conscience et le langage». On pense, bien sûr, à la suite des œuvres de Savoie, et surtout aux romans de France Daigle. Or, il y a là, sans doute, matière pour de nouvelles études.

NOTES

1. Jacques Savoie, *Raconte-moi Massabielle*, Moncton, Éditions d'Acadie, 1979, p. 46. Désormais, la pagination sera directement indiquée dans le texte.

2. Mikhaïl Bakhtine, *L'Œuvre de François Rabelais et la culture populaire au Moyen Âge et sous la* *Renaissance*, Paris, Gallimard, coll. «Tel», n° 70, 1970, p. 202.

3. Il faudrait préciser tout de suite qu'il s'agit ici de l'État capitaliste.

4. Ce carnavalesque rappelle, notamment, celui d'Antonine Maillet, tel qu'il apparaît, par exemple, dans *Les Crasseux* et *Mariaagélas*. Dans la première œuvre, les «gens d'en bas», ou les Crasseux, ont servi aux «gens d'en haut» des huîtres empoisonnées. Alors, les cabinets extérieurs, vers lesquels s'empressent

les gens d'en haut, sont comparés, justement, à un confessionnal : « Les bécosses d'en haut étiont pus busy que le confessionnal du premier vendordi du moi » (*Les Crasseux*, Montréal, Leméac, 1974, p. 98). Dans *Mariaagélas*, l'héroïne contrebandière s'installe, elle aussi, dans une église avec sa marchandise illicite, détrônant la Vierge dont elle déloge la statue.

5.   Nous pensons, encore une fois, à certains passages d'Antonine Maillet et particulièrement à la longue diatribe de la Sagouine dans *Don l'Orignal* après la destruction de l'Île-aux-Puces, discours qui évoque, de façon parodique, le sermon sur la montagne et les malédictions que le Christ prononçait à cette occasion sur les pharisiens (*Don l'Orignal*, Montréal, Leméac, 1977, p. 176-178).

6.   Bakhtine nous renseigne sur la fonction des jurons dans le contexte particulier de la fête populaire : « Ils créent, écrit-il, l'ambiance dans laquelle [le] jeu libre et joyeux avec les choses sacrées devient possible » (*L'Œuvre de François Rabelais...*, p. 192).

7.   « La sensation aiguë de la victoire remportée sur la peur est un élément primordial du rire au Moyen Âge », écrit Bakhtine (*L'Œuvre de François Rabelais...*, p. 99). Pendant la fête, le rire incarne « une victoire sur la peur morale qui enchaînait, accablait et obscurcissait la conscience de l'homme, la peur de tout ce qui était sacré et interdit (« tabou » et « mana »), la peur du pouvoir divin et humain, des commandements et interdits autoritaires, de la mort et des châtiments d'outre-tombe, de l'enfer, de tout ce qui était *plus redoutable que la terre* » (*ibid.*, p. 98).

8.   D'après Bakhtine, « Le trait marquant du réalisme grotesque est le *rabaissement*, c'est-à-dire le transfert de tout ce qui est élevé, spirituel, idéal et abstrait sur le plan matériel et corporel, celui de la terre et du corps dans leur indissoluble unité » (*L'Œuvre de*

François Rabelais..., p. 29). On comprend donc pourquoi les excréments, « quelque chose à mi-chemin entre la terre et le corps » (*ibid.*, p. 178) occupent une place, parfois importante, dans la littérature carnavalisée.

9.   Cette scène constitue, évidemment, en même temps qu'une parodie de l'avocat, une parodie de la mort. On se rappelle, encore une fois, certains passages d'Antonine Maillet, notamment la résurrection d'Antonine à Calixte dans *La Sagouine* et celle de Citrouille dans *Don l'Orignal* qui, à leur tour, évoquent la résurrection d'Épistémon dans *Pantagruel*. À cet effet, voir : Denis Bourque, « *Don l'Orignal* d'Antonine Maillet et le carnavalesque », *LittéRéalité*, vol. V, n° 2, Hiver/Winter 1993-1994, p. 47-56 et « Le carnavalesque et ses limites dans *La Sagouine* », *Revue de l'Université de Moncton*, vol. 27, n° 1, 1994, p. 9-29.

10.   La fête des fous, d'après Bakhtine, était, par excellence, la fête de la profanation du sacré. En effet, à cette occasion, le peuple investissait les églises et se livrait à des réjouissances débridées dont le trait marquant était les « *rabaissements* grotesques des différents rites et symboles religieux transposés sur le plan matériel et corporel : goinfrerie et ivrognerie sur l'autel même, gestes obscènes, déshabillage, etc. » (*L'Œuvre de François Rabelais...*, p. 83). Il y avait aussi, bien sûr, permutation du haut et du bas hiérarchiques : on élisait un abbé, un évêque, même un pape pour rire. Or, la profanation du sacré, très présente dans le texte, est à peu près absente de la description que fait Stella du festin des fous.

11.   Voir Anne Brown, « *Zélica à Cochon Vert* de Laurier Melanson ou le carnavalesque en Acadie », *Francophonies d'Amérique*, n° 4, 1994, p. 63-77.

12.   René Girard, *La Violence et le Sacré*, Paris, Grasset, 1972, p. 171.

13.   Victor-Laurent Tremblay, *Au commencement était le mythe*, Ottawa, Les Presses de l'Université d'Ottawa, 1991, p. 45.

14.   Le roi comme son double, c'est-à-dire son fou, sont, nous dit Girard, tous deux sacrifiables en raison, notamment, de leur marginalité sociale, de leur « situation d'extériorité » (*La Violence et le Sacré*, p. 28) par rapport à l'ensemble de la collectivité. « La souveraineté, écrit-il, réelle ou illusoire, durable ou temporaire, s'enracine toujours dans une interprétation de la violence fondatrice centrée sur la victime émissaire » (*ibid.*, p. 171-172).

15.   Bien que Haché soit un nom assez répandu en Acadie, son choix par l'auteur n'est évidemment pas fortuit.

16.   Girard écrit : « La différence sacrificielle, la différence entre le pur et l'impur ne peut s'effacer sans entraîner avec elle toutes les autres différences. [...] La *crise sacrificielle* doit se définir comme une *crise des différences*, c'est-à-dire de l'ordre culturel dans son ensemble » (*La Violence et le Sacré*, p. 76).

17.   Pierre L'Hérault, « *Les Crasseux* ou le mythe du retour aux origines », *La Revue de l'Université de Moncton*, vol. 7, n° 2, mai 1974, p. 55. L'Hérault cite ici l'article de Camille Richard, « La récupération d'un passé ambigu », *Liberté*, vol. 10, août-octobre 1969, p. 32.

18.   Voir Denis Bourque, « Horizon d'attente du lecteur acadien des années 70 : dialogue avec le mythe », *La Réception des œuvres d'Antonine Maillet*, Moncton, Chaire d'études acadiennes, coll. « Mouvance », 1, 1989, p. 199-213 ; « *La Veuve enragée* lue comme une transposition de la conscience collective de l'intelligentsia acadienne des années 1960 et 1970 », *Francophonies d'Amérique*, n° 1, 1991, p. 63-71 ; et « *Don L'Orignal et Les Crasseux* d'Antonine Maillet : victoire et échec du nationalisme acadien », *Francophonies d'Amérique*, n° 2, 1992, p. 47-56.

LA SÉDUCTION DES ORIGINES
DANS QUELQUES ROMANS
DE CLAUDE LEBOUTHILLIER

Blanca Navarro Pardinas
Centre universitaire Saint-Louis-Maillet
(Edmundston, N.-B.)

De nos jours, les progrès de la science et de la technologie ne cessent de nous surprendre. L'autoroute électronique semble éliminer toutes les frontières du possible. Le rêve est de plus en plus proche de l'accompli. Appuyer sur une simple touche nous donne la possibilité de faire nos achats sans effort ou encore d'accéder aux fonds des bibliothèques les plus complètes. Si les prouesses de la technologie semblent se précipiter à la vitesse de la lumière au point de nous faire «rêver d'éliminer le rêve», l'être humain n'a pourtant pas pu et ne pourra sans doute jamais échapper à son pire ennemi ou, qui sait? à son meilleur allié: le temps. Le temps qui s'écoule, de plus en plus vite, à la fois effrayant et séduisant, et qu'on tente sans fin d'apprivoiser.

Les romans de Claude LeBouthillier, écrivain acadien contemporain, n'échappent pas à ce jeu de séduction exercé par le temps: le temps perdu et le temps à rattraper. Fortement ancrés dans la réflexion psychologique (l'auteur est psychologue de formation), ils explorent et illustrent un phénomène qui touche l'ensemble des êtres humains; il s'agit de l'exorcisation du passé et des visages effrayants du temps présent par le recours à l'imaginaire. C'est, en fait, une tentative de remplacer une vision du monde faite d'antithèses et d'antagonismes (régime diurne de l'image[1]) par une autre qui privilégie l'inversion, l'euphémisme et les images de synthèse (régime nocturne de l'image[2]). Pour analyser cette problématique, nous prendrons comme point de départ trois romans de LeBouthillier: *L'Acadien reprend son pays: roman d'anticipation*[3] (1977), *Isabelle-sur-Mer: roman d'anticipation*[4] (1979) et *C'est pour quand le paradis…*[5] (1984).

Dans ces trois romans, nous trouvons des personnages qui se voient menacés de toutes parts. Ils vivent dans un monde inquiétant qui repose sur un système d'opposition dichotomique, un ordre cosmique manichéen qui tranche entre le bien et le mal, la lumière et l'obscurité, le masculin et le féminin. La menace se retrouve partout: les Américains, dans *L'Acadien reprend son pays*; une maladie inconnue venant des États-Unis, dans *Isabelle-sur-Mer*; une crise existentielle qui empêche toute communication, même avec les parents les plus proches, dans *C'est pour quand le paradis…*

Mais, au-delà de ce monde d'oppositions, nous constatons un paradoxe fascinant. Les romans d'anticipation, qui prétendent se situer dans un futur plus ou moins proche (la fin des années 80 pour *L'Acadien reprend son pays*, et les abords de l'an 2000 pour *Isabelle-sur-Mer*), se définissent et se construisent comme une répétition ou, mieux encore, comme une résurrection du moment primordial des origines de la société acadienne. Tels des hommes primitifs, les protagonistes de *L'Acadien reprend son pays* et d'*Isabelle-sur-Mer* n'aspirent qu'à des actes qui ont déjà été posés et vécus antérieurement par leurs ancêtres.

Dans *Isabelle-sur-Mer*, ce peuple qui a vécu la déportation et qui se voit maintenant menacé de mort par le fléau d'une maladie inconnue provenant des États-Unis, trouvera le salut dans la répétition délibérée des actes posés *ab origine* par leurs ancêtres. Ainsi, le petit Louis sera guéri par la lecture d'épisodes de la déportation acadienne et par la représentation théâtrale de ces événements. Dans *L'Acadien reprend son pays*, la violence même de la déportation trouve son double euphémisé dans la séquestration du pape, non pas au moyen de la violence, mais du rire et de la gentillesse. Le Saint-Père sera enfermé jusqu'à ce qu'il accepte de reconnaître les revendications acadiennes.

Nous voyons ici la représentation d'un temps aboli, synthétique ; le souvenir de la déportation devient un acte non seulement exempt d'éléments à connotation négative, mais encore un acte que l'on veut euphémiser au présent, qui à son tour se situe dans l'avenir (roman d'anticipation). Le grand dérangement est un acte créateur, recréateur. À quelques siècles de distance, ce retour aux origines devient l'incarnation de la nouvelle création. Le temps est ainsi annulé. Passé, présent et futur ne font qu'un : c'est l'archétype du premier moment, du moment du *in illo tempore*. L'Acadie devient non seulement une utopie, un *a-topos*, mais une u-chronie, un *a-chronos*. La souffrance initiale est donc valorisée et le sens de l'histoire acadienne acquiert des formes nouvelles. Il ne s'agit plus d'une suite d'événements singuliers, irréversibles et imprévisibles.

On pourrait malgré tout s'étonner de la grande séduction des événements du grand dérangement sur les personnages. Pourquoi admirer et non critiquer ou dénoncer un tel souvenir ? C'est précisément parce que le monde futur représenté par LeBouthillier, tout en partageant la souffrance du passé, ne partage pas la compréhension et l'acceptation de cette souffrance. En effet, le présent vécu par les différents personnages des trois romans est un présent malheureux, mais à la différence du passé, cette souffrance devient troublante parce que sa cause demeure ignorée. Au moins, se disait Agathe, « il y avait une certaine logique à l'intérieur de toutes ces souffrances, tandis que maintenant, c'est l'anarchie qui s'installe, et nous sommes désemparés face à nos propres enfants[6] ».

Le malaise de la fin du millénaire est une douleur absurde. Le protagoniste de *C'est pour quand le paradis...*, publié en 1984, en est conscient. Le mot « absurde » revient à plusieurs reprises :

> Peu à peu, un sentiment dépressif de plus en plus tenace s'installa en moi, un désespoir presque physiologique où rien, vraiment rien ne m'accrochait. Désespoir probablement accentué par la future naissance. Rien n'était beau. Les paysages d'automne ne me rejoignaient pas [...] Le thème de l'absurdité revenait souvent, et je ne pouvais vraiment concevoir que les gens qui m'entouraient puissent ressentir du bonheur. Tout devenait relatif et futile[7].

Devant un tel personnage, le lecteur avisé ne peut pas s'empêcher de faire un voyage intertextuel et de penser à Roquentin, le protagoniste de *La Nausée*[8] de Sartre. Nausée face à la contingence, face à la non-nécessité des choses et des existants. Pourquoi suis-je en train de souffrir?, se demande Ulysse. Les nuits blanches, et même les années blanches, se succéderont sans parvenir pour autant à lui faire comprendre le sens d'un malaise profondément existentiel. C'est la réaction à cette « ère du vide » qui, pour reprendre les mots de Gilles Lipovetsky[9], s'empare de la société des années 80. Angoisse de celui qui se sent de « trop », dont l'existence se trouve injustifiée ; c'est la vie de quelqu'un qui pourrait être ou ne pas être. La vie d'un être « pour-soi », pour reprendre la terminologie de Sartre dans *L'Être et le Néant*[10], d'un être capable de se penser et de penser le monde mais qui, soudain, ressent la menace d'une vie qui semble tout à coup avoir perdu tout sens et toute profondeur :

> Je ressentais constamment cette peur d'être attaqué, d'attaquer, de perdre le contrôle pendant que défilaient devant mes yeux des visions d'épouvante qu'on ne voit que dans les films d'horreur ; une bête magnifique venait de se réveiller [...] je voyais la réalité à travers un prisme qui amplifiait les peurs, les désirs, et les haines du quotidien[11].

Ce n'est pas étonnant alors que, devant ce monde déchiré, où les rapports humains deviennent de plus en plus compliqués, où les ruptures sont aussi fréquentes que les tentatives d'approche, le seul exutoire se trouve dans un regard admiratif vers le passé. Passé certes dramatique, mais qui, comme le Janus des temps classiques, présente un double visage. Le jour et la nuit, la lumière et l'obscurité, la terreur et l'espoir. Drame, séparation et souffrance deviennent tout à coup le signe que les racines existent, que les événements peuvent avoir un sens, même si celui-ci nous échappe. Ulysse, le protagoniste de *C'est pour quand le paradis...*, qui voyage non pas sur la mer mais dans l'espace imaginaire, décide de devenir ainsi peintre historique. L'art lui permet d'exorciser ses peurs et de les oublier par le biais de l'imaginaire. En reprenant un motif historique, il échappe à la phobie du temps présent, qui montre seulement un visage absurde ; il retourne ainsi au moment premier, à la racine. L'histoire devient rassurante malgré toute apparence de terreur.

Les tableaux d'Ulysse seront au nombre de quatorze, pour lui rappeler, dit-il, les stations du chemin de croix :

> les dernières peintures exprimeraient une sorte de résurrection du pays, une symbolique représentant à la fois une tentative pour me reprendre et une

sorte d'espoir d'en sortir pour notre collectivité, un rêve d'émancipation nationale. J'y voyais là la volonté de renouer avec mes racines et une possibilité d'apporter quelque chose à distance[12].

Par la récupération de ce drame mythique, il se crée indirectement un triangle de communication entre trois moments historiques (le drame acadien, le drame du Christ et le drame d'Ulysse) qui, au fond, forment un seul et unique moment. Le drame du Christ rappelle au protagoniste que sa souffrance n'est pas définitive. Par l'archétype de la répétition, il constate « que la mort est toujours suivie de la résurrection, que la défaite est annulée et dépassée par la victoire finale[13] ». La relation interne entre ces événements rend compte de la valeur rénovatrice et régénératrice de l'éternel retour. L'ordre existe malgré le chaos apparent. Le retour au passé est donc un acte salvateur. L'archétype du fils se profile derrière cette expérience. De la déportation naît quelque chose de nouveau : un monde qui écoute l'imaginaire et l'individu.

Dans la représentation de cette société maladive, nous retrouvons le motif traditionnel de la décadence extrême, du triomphe du mal et des ténèbres qui précèdent le renouvellement du Cosmos. C'est le cas d'*Isabelle-sur-Mer*, où Louis, le petit-fils d'Agathe, comme d'ailleurs des centaines de citoyens en Amérique du Nord et en Acadie, se laisse mourir, sans qu'on en connaisse les causes. Or, le seul moyen de faire réagir cet enfant retombé au stade végétatif sera de lui raconter l'histoire de son double, son ancêtre Louis Albert. Par l'éveil de la mémoire collective, le petit Louis retrouve à son tour la force de vivre. Il trouve un sens à son existence ; une inversion s'opère donc qui permet de réhabiliter le récit pénible de la Déportation. C'est par l'archétype de la répétition *ad infinitum* que les personnages peuvent s'attendre à une renaissance. L'histoire est ainsi abolie, comme le dirait Mircea Eliade, non pas par la conscience de vivre un éternel présent mais par l'espoir d'un *in illo tempore* à venir. C'est, en fait, l'avenir qu'attendent les personnages de *L'Acadien reprend son pays*. Ce roman s'inscrit bien dans le mouvement généralisé que les sociologues nomment « la vogue du messianisme[14] » qui commence dans les années 60, et dont témoignent non seulement les littéraires, mais également les historiens, les philosophes et les sociologues. Ceux-ci, voyant approcher un nouveau millénaire, s'intéressent à l'étude des différentes formes d'utopies. En effet, l'intérêt des savants occidentaux pour les mouvements millénaristes et les utopies serait, d'après Eliade, « un des traits caractéristiques de la culture occidentale contemporaine[15] ». LeBouthillier n'échappe pas à cette séduction de la fin du millénaire. Cet intérêt trahit chez lui, comme chez d'autres intellectuels d'ailleurs, le désir de revenir en arrière et de retrouver l'histoire primordiale, les « commencements absolus[16] ».

On va donc peindre une société dont le but ultime est de « prévoir et d'orienter activement la libération du pays acadien en accord avec le dynamisme et la sagesse populaires », une Acadie qui ne se laisse pas « avaler par les Américains[17] » et qui, selon Nicolas, l'un des protagonistes, doit « concilier les tendances créatrices actuelles et les valeurs ancestrales[18] ».

Nous assistons à la création d'une image désirable de l'Acadie, capable de déclasser les États-Unis au rang des terres séduisantes, et à l'inversion du mythe du Sud et de l'Ouest, si présent dans la littérature américaine. Jack, dans *Isabelle-sur-Mer*, en sera l'exemple concret. Déboussolé, il quitte le sud des États-Unis pour pouvoir enfin retrouver le nord...

En fin de compte, les trois romans de LeBouthillier redonnent un sens à la souffrance du peuple acadien, qu'elle soit présente, passée ou encore à venir. Les personnages prennent conscience que l'apparente désintégration de la société acadienne, menacée par des éléments extérieurs, n'est pas un phéno-mène isolé et irréversible. Si des empires, comme ceux de Grèce ou de Rome, ont fini par disparaître, l'éternel retour du rythme cosmique permet alors d'attendre le renouveau. Comme le dit Isabelle: «Si l'histoire des déporta-tions aide Louis à se sentir mieux, il y a peut-être une possibilité de jouer sur scène l'histoire de l'humanité et de trouver, par des formes d'art les moyens de toucher vraiment l'homme[19]. » Ce n'est pas un hasard si de nombreux per-sonnages de LeBouthillier reprennent les noms des héros les plus illustres de la tradition gréco-romaine et judéo-chrétienne: Ulysse, Pénélope, Socrate, Salomon, Dionysos...

Derrière ce jeu intertextuel, il y a un clin d'œil complice de l'auteur qui ne peut que nous faire penser à toute une philosophie et à une tradition gréco-orientales sous-jacentes (le mythe de la répétition éternelle):

> Tous les moments et toutes les situations du cosmos se répétant à l'infini, leur évanescence s'avère en dernière analyse comme apparente; dans la perspective de l'infini, chaque moment et chaque situation *restent sur place* et acquièrent ainsi le régime ontologique de l'archétype. Donc, parmi toutes les formes de devenir, le devenir historique lui aussi est saturé d'*être*[20].

C'est ainsi que s'opère chez LeBouthillier le passage d'un monde en voie d'éclatement à un monde de synthèse et de communication. Ulysse, par son travail de peintre de l'histoire, abolira les distances entre le passé et le présent et, en écoutant l'inspiration des Muses, il parviendra à se libérer de l'impres-sion d'un monde sans raison d'être.

Les habitants de l'Acadie future dans les romans *L'Acadien reprend son pays...* et *Isabelle-sur-Mer*, à leur tour, renoueront avec leur passé au moyen de la lecture et de la représentation théâtrale. Ils sont ainsi libérés d'un monde qui, trop ancré dans les exploits technologiques, avait perdu tout sens de la profondeur en se concentrant sur l'apparence et l'illusion.

Les romans de LeBouthillier sont donc une sorte de «cure» contre la «myopie» qui, selon certains sociologues[21], caractérise la société nord-américaine. Myopie des gens qui voient leur existence de trop près, incapa-bles de regarder au loin et d'établir une communication heureuse avec d'autres temps et d'autres espaces. LeBouthillier établit une sorte de réconci-liation entre le passé et le présent qui, vus avec ces nouvelles lunettes de l'art et de l'imagination, augurent la renaissance acadienne... À chaque rêveur, son utopie!

NOTES

1. Gilbert Durand, *Les Structures anthropologiques de l'imaginaire*, Paris, Dunod, 2ᵉ édition, 1984, p. 67-70.

2. *Ibid.*, p. 217-224.

3. Claude LeBouthillier, *L'Acadien reprend son pays*, Moncton, Éditions d'Acadie, 1977.

4. Claude LeBouthillier, *Isabelle-sur-Mer*, Moncton, Éditions d'Acadie, 1979.

5. Claude LeBouthillier, *C'est pour quand le paradis...*, Moncton, Éditions d'Acadie, 1984.

6. Claude LeBouthillier, *L'Acadien...*, p. 104.

7. Claude LeBouthillier, *C'est pour quand...*, p. 64.

8. Jean-Paul Sartre, *La Nausée*, Paris, Gallimard, 1937.

9. Gilles Lipovetsky, *L'Ère du vide : essais sur l'individualisme*, Paris, Gallimard, 1983.

10. Jean-Paul Sartre, *L'Être et le Néant : essai d'ontologie phénoménologique*, Paris, Gallimard, 1943.

11. Claude LeBouthillier, *C'est pour quand...*, p. 52-53.

12. *Ibid.*, p. 85.

13. Mircea Eliade, *Le Mythe de l'éternel retour : archétypes et répétition*, Paris, Gallimard, 1969, p. 149.

14. *Ibid.*, p. 178.

15. *Idem.*

16. Claude LeBouthillier, *L'Acadien...*, p. 180.

17. *Ibid.*, p. 44.

18. *Ibid.*, p. 43. Nous sommes d'accord avec Joan Pauline Campbell qui, dans son étude « La Maîtrise du passé dans la littérature acadienne contemporaine » (thèse de M.A., Halifax, Dalhousie University, 1982), souligne la contribution assez ambiguë de Claude LeBouthillier, « qui se situe à mi-chemin entre l'acceptation du passé traditionnel et son rejet total » (p. 49). Le sous-titre « roman d'anticipation », dit-elle, suggère surtout cette dernière attitude. Mais la façon dont l'auteur décrit cette Acadie, enfin indépendante et libre, pourrait facilement faire penser à l'idée de réconciliation.

19. Claude LeBouthillier, *Isabelle...*, p. 110.

20. Mircea Eliade, *op. cit.*, p. 184.

21. Daniel Joseph Boorstin, *L'Esprit d'exploration : l'Amérique jadis et maintenant*, Paris, Gallimard, 1979.

1953 : CHRONIQUE D'UNE NAISSANCE ANNONCÉE
de FRANCE DAIGLE
(Moncton, Éditions d'Acadie, 1995, 166 p.)

Georges Bélanger
Université Laurentienne

La balle revient. Chaque balle est un défi.» Cette affirmation, inspirée d'une scène de sport, sert d'entrée en matière à ce roman qui, dès le préambule, propose une brève réflexion sur les relations entre les créateurs et leur public, l'auteur et le lecteur-spectateur. En résumé, le travail des uns consiste à présenter une interprétation de la vie, quelle qu'elle soit, et c'est là, affirme France Daigle, un problème d'auteur(e) ; celui des autres consiste à découvrir cette représentation de la vie, à la décoder, et c'est un problème de lecteur. Ainsi définit-elle, dans les grandes lignes, le rapport qui s'établit entre eux : une sorte de jeu de chassé-croisé serré de la connaissance, une recherche de la signification, bref la conquête du sens. Si cette perception peut paraître réductrice, précisons qu'au-delà du préambule, l'auteure n'a de cesse de s'interroger au fil du livre sur le rôle de l'écrivain, du romancier, et sur ses rapports avec le monde et son œuvre.

Tout n'est pas si simple, en effet. À cet égard, *1953 : chronique d'une naissance annoncée* garantit un bel échange et exige du lecteur une assez bonne condition physique, si l'on ose dire, car ce livre est provocateur et déconcertant. En fuite continuelle, l'auteure, à l'instar de ses personnages — Elizabeth, romancière comme elle, Brigitte et Claude —, prend un malin plaisir à brouiller les pistes et à déstabiliser le lecteur. Le récit, réparti sur dix chapitres, éclate de toutes parts ; les assises ou les points de repère du roman demeurent évanescents, insaisissables ; et, comme un leitmotiv, les deux courtes phrases suivantes jalonnent le texte, sans nécessairement l'éclairer : «La balle revient. Chaque balle est un défi.» Quel en est le principe d'intelligibilité, quelles en sont les clefs ?, se demande le lecteur face à son problème. La conquête du «sens» dans ce roman pose un défi certain. Mais qu'à cela ne tienne : on ne passe tout de même pas impunément à travers *Le Maître des illusions* de Donna Tart ou *Le Monde de Sophie* de Jostein Gaarder !

Si Gabriel Garcia Márquez a déjà proposé la *Chronique d'une mort annoncée*, traduction récente de *Y Cronica de una muerte anunciada* (1981), France Daigle choisit plutôt de présenter la chronique d'une «naissance» annoncée, prévue en novembre 1953 à l'Hôtel-Dieu l'Assomption de Moncton, celle de Bébé M., encore en gestation et future romancière, et de raconter, sous de multiples facettes, comment se définit le rapport au monde de ce bébé. Que se passe-t-il, ici et ailleurs, pendant la gestation de Bébé M., c'est-à-dire en 1953 ? C'est avec beaucoup de minutie que l'auteure raconte et scrute les principaux événements de cette année, petite et grande histoires confondues, d'abord dans son entourage immédiat, Moncton, où se situe le récit, et aussi dans le reste du monde occidental qu'elle découvre par l'intermédiaire du journal *L'Évangéline*, point d'ancrage de sa chronique ; par exemple, la mort de Staline, le couronnement de la reine Élisabeth II, l'attribution des prix Nobel, les différentes découvertes scientifiques, etc. Elle est convaincue que les événements, en tout ou en partie, agissent et influent sur la vie, la personnalité et le destin des personnes, en l'occurrence sur Bébé M., pour en fixer et en déterminer certaines conditions préalables. L'auteure est fascinée par l'étude des liens et des rapports qui existent et se tissent entre eux.

Et c'est ici que le roman prend une tournure nouvelle, les allures d'un véritable essai. S'appuyant sur deux livres majeurs publiés en 1953, *Le Degré zéro de l'écriture* de Roland Barthes, et *Solitude* de Françoise Dolto, pédiatre et psychanalyste, auxquels elle renvoie souvent, France Daigle approfondit cette question : elle aborde, entre autres, les notions de continuité et de conscience entre la mère et le bébé au cours de la grossesse et le sujet complexe de la naissance du style et du langage chez l'écrivain. Pour ce faire, elle fait appel autant au domaine des connaissances acquises, leur évolution et leur étendue, qu'à l'inconnu et à l'insondable.

Ainsi, ajoute l'auteure, est-il permis de croire et d'imaginer l'existence de forces obscures, telluriques, astrologiques, cosmiques ou autres, qui agissent sur les êtres dans une sorte d'alchimie ou de symbiose pour les déterminer, les caractériser, sans qu'il soit possible ou nécessaire de rationaliser cette action. En d'autres termes, avant même sa naissance, la vie et le futur rôle d'écrivaine de Bébé M. sont marqués, stigmatisés et prédestinés. Comme une prêtresse, une pythie moderne, l'auteure examine les aruspices (il s'agit bien des événements et de l'état du monde) pour en mesurer le sens, la force et l'influence sur l'enfant à naître. Ici, ils sont (ont été ?) propices : « Dans ce cas, le germe de l'écriture fut enfoui au plus profond des entrailles de Bébé M., ce qui est peut-être le cas de tous les écrivains, vu leur tendance à se prendre pour le nombril du monde » (p. 64).

1953 : chronique d'une naissance annoncée renvoie-t-il l'image d'un écrivain, d'un romancier en train d'interroger la pérennité de son œuvre, son immortalité, voire de construire son propre mythe ? Tout le laisse croire, et France Daigle l'avoue avec une certaine candeur : « Cela revient à dire que, oui, le romancier s'interroge sur la valeur de sa contribution à l'humanité » (p. 82) ; mais le roman dépasse largement cette préoccupation. Il regroupe tous les personnages auxquels l'auteure s'identifie, pour participer à une quête commune : celle de la vie, de leur existence, marquée par autant de désirs, d'interrogations et d'attentes. « La balle revient. Chaque balle est un défi » : ils sont tous à la recherche des règles du jeu, et chacun essaie d'en percer le mystère. C'est précisément à ce niveau qu'il atteint son vrai sens. Problème d'auteur ?

Problème de lecteur ? Faux. Les deux sont des chercheurs au même titre et travaillent depuis toujours en étroite collaboration.

Malgré la structure complexe du récit, qui éclate dans plusieurs directions et dont l'auteure n'a pas toujours une parfaite maîtrise, ainsi que la présentation souvent trop détaillée et pas toujours évidente de certains événements, France Daigle réussit à transposer dans *1953 : chronique d'une naissance annoncée* une démarche aussi renouvelée qu'inattendue, et un peu déroutante au premier abord. Le livre, bien écrit par ailleurs, par-delà les genres — roman, essai ou chronique —, permettra au lecteur d'y trouver son compte.

LE DISCOURS CONFISQUÉ
de MICHEL DOUCET
(Moncton, Éditions d'Acadie, 1995, 240 p.)

J. Yvon Thériault
Université d'Ottawa

Dans *Le Discours confisqué*, Michel Doucet vise à contextualiser les revendications politico-juridiques des Acadiens et des Acadiennes du Nouveau-Brunswick. Il s'attache tout particulièrement à reconstituer la trame des événements socio-politiques qui ont conduit, en 1993, à l'enchâssement de certains éléments de la loi 88, reconnaissant l'égalité des communautés linguistiques au Nouveau-Brunswick, dans la Constitution du Canada. Le Nouveau-Brunswick, qui était déjà la seule province officiellement et constitutionnellement bilingue, devenait ainsi l'unique entité politique canadienne à reconnaître l'existence, en son sein, d'une communauté linguistique francophone ayant droit à des institutions d'enseignement distinctes et aux institutions culturelles nécessaires à sa protection.

Malgré l'intérêt indéniable de cette reconnaissance juridico-politique pour les Acadiens du Nouveau-Brunswick, Michel Doucet présente un tableau relativement sombre de l'évolution politique de la communauté acadienne. L'enchâssement de la loi 88 lui apparaît comme étant une récupération politique du discours autonomiste acadien, d'où le titre du livre, *Le Discours confisqué*. En effet, pour Doucet, l'enchâssement de la loi 88 est un rétrécissement de la loi 88 voté en 1981 par l'assemblée législative, qui elle-même était déjà une version édulcorée des revendications émanant des milieux autonomistes acadiens. La portée réelle de l'enchâssement de la loi 88 a ainsi été continuellement diminuée par rapport au sens premier qu'aurait voulu lui donner la communauté acadienne. C'est l'histoire de cette confiscation que le livre vise à reconstituer.

Au cours du processus conduisant à l'enchâssement constitutionnel, les militants acadiens n'auraient toutefois pas perdu uniquement le contenu autonomiste de leur revendication, mais aussi la dimension symbolique attachée à la reconnaissance constitutionnelle de leur communauté. Ce sont les politiciens qui, tout en réduisant la portée du projet acadien, se seraient ultimement approprié la paternité de cette reconnaissance. Ce qui est vrai dès le début des années 80, quand le ministre Jean-Maurice Simard du gouvernement conservateur de Richard Hatfield s'approprie et réinterprète le discours acadien issu de la Convention d'orientation nationale acadienne

(CONA, 1979). Cela est encore plus vrai en 1993, pense Doucet, au moment de l'enchâssement dans la Constitution, le gouvernement de Frank McKenna profitant de la situation pour s'arroger, au nom du Parti libéral, l'entière paternité d'une reconnaissance que son parti avait pourtant combattue à l'époque. Ce ne serait plus les militants autonomistes acadiens qui auraient gagné cette reconnaissance, mais le gouvernement qui aurait généreusement octroyé à l'Acadie quelques bribes d'autonomie.

Pour étoffer sa thèse, Doucet s'appuie sur une mise en contexte politico-historique ainsi que sur une lecture événementielle du processus ayant conduit aux différentes législations linguistiques au Nouveau-Brunswick.

L'analyse du contexte politico-historique commence avec la période des réformes politico-administratives du gouvernement de Louis Robichaud (1960-1970). Pour Doucet, c'est une période de recherche de la modernité par les Acadiens, un moment qui correspond également au début de construction d'un discours politique proprement acadien. La seconde période, celle de 1970 à 1980, est certes celle des premières années du gouvernement Hatfield ; selon Doucet, elle est surtout celle de l'affirmation politique de l'Acadie à travers ses institutions nationalistes, comme la Société des Acadiens et des Acadiennes du Nouveau-Brunswick (SAANB), et politiques (la fondation du Parti acadien). Les années 1980-1987, celles des dernières années du régime Hatfield, marquent principalement le début de la récupération politique du discours acadien élaboré au cours des années précédentes, phénomènes accentués pendant la période actuelle du gouvernement McKenna (à partir de 1987).

Ce volet de l'ouvrage déçoit quelque peu. La contextualisation politico-historique y est brossée à grands traits, d'une manière hâtive. La périodisation présentée reste descriptive et ne permet généralement pas de bien saisir les motivations profondes des acteurs. Ainsi, par exemple, le projet acadien, supposément confisqué par les politiciens véreux, n'est jamais réellement expliqué. À part le vague désir d'autonomie, quelles étaient en effet les revendications spécifiques de la communauté acadienne et comment pouvaient-elles se concrétiser politiquement ?

On nous présente une communauté acadienne homogène, luttant pour l'autonomie face à une classe politique la lui refusant. Ces politiciens ne font-ils pas partie, eux aussi, de la société acadienne et ne représentent-ils pas une dimension de cette société qui révèle quelque chose de plus compliqué que l'opposition binaire qui y est décrite ? N'est-il pas d'ailleurs dans la nature même de la politique de traduire les revendications des acteurs en termes acceptables par la majorité ? S'il n'y avait pas, pour employer les mots de Doucet, « confiscation » du discours militant, celui-ci ne resterait-il pas une parole sans effet sur les institutions ? On pourrait reprocher à l'auteur une conception quelque peu naïve de la politique, comme si celle-ci ne consistait en rien d'autre que de traduire, sans les trahir, les revendications des acteurs sociaux.

La question identitaire, elle aussi, est traitée rapidement. La volonté de faire reconnaître politiquement et juridiquement la réalité identitaire minoritaire ne pose-t-elle pas d'autres problèmes que ceux liés au refus par le gouvernement majoritaire de reconnaître la minorité ? L'identité au cœur du projet acadien et la complexité des forces sociales qui traversent cette société ne reçoivent donc pas l'attention qu'elles mériteraient. Il est vrai que Doucet nous avertit, dès le départ, que son livre n'est pas celui d'un historien, mais bien d'un militant.

D'ailleurs, l'interprétation événementielle des diverses tractations ayant conduit à la formulation des multiples législations linguistiques au Nouveau-Brunswick est mieux réussie. Doucet connaît bien la vie politique néo-brunswickoise et les principaux arguments du débat linguistique. Juriste de formation et ex-président de la SAANB, il nous livre une véritable chronique de près de trente ans de luttes ainsi que des réponses partielles obtenues de la part des politiciens. On ne peut qu'apprécier les analyses fines et éclairantes qu'il nous présente concernant les implications des différentes formulations juridiques, dans l'entente du lac Meech ou dans les versions successives de la loi 88, notamment. C'est pourquoi *Le Discours confisqué* est un livre intéressant et utile pour comprendre le cheminement récent de la communauté acadienne et, peut être à l'insu de l'auteur, pour saisir les limites inhérentes à l'outil juridique dans la défense et la promotion de la langue et de l'identité minoritaires.

MADELEINE OU LA RIVIÈRE AU PRINTEMPS
de SIMONE LEBLANC RAINVILLE
(Moncton, Éditions d'Acadie, 1995, 198 p.)

Pamela V. Sing
Faculté Saint-Jean
Université de l'Alberta (Edmonton)

Sur la couverture, une œuvre d'art multidimensionnelle et multitexturée en devenir ; en ressort une feuille de papier de fabrication artisanale qui suggère un visage humain caché derrière un masque. Un œil d'onyx noir s'en détache et nous fixe. Le tableau s'intitule « Le regard intérieur ». Entre les pages 7 et 10, l'avant-propos qui, en attestant l'authenticité des lettres constitutives de l'ouvrage, révèle qu'en raison de leur caractère compromettant pour certains personnages haut placés, ces documents ont failli ne pas être publiés. Aux pages 195-196, le dénouement sous forme d'épilogue nous apprend les réactions de deux personnes qui ont lu les lettres, la fille et le fils de celle qui les a signées. À la toute dernière page, un avis qui atteste le caractère fictif de l'ouvrage.

Ce sont autant d'indices sur l'optique dans laquelle il convient de lire *Madeleine ou la Rivière au printemps*, un premier roman de Simone LeBlanc Rainville. De plus, cela en dit long sur la problématique du dire et de l'être, lorsqu'on écrit à la fois au sein et dans les marges d'une culture « minoritaire », « marginale » ou « émergente », pour reprendre les qualificatifs employés respectivement par François Paré, Jacques Dubois et Wlad Godzich[1].

Car l'ouvrage est un roman épistolaire, celui d'une jeune institutrice « élégante », « distinguée », fille d'un député, mère de famille, épouse modèle, arrachée de son village lorsque son mari l'amène vivre dans un camp de bûcherons acadien dans les années 50. Pour se consoler de son « exil », elle écrit au frère de son mari, le père Louis, qui est le curé de sa paroisse, son ancien précepteur et… son amant. Vingt-six lettres, dont les formules finales vont de « Ta toute dévouée belle-sœur » à « Ta (presque) toute convertie », en passant par des « Ton éternelle complice », « Ta languissante », « Ta toute tremblante », « Très excessivement tienne » et « Scandaleusement tienne ».

Madeleine ou la Rivière au printemps est le récit d'une histoire d'amour — de sa naissance et de son évolution. Voulant « éclairer le présent à la lumière du passé », la Madeleine du titre entreprend de raconter à son « trop cher beau-frère » sa version de leur « roman ». Elle se livre alors au souvenir intime des événements qui l'ont amenée à connaître et à vivre une de ces passions qui sont comme la rivière au printemps : « on ne peut quasiment pas l'arrêter de couler. » Or, à force de s'écrire, elle se découvre, fait émerger l'Autre en elle, jusque-là muette. Ainsi, l'histoire d'amour est également celle de l'évolution d'une femme qui, en reconstituant un fragment de son passé, cherche à se comprendre, à se définir et à s'inscrire en tant que sujet de son propre discours.

La difficulté de l'entreprise — la tentative d'auto-intégration à la langue constitue une lutte avec la vérité ou, plutôt, avec une certaine vérité — est traduite par le fait que Madeleine destine ses lettres à celui avec qui elle a fait son cours classique. Au début de sa correspondance, la crainte de ne pas être à la hauteur paralyse son écriture et l'empêche d'exprimer ses véritables sentiments : elle prétend écrire à Louis de la part de ses enfants. Petit à petit, toutefois, l'acte d'écrire l'amenant à s'affirmer, elle en vient à remettre en question le bien-fondé de certaines règles de l'ordre symbolique et à formuler ses propres idées sur ce qui est acceptable.

Ainsi, dans la quatrième lettre adressée à son « poète préféré », Madeleine se critique : incapable de poésie, elle n'écrit que « de la prose », des « gribouillages », des « pastiches manqués ». Si Louis possède d'emblée le Verbe, elle, en revanche, se trouve dans l'impossibilité de s'approprier « le bon usage » ; elle s'en confesse, non sans humour, en préfaçant son récit de leur première rencontre :

> Sur bien des plans, tu y trouveras des faiblesses. D'avance, j'accepte que tu me les soulignes, car tu connais mon désir de m'améliorer. Toutefois, pour t'éviter du travail, je te signale un type de faute que j'ai commis sciemment et volontairement.
>
> Oui, je m'accuse d'avoir fait un usage vicieux du temps des verbes. [...] J'aurais dû écrire, par exemple : « La première fois que nous nous vîmes, vous me plûtes et vous m'épatâtes. » Je confesse que je n'ai pas toujours eu le courage de m'exprimer ainsi, n'en déplaise à Dieu, à tous les saints et à vous, mon Père, mais surtout aux patientes religieuses qui ont fait leur possible pour m'enseigner l'emploi correct du passé défini. Sœur Cécile se retournerait dans sa tombe si jamais elle apprenait toutes les libertés (grammaticales...) que j'ai prises avec vous (pronom)... (p. 44-45)

Si ce pastiche s'écrit sur le mode humoristique, il n'en est pas moins révélateur de la situation socio-culturelle du sujet énonciatif. Son caractère polyphonique désigne la tension, le déchirement qui habitent la femme qui lutte pour s'exprimer et pour se définir, mais sans avoir renoncé à la référentialité patriarcale. Comment y renoncer lorsqu'on a eu une « bonne éducation » qui a enseigné le respect pour les « canons », même au prix de devoir passer sous silence certaines injustices ?

Malgré une tendance marquée à l'autocensure, Madeleine réussit à accuser un certain nombre de torts sociaux, et même à en redresser certains. D'où une des significations et un des nombreux mérites de ce roman de Simone LeBlanc Rainville, auteure de trois guides pédagogiques dont l'un, intitulé *Vers un nouveau paradigme*, se rapporte aux relations entre les hommes et les femmes. À quelques reprises, le plaidoyer en faveur d'une attitude plus humaine et plus respectueuse envers les femmes revêt un caractère sérieux — dans le sens de non ludique, entendons, puisque le désir exprimé dans le pastiche n'en est pas moins profond —, comme lorsque Madeleine dit explicitement qu'elle rêve au jour où « les femmes ne seront plus des êtres traqués qu'on cherche à capturer de gré ou de force ». Sinon, c'est par ce que Bakhtine nomme la « plurivocalité[2] » du texte que Madeleine, tout en offrant un « texte de plaisir », dans tous les sens de l'expression barthésienne[3], nous communique sa vision d'un monde plus humain.

Plus humain, parce qu'en reconnaissant en elle-même l'existence de l'Autre, dont les désirs et le langage sont *différents*, Madeleine apprend à relativiser l'importance des lois d'un discours qui dénature sa réalité à elle et à valoriser d'autres voix. De fait, c'est en écoutant celles-ci qu'elle découvre des parties d'elle-même jusque-là opprimées. En leur donnant voix au chapitre, par conséquent, elle accède à une existence plus complète. Ainsi, son texte fait parler un certain nombre de marginaux. D'un côté, il y a les récalcitrants à la loi du père, celles et ceux qui pèchent par « mysticisme », dont Sophie, la belle-mère en qui Madeleine trouve une amie et une conseillère précieuse, et Marguerite, mère d'une enfant illégitime. Toutes deux savent intimement quelque chose de l'amour qui est « comme une rivière au printemps ». Solidaires de Madeleine, elles forment une communauté fondée sur la sensibilité et la compréhension, ce qui vient déconstruire les mythes de la méchante belle-mère et de l'immorale mère célibataire. À celles-ci se joint David, le frère de Madeleine, qui, comme Louis, est un curé savant, sensible et, de surcroît, respectueux envers les femmes. Ses contacts avec Madeleine l'écartent du droit chemin, mais cela l'humanise.

De l'autre côté, il y a les ouvriers acadiens que les patrons anglophones sacrifient au puissant dollar. Car s'ajoute à l'histoire d'amour le récit, sous forme de « chroniques » ou d'« annales », de la vie menée au camp de bûcherons. Ce volet du roman fait connaître et entendre de nombreux personnages, dont Gonzague, vieux garçon « à qui il manque un bardeau », Jacques l'Indésirable, qui prétend avoir « un flair pour les femelles » et Mathilde, la cuisinière au langage grivois, voire obscène. Tantôt attendrissants, tantôt comiques, toujours revendicateurs, ces récits, en plus de raconter diverses « petites anecdotes », déconstruisent certains mythes, comme celui du rapport entre la cruauté et une certaine virilité.

Madeleine finit par trouver à tous une poésie réelle et sa prose en devient « contaminée », avec le résultat que le destinataire de ses lettres est invité à apprécier différents langages et locutions, les uns vulgaires mais « savoureux », les autres néologiques, prophétiques, voire mystiques. Pour l'épistolière, ces discours *autres* sont « pleins de vérité » et, en citant telles quelles différentes paroles, y compris celles qu'elle avait jadis confiées à son journal intime, elle dit la nécessité, d'une part, de revendiquer les droits des opprimés et, d'autre part, de comprendre la complexité humaine et sociale.

Madeleine ou la Rivière au printemps est un de ces « véritables romans », comme on en voit peu. La « conscience du langage relativisé » (Bakhtine, p. 147) chez Simone LeBlanc Rainville indique qu'elle a compris et perçu les possibilités et les problèmes du genre romanesque. De plus, son récit de la mise à nu du corps féminin et de l'âme humaine la classe parmi les rares écrivains qui « combattent à la fois la répression idéologique et la répression libidinale » (Barthes, p. 58).

Ce qui nous fait revenir à la couverture du livre, à son image d'un travail en devenir : ce roman bâti sur la parole vivante, participant au devenir historique et à la lutte sociale, est un cri du cœur.

NOTES

1. Voir François Paré, *Les Littératures de l'exiguïté*, Hearst, Le Nordir, 1992 ; Jacques Dubois, *L'Institution de la littérature*, Bruxelles, Labor, 1978, p. 129-149 ; et Wlad Godzich, « Emergent Literature and Comparative Literature », dans Clayton Koelb and Susan Noakes (eds.), *The Comparative Perspective on Literature. Approaches to Theory and Practice*, Ithaca, Cornell University Press, 1988, p. 18-36.

2. M.M. Bakhtine, *Esthétique et théorie du roman*, Paris, Gallimard, 1978, p. 136.

3. Roland Barthes, *Le Plaisir du texte*, Paris, Seuil, 1973.

FATALISME ET INDIVIDUALISME :
ANALYSE SOCIOLOGIQUE ET COMPARATIVE
DE *JUDE L'OBSCUR* ET DE *TCHIPAYUK*

Claude Couture
Faculté Saint-Jean
Université de l'Alberta (Edmonton)

Introduction

Notre point de départ théorique est un texte du professeur Louis Francœur, publié en 1992 par l'Institut québécois de recherche sur la culture. Dans ce texte, Francœur considère la culture, du point de vue de la sémiotique, comme « une hiérarchie de systèmes signifiants particuliers que nous appelons textes » ; « ces textes sont en interaction continue », mais ils sont tous « à l'intérieur d'un tout hiérarchisé, il pourra donc arriver que l'un ou l'autre de ces systèmes (de textes) occupe le sommet de la hiérarchie[1] ». En fait, malgré les transformations de la hiérarchie des textes, la « logique paradigmatique » de la série culturelle implique que le texte artistique, dans la mesure où sa relation à l'« interprète collectif » (société) est à la fois plus globale et plus virtuelle, c'est-à-dire que le texte artistique, compte tenu de l'amplitude de son espace imaginaire, est le texte par lequel, selon Francœur, tout devient possible ; ce texte donc se trouve au sommet de la hiérarchie, particulièrement dans la conjoncture de rupture. S'organise alors une nouvelle interaction des textes, une nouvelle hiérarchie qui retrouvera la primauté du texte artistique particulièrement dans les conjonctures de changement et de transformation. Le professeur Francœur insiste également sur le fait que « les signes culturels obéissent à des lois logiques souvent fort complexes ».

Lois, logique, système… Le but d'une telle approche est donc d'appréhender la culture de façon scientifique, d'en faire ressortir les mécanismes universels et d'en arriver à la prédiction des phénomènes, qui est l'aboutissement nécessaire de la démarche scientifique. Il est possible toutefois que cette approche puisse difficilement rendre compte, justement, de la complexité de certains phénomènes ; qu'elle constitue malheureusement la perpétuation du mythe «holiste» issu de XIXe siècle, qui consiste à appliquer à tous les domaines du savoir l'approche des sciences exactes ; et que, malgré ses prétentions à la multidisciplinarité, elle ne tient pas compte non plus de l'évolution des sciences sociales, notamment de la sociologie. Bien que l'approche sémiologique puisse être utile à l'étude de certains phénomènes limités, la difficulté de ses prétentions globales tient au point de départ à la définition de la culture et de la société en systèmes, alors que d'autres approches insistent sur le fait que la culture résulte d'actions et de stratégies individuelles dans les contextes variés qui déterminent certes un champ de possibilités dans lequel, cependant, rien n'est absolument nécessaire, donc rigoureusement prévisible.

Afin d'illustrer une approche que nous pourrions qualifier de relativiste, nous suggérons une interprétation comparative de deux romans qui sont en apparence fort éloignés l'un de l'autre, mais qui comportent, du moins le croyons-nous, plusieurs points communs. Ces romans sont *Jude l'Obscur*, de Thomas Hardy, et *Tchipayuk*, de Ronald Lavallée. Nous verrons par ces deux exemples que la littérature canadienne-française n'est pas *nécessairement* misérabiliste, en vertu de certaines lois logiques, et que le texte littéraire n'est pas non plus *nécessairement* prophétique, puisqu'il est parfois construit à partir d'autres textes qui orientent, si l'on peut dire, sa trajectoire.

Misérabilisme et littérature

On a souvent dit, et écrit, que la littérature canadienne-française/québécoise était extrêmement pessimiste, fataliste, voire misérabiliste. L'historien Michel Brunet se plaisait à répéter dans ses cours que la société et la littérature canadiennes-françaises avaient parfois des odeurs «de cierge mal éteint dans une sacristie mal aérée». La littérature serait étouffante parce que le peuple canadien-français/québécois (avant la Révolution tranquille des années 60) aurait été, dit-on, un petit peuple écrasé et soumis à la fois par une bureaucratie catholique et un ordre économique conservateurs. Encore récemment, Michel Tremblay soutenait, par exemple, à travers le personnage principal de sa pièce *En circuit fermé*, que le monde de la télévision au Québec est pourri parce que «nous sommes un peuple de ti-counes». (Comme si le monde de la télévision en France, aux États-Unis, en Grande-Bretagne, n'avait pas lui aussi ces phénomènes de corruption et que le public, dans ces pays, n'a pas lui aussi un penchant pour le «quétaine» et le vulgaire. Enfin.) Cette idée revient également chez Louis Francœur, lequel voit cependant un moment libérateur au Québec par rapport au misérabilisme qui serait le manifeste *Refus global*, véritable prélude à la Révolution tranquille.

Il en résulte implicitement qu'en ce qui concerne la littérature canadienne-française hors Québec, toujours en attente d'un moment libérateur comparable à *Refus global*, le misérabilisme serait toujours à l'ordre du jour. Or si, au contraire, l'étude de la littérature québécoise d'avant *Refus global* et la Révolution tranquille fait ressortir l'existence de textes non misérabilistes (par exemple, l'étude de Robert Major sur *Jean Rivard*[2]), de la même façon peut-on postuler l'existence de textes littéraires canadiens-français contemporains qui ne sont pas misérabilistes.

Par ailleurs, un autre postulat implicite dans cette vision d'un Canada français misérabiliste est que la littérature dite majoritaire ne serait pas misérabiliste. Mais sur ce point également, l'étude, entre autres, de la littérature anglaise du XIXe siècle et du début du XXe siècle contredit ce postulat, parce que l'on peut y retrouver, comme dans le cas des auteurs canadiens-français au sujet de leur société, une vision parfois profondément critique et pessimiste de la société victorienne. Charles Dickens, George Bernard Shaw, Thomas Hardy, E.M. Forster, D.H. Lawrence, ont tour à tour dénoncé l'hypocrisie et la bigoterie de la société victorienne-édouardienne et en ont été ses victimes. La marginalisation et l'exclusion des créateurs ne sont pas le monopole d'une société dite « minoritaire », et faire ressortir des phénomènes comparables dans des sociétés dites majoritaires permet de relativiser la situation canadienne-française (du Québec comme ailleurs) et d'éviter, peut-être, de tomber dans un trop-plein de misérabilisme. C'est donc dans cette perspective qu'il est possible, croyons-nous, de souligner certaines similitudes importantes, du moins intéressantes, entre *Jude l'Obscur* et *Tchipayuk*.

Jude l'Obscur et Tchipayuk

Jude l'Obscur a été publié en 1895. Ce fut le dernier roman de Thomas Hardy qui, par la suite, n'a publié que des textes de poésie. *Tchipayuk* a été publié en 1987. Son auteur, Ronald Lavallée, en était à son premier roman. Une première similitude se trouve au niveau de la narration et de l'histoire respective des deux héros. Bien qu'écrits à un siècle d'intervalle, ces romans racontent le drame de deux personnages vivant dans la seconde moitié du XIXe siècle.

Jude l'Obscur est l'histoire de Jude Fawley, un maçon qui rêvait de faire des études universitaires en théologie afin de devenir pasteur. Mais la société victorienne ne permettait pas l'accès à l'université à ceux qui étaient d'origine modeste. Malgré ses efforts, Jude ne sera jamais admis à Christminster. De plus, Jude avait été contraint d'épouser une jeune femme pour laquelle il avait éprouvé une flamme passagère, mais qui lui avait fait croire, pour le garder, qu'elle était enceinte. Une fois divorcé et que cette première épouse, Arabella, eut quitté l'Angleterre pour l'Australie, Jude ne peut résister à sa passion pour Sue Bridehead, sa cousine, qui avait épousé l'ancien instituteur de Jude, Mr. Phillotson. Sue, à son tour, quitte Phillotson, mais refuse de se remarier avec Jude parce qu'elle craint que l'institution du mariage n'étouffe leur amour. Entre-temps, Arabella rentre en Angleterre pour se remarier, mais annonce à Jude qu'il est cette fois bel et bien le père d'un garçon conçu juste avant le départ pour l'Australie. Jude, Sue, leurs deux enfants et Father Time, le fils d'Arabella, vivront ensemble jusqu'à ce que ce dernier décide d'assassiner les deux enfants et se tuer lui-même pour permettre à ses parents de mieux vivre. Après cette tragédie, Sue décide de quitter Jude et de retourner à son premier mari. Jude, le cœur brisé, retrouve pour sa part Arabella qui est devenue veuve. C'est ainsi que Jude, après avoir rêvé d'études universitaires et d'amour authentique, se retrouve à la fin de ses jours à la case de départ, meurtri et écrasé par la fatalité.

Tchipayuk, pour sa part, est l'histoire d'Askik Mercredi, un Métis francophone du Manitoba, qui, après avoir passé son enfance à vivre les aventures des chasseurs de bisons, se retrouve à Montréal pour faire des études. Devenu avocat, Askik, désigné sous le nom d'Alexis dans la société blanche, est petit à petit rejeté par un monde qui n'est pas le sien. En 1885, au moment de la seconde rébellion des Métis, Askik retourne parmi les siens et, bien que le peuple métis soit défait, il vit ce retour comme une libération. Ainsi, une lecture au premier degré de ces deux romans pourrait-elle nuancer certains *a priori* trop déterministes. Avant d'en arriver à une déconstruction du déterminisme apparent dans la narration, rappelons quelques principes concernant l'analyse littéraire et la sociologie relativiste.

Analyse littéraire et sociologie

Le fonctionnalisme s'est développé au début du XXe siècle à partir des travaux d'auteurs, eux-mêmes inspirés par les pionniers de la sociologie au XIXe siècle qui comparaient la société à un organisme vivant dont chaque partie joue une fonction. Selon Branislaw Malinowski,

> la culture, c'est-à-dire le corps complet d'instruments, les privilèges de ses groupes sociaux, les idées, les croyances et les coutumes humaines, constituent un vaste appareil qui met l'homme dans une meilleure position pour affronter les problèmes concrets particuliers qui se dressent devant lui dans son adaptation à son environnement pour donner cours à la satisfaction de ses besoins[3].

L'idée fondamentale du fonctionnalisme absolu, que l'on retrouve aussi dans le fonctionnalisme structuraliste de Radcliffe-Brown, est d'écarter toute dimension évolutionniste, de privilégier la synchronie par rapport à la diachronie. L'espace et la fonction doivent être analysés sans référence au temps.

Parmi les nombreux courants et écoles de pensée développés en sociologie au XXe siècle, l'individualisme méthodologique, défini comme un paradigme et non une théorie, repose sur trois propositions fondamentales, totalement contradictoires par rapport aux postulats du fonctionnalisme[4] : l'action sociale serait d'abord le résultat ou l'agrégat d'actions individuelles ; les phénomènes auxquels s'intéresse le sociologue sont conçus comme explicables en tant qu'interaction ; la sociologie doit aussi tenir compte du caractère non logique de certaines actions et donc utiliser des concepts qui permettent d'interpréter la complexité et la relativité des actions.

D'aucuns ont reproché aux défenseurs du paradigme individualiste, notamment Raymond Boudon (1979) en France, de ne pas respecter leurs propres principes (par exemple, en utilisant beaucoup la théorie des jeux dans leurs explications) et de minimiser l'interaction du sujet et de l'environnement. À tel point que les propositions du paradigme individualiste, en particulier la notion d'interaction, seraient peut-être mieux respectées dans le fonctionnalisme relativisé de Robert Merton[5] — qui insiste sur le caractère multidimensionnel des institutions en fonction des luttes stratégiques des groupes d'individus — ou même dans l'interactionnisme symbolique d'Erving Goffman[6], lequel, s'inspirant du théâtre, considère que chacun définit sa stratégie en fonction des rôles différents et secondaires qu'il entend jouer afin de contourner les interdits posés par la société.

Parallèlement aux nombreux débats théoriques en sociologie, la critique littéraire a aussi évolué à travers un questionnement qui n'est pas totalement étranger aux problématiques des sociologues. Une proposition fondamentale qui a, dans les années 20, secoué les fondements de la critique littéraire, a été énoncée par les formalistes russes[7]. Selon cette proposition, la littérature est un langage particulier, une sorte de violence langagière qui contraste avec le langage « ordinaire ». Étant une forme d'expression particulière, la littérature aurait donc sa propre organisation logique que l'analyste peut décrypter. Par l'entremise, surtout, de l'œuvre de Jakobson, le structuralisme a raffiné les théories du formalisme russe en concentrant l'attention de l'analyste sur les lois de la logique des relations entre différents signes qui forment une structure.

Le poststructuralisme, au contraire, a remis en question les prétentions scientifiques du structuralisme. Il est en effet beaucoup question, depuis deux décennies maintenant, du choc ressenti par les « sciences » sociales et l'histoire sous l'effet de la critique du courant postmoderniste, en particulier des auteurs postmodernistes nihilistes et/ou relativistes (par opposition aux auteurs postmodernistes affirmatifs)[8].

Certaines de ces propositions du postmodernisme nihiliste, associé à l'influence du philosophe français Jacques Derrida[9], peuvent se résumer ainsi :

– à l'époque des Lumières, la modernité est entrée dans l'histoire comme force progressive[10] avec la promesse de libérer l'humanité de l'ignorance et de l'irrationalité. Évidemment, en cette fin de siècle, ces promesses apparaissent comme étant chimériques et démenties par le chaos social et international.

– le postmodernisme défie l'absolu, et privilégie le relatif, tout en fustigeant les approches dites globalisantes, en « isme », comme le libéralisme, l'humanisme, le féminisme, le marxisme, etc. Les frontières entre les disciplines sont aussi un leurre de la modernité.

Sont valorisés par le postmodernisme l'intuitif, l'apparent, l'image qui défient, à l'instar des prédécesseurs Nietzsche et Heidegger, la rigueur et l'exactitude des disciplines dites de la modernité. Dans la perspective du postmodernisme, tout est « texte », et le texte peut être lu ou interprété de toutes les façons possibles. Le lecteur, et non l'auteur, est roi, et toutes les lectures sont valables. La mort de l'auteur constitue la perte de toute causalité, de toute relation entre le contexte et ce que l'auteur a « voulu dire ». Le texte est une infinie possibilité d'interprétations et de relations avec d'autres textes. « Tout texte, avait écrit Barthes, étant lui-même l'intertexte d'un autre texte, appartient à l'intertextuel[11]. »

Il y a donc multiplicité des sens, sans qu'aucun ne soit plus acceptable qu'un autre, nous disent les critiques postmodernistes. La déconstruction d'un texte, à la façon de Jacques Derrida, permettrait de récréer, de réécrire une lecture cachée du texte en utilisant justement des éléments qui apparaissent en marge ou en périphérie du texte.

Bien que la méthode derridienne ait parfois tendance à basculer d'un absolu (progrès) à un autre (relativisme absolu)[12], il semble que l'idée de la déconstruction comporte plusieurs points communs avec le fonctionnalisme relativisé de Merton et le principe des « effets pervers » de l'individualisme méthodologique — c'est-à-dire cette idée que l'action consciente des acteurs sociaux peut donner des résultats contraires aux buts recherchés.

Analyse sociologique et littéraire

Nous disions donc que l'on peut faire une lecture au premier degré de ces deux romans. Thomas Hardy, auteur victorien qui déplore l'immobilisme de cette société, n'en a pas moins écrit un roman victorien, du moins dans sa trame narrative. Selon Hardy lui-même, les êtres humains sont entièrement déterminés par des forces biologiques et sociales qui rendent impossible toute tentative de briser avec la tradition. Voilà donc un autre auteur, du moins du point de vue d'un lecteur canadien-français, faisant partie d'une société « majoritaire » et qui exprime une vision rigoureusement fataliste et pessimiste au moment où la société globale était toujours, en 1895, triomphante — du moins au niveau du discours. Quoique déclassée par les États-Unis, en 1890, comme première puissance industrielle du monde, l'Angleterre perpétue, à la fin du siècle et dans le contexte du nouvel impérialisme, un discours chauvin et arrogant, mais aussi traditionnel et conservateur. Hardy a reproduit par la négative cet engouement pour la tradition en écrivant un roman où l'on tourne en rond et où il n'y a aucune issue.

Au contraire, bien que la trame de *Tchipayuk* soit aussi circulaire, le retour à la case de départ pour le héros constitue non pas un implacable échec mais, au contraire, une libération. Le roman se termine par une ouverture totale, illimitée, sur le monde, un peu à l'image des Prairies canadiennes. D'où une première remarque : la littérature « minoritaire » ne produit pas nécessairement des textes fatalistes, misérabilistes, bref des textes de « sacristie mal aérée ». Aussi, même si la structure dramatique et, surtout, l'organisation de l'espace sont comparables (les héros se déplacent vers l'est pour atteindre un niveau d'éducation supérieur — Askik vers Montréal et Jude vers le nord-est du Wessex), la perspective finale des deux romans est différente.

Abordons maintenant ces deux romans dans une perspective déconstructive, en recherchant des éléments d'information en marge du texte. Il ressort, en effet, d'une deuxième ou troisième lecture du roman de Hardy que les passages les plus intenses sont ceux où les protagonistes, malgré le déterminisme écrasant, réalisent des actes éminemment volontaires. Par exemple :

– la passion des textes anciens est authentique chez Jude, et même si son savoir n'est pas reconnu par l'université, il devient, à force de courage et de volonté, un véritable érudit ;

– ce roman, qui se veut déterministe, regorge pourtant de scènes très sensuelles où les différents protagonistes, notamment Arabella, au début du roman, et Jude, élaborent des stratégies afin de vivre leur passion amoureuse ;

– par ailleurs, Sue *décide* de vivre pleinement sa passion pour Jude ; après la tragédie du meurtre des enfants et du suicide de Father Time, elle décide là encore de retourner à son premier mari. Ce retour est un acte entièrement volontaire où elle doit réprimer sa passion pour Jude et sa répulsion vis-à-vis Phillotson. Hardy, dans son obsession maniaque du détail, décrit même une grimace de Sue exprimant sa répulsion lorsque son mari l'étreint et l'embrasse, ce qui ne l'empêche pas, volontairement, de rester et d'accomplir son devoir.

Alors que le roman implacable de Hardy regorge de scènes d'une vitalité et d'une volonté bien réelles, le roman de Ronald Lavallée, qui constitue un panégyrique du mode de vie autochtone et, croyons-nous, un pamphlet contre la société blanche occidentale, est remarquable par une omission étonnante, compte tenu de la fascination de l'auteur pour la nature. La sexualité y est, en effet, timidement évoquée (p. 271, par la description de Céline, et de ses formes arrondies, qui est une domestique qu'Askik a voulu épouser). Le héros, pur et sans tache, retourne chez les siens puceau, à l'âge de 26 ou 27 ans. D'où une autre remarque à propos des « effets pervers » que l'on peut analyser dans une action sociale et culturelle, c'est-à-dire les résultats non prévus par les acteurs sociaux : Thomas Hardy, on l'a vu, a voulu écrire un roman implacable alors que son texte regorge de vitalité et d'actes volontaires ; Ronald Lavallée a cherché à écrire, manifestement, un texte pro-Métis, qu'il a réussi incontestablement, sauf qu'abordé sous l'angle de la sexualité, son texte a des dimensions jansénistes et puritaines qui n'auraient peut-être pas détonné dans un contexte ultramontain ou victorien.

Enfin, dans le roman de Ronald Lavallée, nous avons cru identifier une dernière dimension que l'on ne retrouve pas aussi clairement dans le texte de Hardy. Il est évident, en effet, que pour composer la troisième partie de son roman, où l'Histoire joue un rôle très important, l'auteur a consulté des ouvrages d'histoire économique sur la période. Toutefois, sa vision des paysans canadiens-français des années 1880, surtout ceux de la région de Montréal, ne correspond pas du tout aux analyses d'auteurs en économie et en histoire qui ont contredit la thèse du repli dans une agriculture de subsistance et dans une mentalité d'Ancien Régime de la part des « habitants » après la Conquête et, surtout, après 1837-1838. Il est évident que l'auteur a épousé la thèse d'historiens comme Fernand Ouellet et son prédécesseur Donald Creighton, sans tenir compte des travaux d'histoire économique comme ceux de Jean-Pierre Wallot et de l'économiste Gilles Paquet (1982), et des historiens de la société comme Jean-Claude Robert, Normand Séguin, Serge Courville (1989). Ces auteurs ont esquissé un portrait beaucoup plus nuancé du monde agricole canadien-français au XIXe siècle, où la relation complexe entre la tradition et la modernité est analysée de façon plus subtile que dans les travaux de Creighton, Ouellet et de leurs disciples.

Ce qui nous ramène à notre point de départ. Nous avons vu, en effet, que l'approche sémiotique présentée au début de ce texte définit la culture comme un système hiérarchisé de textes où, compte tenu de son caractère « ampliatif », le texte artistique occupe dans les moments clefs le sommet de la hiérarchie. Et dans le cas du roman de Ronald Lavallée, nous avons affaire à un texte artistique qui reproduit une vision partielle du Canada français d'avant la Révolution tranquille. Dans ce roman, le texte artistique semble donc subsumé dans une représentation d'une société construite par des auteurs en sciences sociales. D'où la difficulté d'accepter l'idée d'une hiérarchisation déterminée des textes dans laquelle le texte artistique serait nécessairement, en vertu des lois logiques immanentes, au sommet de la hiérarchie. Le cas de *Tchipayuk* nous semble assez clair.

Il est vrai qu'à certaines époques, des artistes ont eu des intuitions remarquables. Par exemple, au XVIIIe siècle, Nicolas Rétif de la Bretonne, pourtant mieux connu pour ses ouvrages grivois comme *Le Paysan perverti*, a été un véritable visionnaire des aspects sociaux de la Révolution française. Mais l'histoire regorge aussi d'exemples où les artistes n'ont rien vu et ont été à la remorque du changement. Justement, au XVIIIe siècle, le processus de la révolution industrielle a été enclenché par une série complexe de facteurs qui ont échappé en grande partie aux artistes contemporains. Face à la révolution industrielle des années 1780-1850, les artistes ont très souvent réagi puis exprimé les difficultés du monde moderne, mais ont difficilement été à l'avant-garde.

Conclusion

En somme, il appert que le point faible des approches « holistes » et/ou déterministes pourrait bien résider dans cette chimère de vouloir faire des études littéraires et des sciences sociales des disciplines scientifiques comparables aux sciences exactes. La richesse et la rigueur même de ces disciplines tiennent justement au fait de ne pas s'enfermer dans des méthodes valables uniquement pour des aspects limités de la réalité. Le potentiel créateur d'une collaboration entre la sociologie et la théorie littéraire repose sur l'acceptation d'un postulat de base, à savoir que la société et la culture sont des champs de possibilités ouverts, dans lesquels interagissent des acteurs/

agents sociaux déterminés en partie par des facteurs biologiques et sociaux qui balisent seulement leurs stratégies et leurs créations. Un alliage entre certains aspects de la méthode déconstructive, du fonctionnalisme relativisé et de l'interactionnisme est possible afin d'en arriver à des interprétations nuancées et subtiles du changement qui devrait être l'objet d'étude premier et fondamental des auteurs en sciences sociales. D'ailleurs, une telle approche nous semble davantage porteuse d'interprétations nuancées et non misérabilistes de la société canadienne-française. En d'autres mots, le misérabilisme pourrait bien être inscrit dans les principes mêmes de lourdes méthodes en apparence « scientifiques », mais en fait absolument incapables de rendre compte de la multidimensionnalité des sociétés.

BIBLIOGRAPHIE

Boudon, Raymond, *La Logique du social*, Paris, Hachette, 1979, 334 p.

Courville, Serge et Normand Séguin, *Le Monde rural québécois au XIXe siècle*, Ottawa, Société historique du Canada, 1989, 32 p.

Eagleton, Terry, *Literary Theory: An Introduction*, Oxford, Basil Blackwell, 1983, 244 p.

Francœur, Louis, « La série culturelle: structure, valeur et fonction », *La Culture inventée*, Québec, IQRC, 1992, p. 61-85.

Goffman, Erving, *Les Rites d'interaction*, Paris, Éditions de Minuit, 1974, 230 p.

Hardy, Thomas, *Jude the Obscure*, Penguin, 1896/1978, 510 p.

Lavallée, Ronald, *Tchipayuk*, Paris, Albin Michel, 1987, 505 p.

Major, Robert, *Jean Rivard ou l'Art de réussir*, Québec, PUL, 1991, 338 p.

Malinowski, Branislaw, « Culture », *Encyclopaedia of the Social Sciences*, New York, 1931, Vol. 4, p. 625.

Merton, Robert K., *Social Theory and Social Structure*, New York, Free Press, 1968, 700 p.

Rosenau, Pauline Marie, *Postmodernism and the Social Sciences*, New Jersey, Princeton University Press, 1992, 229 p.

Sarup, Madan, *Post-structuralism and Postmodernism*, Athens, University of Georgia Press, 1993, 208 p.

NOTES

1. Louis Francœur, « La série culturelle: structure, valeur et fonction », *La Culture inventée*, Québec, IQRC, 1992, p. 61-85.

2. Robert Major, *Jean Rivard ou l'Art de réussir*, Québec, PUL, 1991, 338 p.

3. Branislaw Malinowski, « Culture », *Encyclopaedia of the Social Sciences*, New York, 1931, Vol. 4, p. 625.

4. Raymond Boudon, *La Logique du social*, Paris, Hachette, 1979, 334 p.

5. Robert K. Merton, *Social Theory and Social Structure*, New York, Free Press, 1968, 700 p.

6. Erving Goffman, *Les Rites d'interaction*, Paris, Éditions de Minuit, 1974, 230 p.

7. Terry Eagleton, *Literary Theory: An Introduction*, Oxford, Basil Blackwell, 1983, 244 p.

8. Pauline Marie Rosenau, *Postmodernism and the Social Sciences*, New Jersey, Princeton University Press, 1992, 229 p.

9. *Ibid.*

10. *Ibid.*

11. Cité dans Rosenau, *op. cit.*

12. Madan Sarup, *Post-structuralism and Postmodernism*, Athens, University of Georgia Press, 1993, 208 p.

PIERRE FALCON :
LE DÉTOURNEMENT LITTÉRAIRE
D'UNE TRADITION ORALE
(Seconde partie[1])

Jacques Julien
Université de la Saskatchewan (Saskatoon)

Les chansons : « La Victoire des Bois-Brûlés »

Martial Allard reconnaît avec certitude quatre chansons[2] : «La Grenouillère», «La Ballade», «Les Tribulations» et «La Chasse». Il incline à en ajouter une cinquième, «La Danse». Son texte permet de reconstituer le parcours de sa recherche. En 1951, alors que sa thèse n'est pas terminée, deux chansons ont déjà été publiées («La Grenouillère» et «La Ballade»), une troisième était connue («Les Tribulations»). L'auteur écrit : «J'en découvris une quatrième qu'il m'était impossible d'ignorer ["La Chasse"] [… et] on me suggéra une cinquième chanson ("La Danse")[3]». Il semble que toutes ces chansons lui aient été communiquées par Marius Barbeau qui aurait puisé sa documentation du Musée national du Canada, à Ottawa.

«La Victoire des Bois-Brûlés», dite aussi «La Chanson de la Grenouillère», ou «Ballade "of Frog Plain"», est la plus célèbre et la plus caractéristique des chansons de Falcon. Elle fut publiée pour la première fois par Hubert La Rue, dans un article du *Foyer canadien*, en 1863. Dans son livre *Red River*, Hargrave, en 1871, laisse entendre qu'il est le premier à la publier. On considère que les deux textes varient très peu l'un de l'autre, bien que personne n'en ait réalisé une étude stylistique. Toutefois, la version imprimée par La Rue s'imposera en quelque sorte comme texte canonique, pour des raisons qui ne sont pas toujours les bonnes cependant. Martial Allard écrit : «Je crois que le texte de Larue [*sic*] est le plus véridique parce qu'il se rapproche davantage du français que parlaient et que parlent encore les Métis[4].» C'est un point de vue que Complin avait déjà proposé. Toutefois, les auteurs ne relèvent aucun exemple dans le texte à l'appui de leur affirmation.

De plus, Martial Allard retient aussi le texte de La Rue parce qu'il illustrerait mieux le processus de la transmission orale : «Hargrave présente les deux derniers vers comme faisant partie de la chanson. La Rue les présente au contraire comme une variante. On y voit mieux l'influence de la tradition folklorique[5].» L'idée d'une variante est tout à fait pertinente à la tradition orale. Toutefois, puisque les deux textes ne présentent pas la même organisation strophique, c'est plutôt la musique qui permettra de trancher.

Toujours dans le sens de l'intégration de l'oral dans l'écrit, le travail que fait Margaret Complin est très révélateur. Bien qu'elle préfère le texte de La Rue comme plus près de la tradition orale métisse, à la suggestion des descendants de Falcon, censés représenter cette tradition orale encore vivante, elle n'hésite pas à amputer le texte du dernier couplet, parce que ces vers ne cadrent pas avec l'image qu'on s'est fait de l'ancêtre : «*Their grandfather "would not care to sing his own praises"*[6].»

Une comparaison, même superficielle, des deux textes permettrait de trouver des indications plus décisives et qui montrent une plus grande présence de l'oral dans le texte de La Rue que dans celui de Hargrave. En voici quelques exemples. La Rue garde les vieilles formules avec le verbe avoir : «Tout aussitôt nous avons déviré» — que Hargrave corrige en «nous nous sommes dévirés» — et «J'avons envoyé un ambassadeur» que Hargrave alourdit par «nous envoyâmes», bien qu'il ait conservé «j'avons cerné» et «j'avons agi». L'apostrophe «Le Gouverneur», chez La Rue, correspond bien à un cri lancé. Hargrave supprime l'article défini. Il donne une tournure commune à «le premier coup l'Anglais le tire» dont il brise la rime alors que La Rue garde la formule emphatique «le premier coup c'est l'anglais qui a tiré». De façon générale, la version du *Foyer canadien* transcrit bien le fonctionnement par reprise de la création et de la tradition orale, alors que l'historien anglais, curieusement, cherche à donner une version en meilleur français.

Cependant, certains éléments de Hargrave peuvent servir à combler quelques lacunes du texte de La Rue. À la strophe neuf, il faudrait reprendre tout le dernier vers de la huitième strophe et non pas seulement la deuxième moitié : «Il s'est trompé, il s'est bien fait tuer.» Dans la dixième, il faut mettre la cheville «Et» au commencement du deuxième vers pour obtenir le compte de pieds nécessaire. Enfin, un dernier détail capital : la version de Hargrave ne peut pas se chanter sur les mélodies connues, puisque l'organisation en strophes de six vers ne correspond pas à la coupe de la musique. Même dans la copie du *Foyer canadien*, les strophes de quatre vers, que tout le monde reprendra, sont trompeuses. La musique en effet rattache ensemble la deuxième partie du troisième et la première partie du dernier vers. La dernière moitié du quatrième vers sert ainsi à la fois de conclusion mélodique et de conclusion narrative à chaque strophe.

Marcien Ferland s'est montré plus attentif aux particularités de l'oral, mais les paroles qu'il a relevées apparaissent tellement corrompues que le chant en est presque impossible. N'oublions pas que le schéma mélodique de Sainte-Anne-des-Chênes est très simple, très compact, alors que pour ajuster les paroles à la musique, Ferland doit mettre en place tout un système d'alternatives mélodiques. Ce qui est intéressant dans cette version, ce sont plutôt les traces de la prononciation populaire qu'on pouvait seulement supposer dans les textes imprimés mais, puisque cette diction n'est pas contemporaine de Falcon, elle peut révéler tout autant qu'elle peut masquer. «La Gornouillère», «le dix-neuf de jan», «nous avons fait fair' trois prisonniers», «on y a été les rencontrer», «n'avaient yinqu' cinq ou six dé sauvés», et «sur la victoir' qu'on l'avait gagnée» sont autant de tournures populaires communes à la langue française parlée. Comme l'avait déjà relevé Complin, la mention des Arkanys est disparue très tôt, puisque même les Métis ne savaient plus qui étaient ces colons venus des îles écossaises. Toutefois, il y a dans le texte de M. Lavallée un étrange jeu de mots sur «bois-brûlés». Dans un vers, ce sont les Anglais en fuite dont on dit que «c'était comme du bois brûlé» tandis que deux vers plus loin on garde le nom comme surnom des Métis vainqueurs.

Agnes Laut s'est également emparée du texte de la première chanson de Falcon et elle en donne une version très ornée et amplifiée dans *The Lords of the North*. Faut-il pour autant la qualifier de «fautive», puisque dans une longue note exceptionnelle dans tout le roman, l'auteure explique longuement son approche de la chanson.

> *The poem is as close a translation of the original ballad sung by Pierre in Metis dialect the night of the massacre, as could be given… Other thoughts embodied in this crude lay are taken directly from the refrains of the trappers chanted at that time[7].*

Retenons le contenu et le geste de cette explication qui nous permettront de revenir à cette citation à propos de «La Chasse au bison», une chanson attribuée à Falcon et qu'elle rapporte dans son roman.

Puisque «La Victoire des Bois-Brûlés» présentait un récit enthousiaste et coloré de la bataille des Sept-Chênes, le cliché d'une création sur le vif s'est imposé très tôt. Hargrave a écrit que la chanson avait été composée «*I believe, the very day*», ce que reprend également Tassé: «le soir même de l'engagement». MacLeod attribue cette précision chronologique à la tradition orale qui remonterait jusqu'à l'auteur: «*Falcon also said that he saw the shooting of Semple and that he composed his song on the evening of that day[8].*» Cette citation de Falcon suggère que l'auteur puise à une information qu'elle ne peut tenir que des petits-enfants du chansonnier.

Les mélodies de la chanson dont se sert Margaret Complin auraient été recueillies par le père Pierre Picton et cette tradition représente la version la plus simple, dite de Sainte-Anne-des-Chênes, que l'auteure considère comme la plus originale[9]. François-Xavier Falcon aurait écrit à celle-ci ou à ses informateurs: «*I was born in my grandfather's house, and was sixteen years old when he died. He taught us all to sing his chansons[10].*» D'autre part, la version de MacLeod, notée par Henri Caron, devrait être la même que la version Sainte-Anne, puisque «*this version was sung by his grandchildren as Falcon taught it to them, and taken down by Henry [sic] Caron[11].*»

Puisqu'il y a deux groupes de descendants, les versions musicales éditées par Complin, MacLeod et Ferland se ramènent également à deux types. Le premier comprend le schéma simple rapporté à Sainte-Anne, développé ensuite dans la mélodie de Joseph Vandal dit «Canada». La même progression harmonique est respectée sur les mêmes articulations du texte. L'intervalle de septième est attaqué de façon restreinte et la dernière partie du dernier vers est la reprise conclusive du deuxième vers. L'autre type est formé de la version de Cuthbert Falcon et de celle de Paul Lavallée, rapportée par Ferland. Dans les deux cas, on trouve une broderie à la tierce sur le deuxième vers, d'ailleurs modifié en « l'dix neuf de juin dernier ». De plus, l'arpège de l'accord de dominante (ré majeur) est plus souvent détaillé en opposition aux passages sur la quarte ré-sol. Enfin, le passage à la septième est chanté de façon spectaculaire avec l'extension à tout l'intervalle ré-do.

Margaret Complin rapporte également deux autres traditions de la mélodie : celle de Blanchette-Falcon, qui remonterait à Cuthbert Falcon[12], fils de François, fils aîné de Pierriche et une autre, celle de Vandal, apprise de Napoléon Bousquet de Saint-Boniface, et qui serait une forme plus ample, « *warrior-like*[13] » de la mélodie de Sainte-Anne-des-Chênes. Effectivement, les deux mélodies plus développées ne sont que des réalisations dans le style traditionnel du canevas que représente la version simple. Les transcriptions et les analyses de Marius Barbeau sur la multiplicité des variantes ont déjà montré, il y a longtemps, l'inutilité de tenter d'identifier, comme « version originale », une mélodie plutôt qu'une autre.

« *La Danse des Bois-Brûlés* »

Quelques mois après la bataille des Sept-Chênes, en août 1816, Lord Selkirk (on croit qu'il serait le « Milord » de la chanson et il est identifié comme tel dans une note du texte de La Rue[14]) donne un bal à Fort William. La prise du fort avait constitué un coup de force qui avait stupéfié les gens de la Compagnie du Nord-Ouest. Cet événement forme la matière de la chanson « Le Bal à Fort William », dite aussi « La Danse des Bois-Brûlés ». Publiée en 1956 par MacLeod, « *the words of this song were obtained from the Vijon* [Viger, correction apportée en 1960] *-Verreau collection in the Folklore Archives of Laval University*[15] ». Martial Allard connaissait aussi le texte, mais cette fois dans une copie que Marius Barbeau lui aurait communiquée alors que les originaux sont toujours au Petit Séminaire de Québec. S'agit-il d'un texte que Jacques Viger aurait rangé dans l'une de ses Saberdaches ? Dans le *Rapport de l'archiviste de la province de Québec* pour 1955-1957, Fernand Ouellet a publié « L'inventaire de la Saberdache de Jacques Viger », donnant ainsi une liste de tous les papiers des Saberdaches de ce dernier. « La Danse des Bois-Brûlés » n'y figure pas. Se trouverait-elle parmi des papiers non classés ? Dans ce relevé que dresse Fernand Ouellet, on peut lire que Lord Selkirk écrivit deux lettres à Viger[16] les 21 mai et 2 juin 1818, à propos d'un échange de livres. La question reste cependant à savoir s'il est vrai qu'une version écrite de la chanson de Falcon, maintenant inconnue ailleurs, aurait fait un détour par le Québec.

« La Danse des Bois-Brûlés » se chanterait sur l'air des « Francs-Maçons », un timbre qui fait également problème. Margaret Arnett MacLeod retrace les difficultés éprouvées pour identifier cet air quand elle écrit d'abord : « The « *Air des Francs Maçons* » [sic] *to which it was originally sung has been lost. The one presented here has been chosen by M. Luc Lacourciere, director of the Archives, and adapted to the words by Mr. Caron*[17]. » Ce timbre de substitution ne rendait pas justice au texte. Les paroles font entendre deux groupes de protagonistes, dont l'un reprend toujours l'invitation à la danse. L'air soumis par Lacourcière, trop court pour englober les strophes doubles, n'offrait pas d'autre choix qu'une répétition monotone. Dans sa nouvelle édition de toutes les chansons de Falcon, en 1960, la même auteure donne cette fois un air qu'elle dit avoir retrouvé à la Bibliothèque nationale de Paris[18]. Dans l'*Anthologie* de Léveillé, Tatiana Arcand écrit que l'air des « Francs-Maçons », dit aussi « Carillon de Dunkerque », a eu son origine en France en 1761, d'après Henri Caron[19].

Pour les deux auteurs, sans doute à la suite des suggestions du musicien de Winnipeg, il semble que l'air des « Francs-Maçons » soit le même que celui du « Carillon de Dunkerque ». Conrad Laforte, quant à lui, ne confond pas les deux. Sur l'air des « Francs-Maçons », il ne relève que « La Danse des Bois-Brûlés », se basant précisément sur les conclusions de MacLeod. En ce qui a trait au « Carillon de Dunkerque », que Laforte reconnaît aussi comme « Cocu, cocu, mon père », c'est un timbre plus fécond. En particulier, il aurait fait son chemin jusque dans un *Recueil de cantiques à l'usage des missions, retraites et catéchismes* (1833) comme mélodie du cantique « Venez, céleste époux ».

Cette identification des deux timbres se soutient-elle ? Quelle est l'indication de départ que porte le document dans le fonds Viger-Verreau ? Comment cette référence à la franc-maçonnerie doit-elle se lire dans le contexte de la colonisation de la rivière Rouge ? Est-ce le titre d'un timbre précis ou une allusion plus générique à un air qui aurait un rapport avec la présence des Francs-Maçons ? Hargrave, par exemple, témoigne de leur présence dans l'Ouest, très tôt dans la colonisation.

Bref, la référence à un timbre retrouvé à la Bibliothèque nationale ne résout pas la question de son apparition dans le répertoire de Falcon, en admettant que la chanson soit de lui. Comment cet air aurait-il été répandu dans l'Ouest sans avoir laissé de traces dans le répertoire du Québec, de l'Acadie, de l'Ontario français ?

Margaret Arnett MacLeod s'appuie sur l'autorité de Martial Allard pour intégrer le texte au répertoire de Pierriche. D'après Allard, « La Danse des Bois-Brûlés » a le thème habituel des autres chansons « et de plus elle est dans le français propre aux Métis et aux Français qui ne faisaient que parler, et non écrire leur langue[20] ». Cette opinion permettait à MacLeod de conclure :

> *Though the composer of this song, « Lord Selkirk at Fort William », has not been identified, M. Martial Allard, who has made an extensive study of Pierre Falcon and his work, considers that this song, judging by its vocabulary, use of words, and style, may have been composed by Falcon*[21].

Cependant, il ne semble pas que l'autorité de la thèse de maîtrise d'Allard soit un argument décisif. L'auteur ne démontre pas, précisément, qu'il ait fait l'analyse stylistique des textes et il n'expose pas ces caractéristiques qui permettraient de définir le style de Falcon. Or, c'est une chose que d'affirmer la pertinence stylistique de la chanson et c'en est une autre que de la démontrer.

« *Ballade du général Dickson* »

La « Ballade du général Dickson », qu'on situe en 1837, avait été publiée par La Rue, Tassé, Hargrave comme compagne de « La Victoire des Bois-Brûlés ». Parfois, on lui donne aussi le titre de « Eulogie de Cuthbert Grant », un titre dont Complin reproche la paternité à Bryce : « *Falcon… has suffered many things from translators. Dr. Bryce, for instance, refers to his Ballade du General Dickson… as Eulogy of Cuthbert Grant*[22]. » Tout au contraire, MacLeod soutient que ce titre douteux serait celui même que Falcon aurait donné à sa chanson : « *"The Dickson Song" […] might more rightly be called "Eulogy of Cuthbert Grant", the name Falcon gave it*[23]. » Mais encore une fois, la chercheuse ne donne pas les sources de l'assurance qu'elle a et qui seraient sans doute le cercle familial des femmes qu'elle a consultées.

Tout comme « La Victoire des Bois-Brûlés », cette chanson est signée. Fidèle à la coutume populaire, Falcon se donne à la fin comme l'auteur de l'œuvre. Bien plus, il situe cette déclaration dans le cadre convivial d'une fête, d'une ripaille d'où les chansons jaillissent. Cette signature ne laisse pas de doute sur l'authenticité des textes, à la fois au sens où Falcon en est bien l'auteur et dans le sens aussi où ses chansons fusent de la veine d'une tradition authentique. Bryce considérait cette façon de faire comme typique : « *one of his constant fashions was to end it up with a declaration that it was made by Falcon, the singer of his people*[24]. » L'auteur tirait-il cette conclusion des deux seuls exemples connus ou bien connaissait-il d'autres textes de même facture ? À partir de ce témoignage, pourrait-on émettre l'hypothèse que « toutes » les chansons de Falcon auraient porté, d'une façon ou d'une autre, cette référence à soi qui en aurait été la marque ? Cette recherche d'un seul indice décisif est sans doute trop hasardeuse si elle ne prend pas aussi en compte d'autres facteurs textuels qui vont dans le même sens. On l'a déjà vu pour « La Danse des Bois-Brûlés » : bien qu'elle ne soit pas signée, la chanson porte certainement plusieurs caractéristiques textuelles qui l'apparentent aux deux chansons reconnues, alors que les compositions plus tardives qu'on voudrait lui attribuer ne comportent ni la signature, ni les traits d'écriture.

L'air de cette chanson serait original. La petite brochure du gouvernement du Manitoba[25] parle de l'air de « Dans tous les Cantons », ce qui est certainement une erreur. Toutefois, il n'est pas certain qu'une meilleure étude de cette mélodie ne pourrait en trouver la source dans le répertoire traditionnel. Tout comme l'air « La Victoire des Bois-Brûlés », cette mélodie se construit à partir d'un schéma très simple, commun à plusieurs chansons traditionnelles.

À partir de quel moment une interprétation ornée d'un timbre classique peut-elle passer pour un air original ?

« Les Tribulations d'un roi malheureux »

« Les Tribulations d'un roi malheureux », que l'on date de 1869, se situe à la fin de la vie de Falcon, qui aurait alors eu soixante-seize ans. Même ses défenseurs entretiennent des doutes sérieux quant à son authenticité : « *It was the last of Falcon's songs to be recorded and its correct grammatical style and language can probably be attributed to revisions made by Reverend Émile Dugas, parish priest of St François-Xavier*[26]. » Martial Allard précise que la chanson « est dans un meilleur français que les autres chansons parce qu'elle fut retravaillée avec la permission de Pierriche par l'abbé Émile Dugas qui ne la croyait pas à la hauteur des autres. M. l'abbé Dugas était curé à Saint-François-Xavier lorsque Pierriche *l'écrivit* [je souligne ce lapsus][27]. »

Comme le fait souvent Margaret Arnett MacLeod, Allard fait allusion à un dire extratextuel de Falcon et qui appartient sans doute à la tradition familiale. N'est-ce pas un lapsus que d'introduire le concept d'une chanson « écrite » dans le cadre d'une création dont on a signalé à loisir les qualités d'improvisation et d'oralité ? Martial Allard semble conscient de l'incohérence que porte la tradition familiale, puisqu'il en vient à se demander si « elle n'aurait pas été composée de toute pièce par M. Dugas et si Pierriche n'aurait pas fait que la chanter[28] » ? Pourrait-on aussi envisager le scénario contraire d'un texte écrit en bon français à partir de fragments improvisés par le vieux Pierriche ?

Plus que toutes les autres, cette chanson condense toute la complexité du rapport entre l'oral et l'écrit. En effet, certains éléments de la chanson appartiennent bien au genre de Pierriche et plaident en faveur de l'authenticité. D'abord, tout le texte est marqué par l'humour et l'ironie que l'on retrouvait dans les chansons signées.

> Comptant sur les richesses
> Qu'il trouverait chez nous
> Il eut la maladresse
> De ne pas prendre un sou

Et ce jeu de mot à peine scatologique :

> Le trône qu'on lui donne
> C'est un trône percé.

Alors que les deux dernières strophes commencent toutes les deux par « Aujourd'hui », le dernier paragraphe reprend une des figures de « La Victoire des Bois-Brûlés » qui s'amusait également, vers la fin du texte,

autour de l'assonance riche en équivoque : « De butte en butte les Anglais cul-
butaient ». « Les Tribulations » se conforme au même modèle et se termine par :

> Sera-t-il [le Gouvernement] noir de rire
>
> Quand il verra ses plans
>
> Déjà tous culbutés
>
> Par les Bois-Brûlés ?

Cependant, d'autres traits témoignent d'un effort littéraire plus laborieux,
certainement bien éloigné des rondeurs de paroles modelées par l'oral. Dans
la première strophe, les paroles exploitent étroitement le timbre qui les sup-
porte, le célèbre « Juif errant », dont le rythme et les rimes sont minutieuse-
ment suivis. On saisit que les pieds des vers sont studieusement comptés. Par
exemple, les vers : « Funeste illusion ! / Quelle déception » doivent décompo-
ser la rime finale en « si-on » et « ti-on », au rebours de la tendance à élider et
à amalgamer les sons. La partie centrale du texte (les strophes cinq, six et
huit) repose sur la métaphore filée d'un voyage en mer menacé par l'orage et
la tempête. Cette construction qui s'étale sur plusieurs strophes ne correspond pas à la progression par unités distinctes des autres chansons. D'autres
passages aussi sont également marqués par l'abstraction : « Étonné de
l'audace/ De ces hardis mortels », « Obligé de reprendre/ La voie du
Canada ».

Par rapport au contenu, les paroles comportent des allusions aux institutions politiques et culturelles éloignées du milieu métis environnant.
« L'union qui rend plus fort/ Était loin de ce corps » (strophe 5) me semble
être une allusion à un mot d'ordre politique, une devise ou un slogan sans
doute rattaché à la nouvelle confédération créée en 1867. La référence à
l'imprimé comme moyen de diffusion est aussi très révélatrice de l'appareil
politique de l'Est : « Cameron à son bord/ Voulait décrire la fête/ Qui l'attendait à port ;/ Et la voir imprimée/ Avant qu'elle ne fût passée » (strophe 6).
Enfin, une phrase historique, qu'on attribue à un acteur de l'histoire, Louis
Riel, qui arrête McDougall, n'est pas comprise par les interprètes. MacLeod
et *Métis Songs* portent : « Lui disant "Mon ami/ C'est assez loin d'ici" »,
comme si l'on parlait d'une localité située encore « assez loin d'ici ». Seule
l'*Anthologie* a compris le sens de « c'est assez loin ici ».

Le texte semble donc s'appuyer sur quelques fragments qu'on pourrait
attribuer, par le ton et par quelques tournures, à Falcon. Par contre, étant
donné la popularité des chansons de Pierriche depuis 1816, était-il nécessaire
d'être Falcon pour composer dans son style ? Ne pouvait-on pas déjà pasti-
cher ses paroles, puisqu'on sait qu'on parodiait « Pierre Falcon le bon garçon » aux dépens de « Pascal Breland est une cochonne[29] » !

La chanson de 1869 aurait été recueillie par MacLeod en 1938, à Saint-
François-Xavier[30] et Henri Létourneau l'a aussi obtenue de Mme Jean Lafre-
nière, à Saint-François-Xavier, en 1969 (*Métis Songs*, 3 et 33). Dans ce recueil

de musique et de chansons métisses, on donne comme sous-titre aux « Tribulations d'un roi malheureux » un titre global, celui de « Falcon's Song ». Alors que pendant des années, c'est « La Grenouillère » qui est par essence la chanson de Pierre Falcon — « la chanson de Pierrich' Falcon » chez Ferland[31] —, dans cette interprétation tardive de la tradition orale, ce sera une chanson aux origines incertaines qui en viendra à éclipser toutes les autres. Il ne faut pas négliger le fait que cette chanson a joui d'une transmission imprimée. Elle illustre aussi un fait historique plus frais à la mémoire que le vieux souvenir de la bataille des Sept-Chênes, alors que le prestige de Louis Riel, de ses actions et de sa légende commencent à envahir le répertoire. Le coup de 1869 fait oublier la naissance de la nouvelle nation en 1814.

« *Le Dieu du libéral* »

Tatiana Arcand, dans l'*Anthologie* consent à reconnaître l'attribution à Falcon de la chanson « Le Dieu du libéral », qui nous plonge précisément dans cette ère moderne, puisque le texte porte sur le politicien J.C. Schultz, opposé à Louis Riel. Margaret Arnett MacLeod, pourtant très désireuse d'étendre le répertoire de Pierriche, la donne prudemment comme étant d'un auteur inconnu. Cette chanson politique et quelques autres furent publiées dans le journal *Le Métis*, qui avait commencé à paraître en 1871.

« *The Buffalo Hunt* »

La dernière chanson publiée, qu'on aimerait attribuer à Pierre Falcon, ne se trouve qu'en anglais dans *Lords of the North*, le roman d'Agnes Laut. Quelques-uns ont cru qu'elle aurait traduit un original français perdu, alors qu'il semble bien qu'elle ait inventé le poème pour l'intégrer à son roman. Étant donné les incertitudes qui entourent son origine, on s'étonne de ce que la chanson figure pourtant sur la quatrième de couverture de *Songs of Old Manitoba* dont l'illustration est une chasse au bison. Il appert que « La Chasse au bison » est tellement conforme à l'image folklorique de la nation métisse qu'elle doit avoir existé, passant ainsi du vraisemblable à l'authentique. Martial Allard, dont on attendrait un meilleur jugement après son étude des textes authentiques de Pierriche, la reconnaît pour sa chanson préférée.

MacLeod tente de donner un fondement un peu plus solide à sa recherche. D'après son enquête sur le terrain, « *it is recalled by people at White Horse Plain that Pierre Falcon made a song about the buffalo hunt, but the original French verses have not survived*[32] ». L'opinion s'est donc formée que, derrière la version très littéraire d'Agnes Laut, il existerait un original français : « *There is strong reason to believe that when Miss Laut did her research in western Canada she obtained from some old Métis Falcon's original French song on the subject*[33]. »

Martial Allard croyait donc avoir découvert un filon dans le petit recueil *Songs of French Canada* de Lawrence J. Burpee. Puisque les chansons sont données comme « *translated into English* », Allard regrette que « Burpee ne nous ait pas aussi donné la version française[34] ». Le compilateur ne le pouvait pas puisque, dans sa table des matières (page VIII), Burpee indique clairement qu'il reproduit la chanson telle qu'elle apparaît dans le roman d'Agnes Laut. Celle-ci est donc la seule auteure de « La Chasse au bison » et il est très douteux qu'elle se soit inspirée d'un original en français, comme elle avait pu le faire pour « La Victoire des Bois-Brûlés ». En ce qui concerne cette chanson, puisqu'elle savait connu le texte de Falcon dont elle disposait elle aussi, on a vu plus haut qu'elle avait expliqué les interpolations qu'elle avait faites et les variantes qu'elle avait introduites. Pour « La Chasse au bison », toutefois, elle ne recourt à aucune de ces précautions. Elle introduit simplement le texte par ces mots : « *and we heard Pierre, the rhymester, chanting the song of the buffalo hunt*[35] ». Alors qu'elle insiste tellement sur le caractère spontané des créations de Falcon, dans ce cas-ci, elle nous a dépeint d'avance le chansonnier s'exerçant à rimer et à composer. Cuthbert Grant, qui le voit agir, avertit les autres de ne pas lui prêter attention : « *He's working up his rhymes for the feast after the buffalo hunt.* » Une fois la chasse terminée, « *we afterwards got the benefit of those rhymes*[36] ».

Presque tous les auteurs font évidemment allusion à la chasse au bison, un événement bisannuel qui cessera de se tenir en 1874. Cuthbert Grant en était le grand organisateur et Pierre Falcon fils s'y fera remarquer. Cependant, la brochure du gouvernement du Manitoba rapporte moins de passion chez le père : « *his descendents maintain that neither he nor his wife were truly interested in the hunt by the time they took up farming*[37]. » Or, Falcon s'était installé sur son lopin de terre en 1825. Une chanson composée sur la chasse ne l'aurait-elle pas été au moment où le chansonnier en jouissait encore ? Si cela était, cette création serait antérieure ou au moins contemporaine de la « Ballade du général Dickson », composée en 1837, et que nous ont transmise les La Rue, Tassé, Hargrave.

En dépit de tous les doutes que l'on peut entretenir, Margaret Arnett MacLeod croit qu'il faut se rendre à un argument qu'elle juge décisif : « *Martial Allard, an authority on Pierre Falcon's life and work, considers that the greater part of this song is sufficiently like Falcon's work to be his composition*[38]. » Il faut donc se demander quelle partie ou composante de la chanson peut apparaître comme étant à la manière de Falcon ? Ne lit-on pas le texte à travers le filtre épais du style d'Agnes Laut dont MacLeod écrit : « *Though she was not given to versifying, it would seem she preferred to translate into her ornate English Pierre's simple French song of the buffalo hunt*[39] » ? La question reste ouverte. Il semble toutefois que cette inclusion d'un faux dans la collection des chansons de Falcon témoigne de l'emprise décisive que l'écrit a finalement exercée sur son répertoire, une domination amplifiée par une conception stéréotypée de la culture métisse.

Conclusion

L'œuvre et la biographie de Pierre Falcon présentent un intérêt considérable à plusieurs points de vue. Puisque sa vie s'étend depuis l'affirmation de la nation métisse jusqu'à l'intervention réussie de Louis Riel, on aimerait l'avoir entendu célébrer toutes les étapes du parcours historique des Bois-Brûlés. Un effort de récupération de sa carrière s'est donc mis en place pour étendre son œuvre jusqu'à la fin du XIXe siècle, une extension qui ne va pas sans faire violence à l'authenticité du corpus. On ne conserve pas de doute quant aux deux chansons signées et publiées les premières : « La Victoire des Bois-Brûlés » et « La Rivière Rouge ». Pourrait-on retenir l'idée que des fragments originaux se retrouveraient dans « Les Tribulations d'un roi malheureux » ? Bien que « La Danse des Bois-Brûlés » soit très vraisemblable, on devrait reprendre le travail d'archives dans le fonds Viger-Verreau et travailler la question du timbre de la chanson. Pour ce qui est de « The Buffalo Hunt », il me semble qu'elle doit continuer de se lire comme une œuvre de fiction historique, entièrement due à l'imagination et à la plume d'Agnes Laut. Quant au contenu de la chanson, on peut le déduire commodément de tous les récits de chasse au bison. Enfin, « Le Dieu du libéral » marque le commencement d'une nouvelle ère à laquelle Falcon ne participait déjà plus.

Les articles de Margaret MacLeod, la thèse de Martial Allard et la réputation qui lui a été faite ont peut-être créé l'impression que tout a été dit sur Pierre Falcon et ses chansons. Il n'en est rien. Si les éléments de la biographie sont certes assez bien connus, tout cela demanderait pourtant à être remis dans la perspective des premières années de la nation métisse, en évitant la rétroprojection de l'ombre de Louis Riel.

Sans aucun doute, ce sont les chansons qui appellent le plus une réouverture du dossier. Le répertoire de Pierriche Falcon a permis d'observer comment un sujet totalement issu de la culture orale s'est transporté dans le domaine de l'imprimé, puisque les chansons de Falcon se sont rapidement répandues par écrit. De plus, une fois que cette forme de transmission s'est installée, n'a-t-elle pas corrompu la tradition orale, comme ce fut le cas de *La Bonne Chanson* par rapport au répertoire des chansons traditionnelles ? Bien que les auteurs aient constamment fait référence à l'oralité originelle, elle est rapidement devenue un lieu commun, une figure de style sans impact sur la cueillette, la transcription et la lecture des textes.

Or, la recherche à venir devrait justement retourner aux transcriptions, aux enregistrements et se mettre à l'écoute de ces voix porteuses de la tradition. Quand cela n'a pas été fait, il faudra transcrire et éditer les versions orales, mettant à profit l'expérience acquise dans les études de folklore. En parallèle, il faudrait établir une édition critique des textes imprimés et les publier en regard des versions orales transcrites. L'analyse interne des textes pourra alors se mettre en œuvre tout en recherchant l'état de la langue et de la culture au moment de l'activité de Pierre Falcon.

Par ailleurs, les chansons de Pierriche présentent un cas frontière dans la culture populaire. Bien qu'elles soient issues d'une culture orale et qu'elles lui appartiennent en propre, elles sont néanmoins le fait d'un individu, d'un signataire que l'histoire a retenu. En marge de cette histoire savante et en relation avec elle, s'est instaurée et se poursuit une tradition familiale qui se considère comme dépositaire à la fois de la mémoire de l'ancêtre, du répertoire de ses œuvres et de leur interprétation. Or, ne faut-il pas recevoir avec une certaine prudence la narration domestique ? Je suggère un parallèle avec la tradition familiale de la Bolduc dont les filles protègent une représentation qu'elles veulent authentiques de leur mère et de sa carrière, au point que les chercheurs doivent obtenir en quelque sorte leur assentiment s'ils veulent écrire à son sujet.

Le champ est donc ouvert pour une reprise du sujet à partir des pièces originales. Tallenbach a figé de Pierriche Falcon un faciès hébété alors que Agnes Laut en a fait une carte postale à la Byron. Il serait temps de porter un regard neuf sur ce témoin de la langue et de la culture métisses, un acteur de la naissance de la nouvelle nation, le créateur d'un répertoire original, plein d'humour et de perspicacité.

BIBLIOGRAPHIE

Archives provinciales du Manitoba, document sur Falcon dans la collection Margaret Arnett MacLeod.

Archives de la Société historique de Saint-Boniface, « The Pierre Falcon Collection ».

Musée national [Musée canadien des civilisations], Ottawa : Collection Henry Lane ; Collection Henri Létourneau ; Collection C.-M. Barbeau ; Collection É.-Z. Massicotte ; Collection Richard Johnston.

Allard, Martial, « Pierre Falcon, barde des Prairies », thèse de maîtrise, Université Laval, 1963, 84 p.

Arcand, Tatiana, « Les chansons de Pierre Falcon : reflets poético-historiques », *Langue et communication*, Actes du neuvième colloque du CEFCO, 1989, CEFCO, 1990, p. 19-35.

Bryce, George, « Worthies of Old Red River », *Transactions of the Manitoba Historical Society*, Manitoba Free Press Print, February 11, 1896.

Cass-Beggs, Barbara, *Seven Métis Songs of Saskatchewan*, BMI Canada Limited, 1967, 31 p.

Chevalier, Henri-Émile, *Peaux rouges et peaux blanches ou les Douze Apôtres et leurs femmes*, Paris, P. Toubon, 1864, 310 p.

Complin, Margaret, « Pierre Falcon's "Chanson de la Grenouillère" », *Mémoires de la Société royale du Canada*, Section II, 1939, p. 49-58.

Cowie, Isaac, *The Company of Adventurers*, Toronto, W. Briggs, 1913, 515 p.

Ferland, Marcien, *Chansons à répondre du Manitoba*, Saint-Boniface, Éditions du Blé, 1979, 1991, 218 p.

Hargrave, Joseph James, *Red River*, Montréal, J. Lovell imprimeur, 1871, 506 p.

La Rue, F.A. Hubert, « Chansons populaires et historiques », *Le Foyer canadien*, Québec, 1863, p. 368-370.

Laut, Agnes C., *Lords of the North*, Toronto, William Briggs, [s.d.], 442 p.

Léveillé, J. R., *Anthologie de la poésie franco-manitobaine*, Saint-Boniface, Éditions du Blé, 1990, 591 p.

Gouvernement du Manitoba, *Pierre Falcon*, Winnipeg, 1984.

MacLeod, Margaret Arnett, « Bard of the Prairies », *The Beaver*, Spring 1956, p. 20-25.

———, « Dickson the Liberator », *The Beaver*, Summer 1956, p. 4-7.

———, « Songs of the Insurrection », *The Beaver*, Spring 1957, p. 18-23.

———, *Songs of Old Manitoba*, Toronto, The Ryerson Press, 1960, 93 p.

———, *Cuthbert Grant of Grantown*, Toronto, McClelland and Stewart, 1963, 175 p.

Métis Songs : Visiting Was the Métis Way, recueil préparé par Lynn Whidden, Regina, Gabriel Dumont Institute, 1993, 86 p.

Papen, Robert A., « La variation dialectale dans le parler français des Métis de l'Ouest canadien », *Francophonies d'Amérique*, PUO, n° 3, 1993, p. 25-38.

Saint-Pierre, Annette, *Au pays des Bois-Brûlés*, Saint-Boniface, CUSB, 1977, 24 p.

Tassé, Joseph, *Les Canadiens de l'Ouest*, Montréal, Cie d'imprimerie canadienne, t. II, troisième édition, 1880.

NOTES

1. La première partie de cet article a paru dans le numéro 5 de *Francophonies d'Amérique*, 1995, p. 107-120. Jacques Julien y présente les prolégomènes à une redéfinition du personnage légendaire et mythique de Pierre Falcon, en même temps qu'à une réévaluation de sa contribution à la littérature et à la tradition orale, en faisant le point sur la documentation existante et en proposant une biographie fondée uniquement sur des données sûres.

2. Allard, Martial, « Pierre Falcon, barde des Prairies », thèse de maîtrise, Université Laval, 1963, p. 57.

3. *Ibid.*, p. [2].

4. *Ibid.*, p. 62.

5. *Ibid.*

6. Margaret Complin, « Pierre Falcon's "Chanson de la Grenouillère" », *Mémoires de la Société royale du Canada*, Section II, 1939, p. 56.

7. Agnes C. Laut, *Lords of the North*, Toronto, William Briggs, [s.d.], p. 342.

8. Margaret Arnett MacLeod, « Dickson the Liberator », *The Beaver*, Summer 1956, p. 7.

9. Margaret Complin, *op. cit.*, p. 56.

10. *Ibid.*, p. 57.

11. Margaret Arnett MacLeod, « Bard of the Prairies », *The Beaver*, Spring 1956, p. 21.

12. Margaret Complin, *op. cit.*, p. 56.

13. *Ibid.*, p. 58.

14. F.A. Hubert La Rue, « Chansons populaires et historiques », *Le Foyer canadien*, Québec, 1863, p. 368.

15. Margaret Arnett MacLeod, « Bard of the Prairies », *The Beaver*, Spring 1956, p. 25.

16. Fernand Ouellet, « L'inventaire de la Saberdache de Jacques Viger », *Rapport de l'archiviste de la province de Québec*, 1955-1957, p. 115.

17. Margaret Arnett MacLeod, « Bard of the Prairies », *The Beaver*, Spring 1956, p. 25.

18. Margaret Arnett MacLeod, *Songs of Old Manitoba*, Toronto, The Ryerson Press, 1960, p. v.

19. J. R. Léveillé, *Anthologie de la poésie franco-manitobaine*, Saint-Boniface, Éditions du Blé, 1990, p. 126.

20. Martial Allard, *op. cit.*, p. 78.

21. Margaret Arnett MacLeod, « Bard of the Prairies », *The Beaver*, Spring 1956, p. 24.

22. Margaret Complin, « Pierre Falcon's "Chanson de la Grenouillère" », *Mémoires de la Société royale du Canada*, Section II, 1939, p. 55.

23. Margaret Arnett MacLeod, *Songs of Old Manitoba*, Toronto, The Ryerson Press, 1960, p. 26.

24. George Bryce, « Worthies of Old Red River », *Transactions of the Manitoba Historical Society*, Manitoba Free Press Print, February 11, 1896, p. 7.

25. Gouvernement du Manitoba, *Pierre Falcon*, Winnipeg, 1984, p. 8.

26. *Ibid.*, p. 8.

27. Martial Allard, *op. cit.*, p. 69.

28. *Ibid.*, p. 73.

29. Margaret Complin, *op. cit.*, p. 53.

30. Martial Allard, *op. cit.*, p. 69.

31. Marcien Ferland, *Chansons à répondre du Manitoba*, Saint-Boniface, Éditions du Blé, 1979, 1991, p. 206.

32. Margaret Arnett MacLeod, *Songs of Old Manitoba*, Toronto, The Ryerson Press, 1960, p. 19.

33. *Ibid.*, p. 19.

34. Martial Allard, *op. cit.*, p. 74.

35. Agnes Laut, *op. cit.*, p. 217.

36. *Ibid.*, p. 203.

37. Gouvernement du Manitoba, *op. cit.*, p. 5.

38. Margaret Arnett MacLeod, *Songs of Old Manitoba*, Toronto, The Ryerson Press, 1960, p. 19.

39. *Ibid.*, p. 19.

PORTRAIT D'AUTEUR : J.ROGER LÉVEILLÉ

Paul Dubé
Faculté Saint-Jean
Université de l'Alberta (Edmonton)

Déjà, en 1975, dans sa recension du roman *La Disparate* de Roger Léveillé pour *La Presse*, Réginald Martel reconnaît le talent du jeune romancier manitobain : « Tout au long de ces pages, une prose superbe, sobre et profonde, traversée sans cesse d'images de beauté et de mort, dans laquelle la banalité accède à une sorte de sublime contenu, par la magie de l'art… » Quelque dix ans plus tard, à la suite de la publication de *Plage*, une universitaire bien connue, Janet Paterson, relève elle aussi la magie du verbe dans la prose poétique de Léveillé : « Du début jusqu'à la fin, *Plage* est un roman où l'écriture du désir s'allie intimement au désir de l'écriture. C'est d'ailleurs par l'entrelacement fécond de ces deux thèmes aussi bien que par la force évocatrice de la prose que ce récit captive le lecteur. » Deux commentaires de deux œuvres ne représentent que la pointe de l'iceberg en quelque sorte, car Léveillé a déjà plus d'une dizaine de publications à son actif (et il est en plein élan créateur, comme on le verra dans les pages qui suivent), dont « l'ouvrage monumental » (Jean Royer, *Le Devoir*, 2 février 1991), l'*Anthologie de la poésie franco-manitobaine*, ainsi que des recueils de poèmes, des essais, des romans, et d'autres textes que l'on peut difficilement ranger dans un genre spécifique.

Écrivain de grand talent, choisissant une multiplicité de genres et de voix pour s'exprimer, pour rejoindre le plus grand nombre de lecteurs possibles (au moins à un certain niveau), Léveillé reste cependant dans les marges, pour une facture poétique particulière et parfois difficile sans doute, mais aussi faute d'avoir accès aux grands centres et sociétés de diffusion, bien qu'il ait publié au Québec et en France.

J.R. Léveillé est né à Winnipeg (où il habite encore aujourd'hui après des stages importants ailleurs, en France et au Québec), avec les premiers *baby-boomers* de l'après-guerre. Il a fait des études « classiques » au Collège de Saint-Boniface, d'autres de 2e cycle en lettres françaises à l'Université du Manitoba (mémoire de maîtrise sur Alain Robbe-Grillet), qu'il a poursuivies ensuite en France au niveau du doctorat comme boursier du gouvernement français.

À son retour au Canada au milieu des années 70, il est professeur de littérature française et québécoise au Cégep de l'Outaouais, à Hull, avant de passer un an à l'Université d'Ottawa, en 1977, comme professeur en création littéraire.

Il est depuis plusieurs années journaliste à Radio-Canada, et participant très actif à toutes sortes d'activités liées à la littérature un peu partout en Amérique du Nord et en France : salons du livre, festivals de poésie, colloques sur la littérature, etc. Il est aussi le directeur, depuis 1984, de la collection « Rouge » aux Éditions du Blé. Il a réalisé pour la télévision une série de portraits d'auteurs et d'artistes franco-manitobains, ainsi qu'une dizaine de vignettes sur des poètes franco-manitobains, entre autres.

Ce romancier-poète-essayiste-critique-journaliste-réalisateur, qui continue à produire des textes d'une grande qualité et d'une originalité indéniable, a accepté de répondre à nos questions.

FA — Puisque nous, à *Francophonies d'Amérique,* étudions surtout les milieux francophones, il est important d'essayer de comprendre un peu quelle sorte d'accident vous êtes, vous les écrivains de ces lieux excentriques...

JRL — Accident, c'est un beau mot. Et excentrique... j'entends cela comme Sollers : « une exception qui ne confirme aucune règle ». Tout est là.

FA — Comment naît-on à Saint Boniface et devient-on écrivain ?

JRL — À Winnipeg ! C'est déjà différent...

FA — Parlez-nous un peu de votre jeunesse, de vos études, de vos lectures...

JRL — C'est très classique, c'est même presque un cliché. Je ne sais pas à quel âge on commence à écrire ; j'avais quatre, six ans, c'est un peu confus pour moi, mais je dois dire que, dans mes souvenirs, aussi loin que je recule, je me souviens d'écrire et de dessiner en même temps. J'écrivais des petits contes dans cette situation assez classique que j'évoquais : j'étais asthmatique. Alors quand j'étais tout jeune, je passais de grands moments à la maison à écrire et à dessiner — l'aspect visuel a toujours été important dans mes écrits —, et ces éléments étaient jumelés. Je passais de l'un à l'autre, et pour moi c'était une façon d'avoir le souffle...

FA — Ce n'est pas le résultat d'une certaine hérédité, ou de lectures, d'histoires qu'on vous a racontées ?

JRL — On m'a dit que mon arrière-grand-mère avait une belle plume. Je ne me souviens pas, enfant, d'avoir lu ce qu'elle aurait pu écrire, des lettres surtout, des articles de journaux à ce qu'il semble. Mais je me souviens très bien de l'avoir vue écrire. Pour monter au grenier où j'aimais aller jouer, il fallait passer par sa chambre. Je la vois très bien penchée sur son bureau, la plume à la main, la lampe éclairant les pages dans la chambre noire, elle était presque aveugle et portait des lunettes épaisses et, surtout, une visière — c'est assez curieux comme image. J'ai aussi ce souvenir : nous habitions à côté des presses de l'imprimerie Canadian Publishers que gérait mon oncle, alors j'ai pu y pénétrer souvent. Je me rappelle ces tiges de métal, ces lettres de plomb qu'on jetait après utilisation et avec lesquelles, enfants, on jouait ; le bruit des presses ; ces énormes rouleaux de papier ; mais surtout cette merveilleuse odeur de l'encre. Mais c'était alors très inconscient tout cela.

FA – C'était comment l'école, et comment avez-vous pu garder votre langue, et même développer un tel goût, une telle intuition pour la langue française ?

JRL – À Winnipeg, on habitait dans la paroisse du Sacré-Cœur. Il y avait là une école où les sœurs, les Sœurs des Saints Noms de Jésus et de Marie, enseignaient certains sujets en français, d'autres en anglais : l'histoire et le catéchisme en français, les mathématiques et la sociologie peut-être en anglais. On a appris les deux langues à l'école, évidemment. Mes parents étaient des francophones, des Canadiens français, on parlait le français à la maison, ce n'était pas difficile. On parlait français, mais aussi anglais dans la rue.

FA – Si je comprends bien, il n'y a aucune schizophrénie langagière chez vous comme elle existe chez certains francophones minoritaires.

JRL – Passer d'une langue à l'autre ? Non, je ne le pense pas. Évidemment, j'écris en français, non en anglais ! Pour écrire en anglais, il faudrait que je me penche sur toutes sortes de règles de grammaire, de stylistique, que j'oublie et que j'ai négligées. C'est déjà beaucoup d'écrire dans une langue...

FA – Études secondaires ?

JRL – Lorsque j'ai atteint l'âge de douze ans, mon père a cru qu'il serait bon pour moi d'obtenir une éducation qui me soit donnée par des hommes. Lui-même avait étudié au Collège de Saint-Boniface. Alors, on m'a envoyé au collège où nous vivions presque 24 heures par jour, même si j'étais externe. Alors, j'ai eu une éducation assez classique, sans le grec, mais il y avait le latin dont les racines sont extrêmement importantes pour la littérature.

FA – Pendant que vous étiez au Collège de Saint-Boniface, est-ce qu'il y a eu, par exemple, des professeurs qui vous ont aidé à découvrir la littérature, ou est-ce vous-même, vous seul qui avez glissé en littérature ?

JRL – C'est difficile à dire. Peut-être un peu les deux. J'ai de la difficulté à distinguer comment ça s'est fait exactement. Est-ce que les premiers professeurs n'ont pas su m'intéresser à certains aspects de la littérature, alors que ceux qui m'ont parlé de Rimbaud ou de Verlaine, de Saint-Denys-Garneau et de Nelligan ont su rendre la chose intéressante ? Et ce ne sont peut-être pas les profs, mais la découverte personnelle de ces auteurs-là. Mais je me souviens d'un professeur, par exemple, qui m'avait donné un exemplaire d'une étude de Rimbaud par lui-même et qui avait écrit en dédicace : « pour que naisse un autre Rimbaud ».

FA – On sent chez vous un amour presque obsessif de la littérature. On se souvient, entre autres, que dans la préface à la récente réédition de vos romans — préface intitulée « Anecdotes » —, vous dites : « Tout pour la littérature ! »

JRL – Ou Mallarmé : « Tout au monde doit aboutir à un livre. » C'est biblique, ça. On devrait dire « génétique » ! Alors, oui, parce que pour moi c'est une façon d'être. Je ne peux pas me voir vivre sans écrire. Je ne veux pas parler de la littérature comme d'une thérapie, mais il faut que ça commence par celui qui écrit et que ça rejoigne celui qui lit.

FA – Ce qui est remarquable aussi dans votre œuvre, c'est la multiplicité des genres : vous semblez préoccupé par ces nombreuses façons de rejoindre le lecteur. La plupart des auteurs se limitent à un ou deux genres, tandis que, dans votre cas, il y en a toute une série : poésie, roman, essai, essai poétique, journalistique, « publicitaire », etc.

JRL – C'est la façon dont l'écriture m'apparaît à différents moments... De façon simpliste, on peut dire : voici un recueil de poèmes parce que ça ressemble à des poèmes, voici un roman parce que ça ressemble à un roman. Pour moi, c'est assez secondaire, c'est une écriture qui a pris cette forme-là. Il y a des stratégies littéraires et il y a des lecteurs qu'on voudrait aller chercher ; il y a donc des choses qu'on dit d'une certaine façon, parfois pour attirer d'autres lecteurs ou pour rendre la chose plus « lisible ». Par exemple, quand j'ai écrit *L'Incomparable*, j'ai pu penser que le livre allait peut-être attirer des lecteurs universitaires, mais c'était aussi pour moi une façon de réfléchir sur l'écriture, sur l'art, sur ce que Scarpetta appelle le baroque. J'utilisais le « prétexte » de Sappho pour quelque chose qui a très peu à voir avec Sappho, c'est vraiment une réflexion sur l'écriture, un texte théorique... et pratique en bout de ligne.

FA – Cette question, « ce qu'est l'écriture », est au cœur même de toute votre œuvre, n'est-ce pas ? Au fond, la dimension anecdotique de l'œuvre ne vous a jamais vraiment intéressé ?

JRL – Je commence aujourd'hui à aimer les anecdotes, mais je les utilise d'une façon générale seulement ; je n'ai jamais été intéressé à camper des personnages, à faire leur psychologie, à simplement raconter une histoire. Chaque fois que j'écrivais un livre, un roman, même à partir de *Tombeau*, il fallait que ce soit un univers qui se tienne par lui-même, un peu dans le sens où Ponge dit qu'une œuvre, c'est un transistor ou une machine qu'on peut apporter avec soi et qui peut fonctionner ; il faut que ça se tienne comme univers, comme un ensemble. Au fond, un livre est un accélérateur de particules. Alors quand tu as ce concept de l'œuvre, tu ne peux pas te limiter à raconter des anecdotes.

FA – En fait, par rapport à votre œuvre, j'irais plus loin que ça ; ce n'est pas seulement le fait que vos textes se tiennent en eux-mêmes, mais c'est qu'ils se tiennent parfois en une seule page, c'est une œuvre fragmentée qui peut être lue dans son ensemble, mais qui peut être elle-même, ou se tenir seule dans une seule page. Il y a des suites ou parfois il n'y en a pas du tout... Par ailleurs, il y a à la fois une ludicité et une lucidité du texte dans la mesure où le texte est autoréférentiel, où le texte est très conscient de lui-même.

JRL — Oui en effet, la lucidité et la ludicité du texte sont parfois une seule et même chose.… Ce qui me fascine, et je pense que les œuvres devraient être comme ça, c'est qu'on devrait être capable de passer du microcosme au macrocosme, et dans mes derniers poèmes, *Causer l'amour* par exemple, j'aime voir une sorte d'archéologie où une œuvre de Mozart, la personne avec qui je fais l'amour, la tasse de café, tout est télescopé, un aspect se branche sur tous les autres, un peu comme dans les jeux « *connect the dots* », tout participe d'un même mouvement, d'un même éveil, d'un même plaisir. On peut passer d'un point de l'univers à n'importe quel autre point dans l'instantané d'une éternité. C'est ça le paradis… et l'apocalypse… Jérusalem céleste… le Verbe fait chair… L'Esprit et l'Épouse.

FA — Vous avez une écriture tout à fait particulière, d'abord, parce qu'il n'y en a pas d'autres comme la vôtre au Canada ; elle est unique parce qu'elle est tellement obsédée par elle-même, elle semble tellement fondée sur la problématique de sa propre articulation, sur sa propre référentialité, sur sa capacité de se tenir seule.… Ce qui n'est pas le cas d'autres écritures minoritaires qui sont très axées sur l'anecdotique : il y a une véritable recherche qui nourrit votre écriture, et il serait intéressant de savoir comment vous êtes arrivé à une telle conception de l'écriture.

JRL — Je ne sais d'où ça vient ! C'est peut-être moins évident dans les livres qui n'ont pas encore paru. Il y a dans la grande histoire des littératures des moments où on met l'accent sur certaines choses. La littérature qui était réflexion d'elle-même sur elle-même, celle-là a connu une certaine époque, mais ça ne veut pas dire que c'est passé ou périmé. Sollers, qui est un auteur que j'aime beaucoup, eh bien, on trouve des différences notables entre ses derniers écrits et ceux qu'il a écrits à l'époque de *Tel Quel*. Dans ses derniers écrits, par exemple, il semble y avoir une anecdote qu'il raconte, mais toute l'histoire se situe ailleurs quand même. Ça n'a plus l'apparence d'une écriture qui se raconte elle-même… Le moment, l'emportement est mis ailleurs.

FA — Une chose que je trouve un peu paradoxale : d'une part, il y a cette tentative de rejoindre l'universel par une écriture qui est très consciente d'elle-même ; et d'autre part, un désir, un besoin, en même temps de communiquer en rejoignant le lecteur, en essayant de l'inclure, de le faire entrer dans le texte, un peu comme le voulait Aquin. Donc, le paradoxe est le suivant : il y a volonté de rejoindre le lecteur, de communiquer quelque chose, un objet quelconque, mais ce quelque chose prend une forme particulière dans un langage simple à certains égards, mais qui emprunte une forme qui reste toujours assez complexe. Prenons *Montréal poésie* : c'est un texte qu'on peut lire ou simplement regarder, et ça nous communique quelque chose…

JRL — En effet, c'est un texte assez éclaté ; il y a des sections qu'on pourrait qualifier de burlesques, à certains égards, c'est un discours qui peut être capté par des adolescents immédiatement, certaines choses, par exemple, que des universitaires ne capteraient pas. Alors, évidemment, j'espère voir toutes sortes de relations entre les nombreux discours qui se trouvent dans le texte. On a souvent dit que j'étais un écrivain sensuel qui aimait l'érotisme ; je suis quand même, avant tout, un écrivain spirituel, je n'ai jamais voulu uniquement m'intéresser à l'ordinaire, je préfère l'extraordinaire, j'ai toujours essayé de faire entrer le lecteur de plain-pied dans le paradis. La pratique de l'écriture m'a amené à voir ça de plus en plus comme une évidence, que le but c'est le paradis ici et maintenant. Jim Morrison disait : « *We want the world and we want it now !* » ou Rimbaud : « J'attends Dieu avec gourmandise. » Je ne voudrais pas faire de l'élitisme, mais le commun dénominateur, qu'est-ce qu'il m'enseigne à moi comme écrivain, comme être vivant ? pas grand-chose ! (On n'a qu'à songer à la diarrhée télévisuelle, non seulement qu'on subit, mais qui nous est offerte comme aliment. On revient toujours à la merde et à la monnaie.) Je suis davantage fasciné comme être vivant par ces espèces de trous noirs qui m'entourent dans la vie et qui me permettent d'aller de l'autre côté. Et les trous noirs captent et retiennent toute la lumière, c'est un monde lumineux. Je pense que les œuvres d'art sont des espèces de trous noirs qui happent le spectateur ou le lecteur, et qui lui permettent d'entrer au moins momentanément, comme dit Rimbaud, dans l'illumination, dans le paradis…

FA — Donc, cette accusation d'hermétisme ne vous touche pas ; mais est-ce que vous reconnaissez que votre œuvre est un peu hermétique quand même ?

JRL — Oui, je le reconnais. Si je songe à *L'Œuvre de la première mort*, il y a des formes qui ressemblent à celles de Mallarmé, par exemple, qui est considéré comme étant assez hermétique. Mais il y a aussi des clés. Si mes livres, comme je disais plus tôt, se veulent des ensembles, des univers clos en ce sens, ce sont aussi des portes ouvertes. Pour comparer, faisons référence à la peinture abstraite. Cela peut paraître hermétique pour certains, mais l'est-ce vraiment ? Je ne le pense pas. Évidemment, il y a des formes qu'on peut appeler occasionnelles ; on peut être influencé par la mode de l'époque. Et je pense aujourd'hui qu'à certains égards il y a des choses qui sont tombées, et que mes textes sont maintenant plus « lisibles ». Mais l'essentiel est ailleurs. Il y a peut-être des gens pour penser que mon dernier texte, *Causer l'amour*, est illisible, mais je crois que pour la majorité des lecteurs, c'est plus lisible que *Montréal poésie* ou *L'Incomparable*, des textes qui requièrent davantage la connaissance de certaines données, de certains codes pour y entrer.

FA — Il semble que dans votre œuvre, quand il n'y a pas de références directes à la sexualité — et qu'on prenne n'importe quel texte, *Montréal poésie*, par exemple, ou n'importe quelle page de votre œuvre —, il y ait toujours une sexualité latente, implicite, suggérée… En fait, la sexualité est omniprésente. On peut dire que vous êtes un écrivain qui a quelques obsessions, dont la sexualité…

JRL — Un beau jour, on va m'accuser d'être obsédé par le bonheur ! Quand je regarde mes œuvres, je pense que ce sont loin d'être des œuvres sexuelles. On a tellement dit que j'avais un style poétique que, dans le fond, la poésie, jusqu'à un certain point, enlève à la sexualité ce qu'on appelle *the hard edge*. En fait, quand je regarde avec un certain recul les œuvres que j'ai publiées, je n'utiliserais jamais le terme « pornographique », ou même « sexuel » pour en décrire le contenu. Il reste que ce sont des éléments importants parce que l'univers est quand même sexué. Le sexe est le prétexte par excellence (je m'explique là-dessus dans *L'Incomparable*). D'ailleurs, on utilise l'expression *big bang* pour expliquer l'origine de l'univers. Il n'y a pas de plus belle expression ; et tout le monde aime l'orgasme... L'univers est donc en condition d'orgasme. Bien sûr, dans le monde, il y a beaucoup de choses qui ne se passent pas très bien — on pourrait y revenir —, mais je ne pense pas non plus qu'on puisse écrire un livre sans aborder ou sans se poser la question sexuelle... Dans un sens, il n'y a rien dans le sexe, on en parle beaucoup mais il n'y a rien là. C'est beau, c'est bon, c'est bien, mais c'est pas la fin du monde. C'est une conjonction.

FA — Il y a un autre élément qui m'apparaît très important dans votre œuvre, c'est la question de la matérialité de la langue. On a l'impression que vous passez des heures à travailler les sonorités et tous les éléments qui se rapportent à cette matérialité. Vous jouez avec cette matérialité et avec ses résonances, et on a l'impression parfois que vous jonglez avec les mots, que vous les lancez contre une sorte de caisse de résonance langagière, et que vous attendez que rebondisse vers vous une sorte d'indicible... né de la matérialité même des mots.

JRL — C'est bien dit et c'est tout à fait vrai. On dit souvent que, du point de vue des artistes, le tableau se peint ou se fait lui-même, et donc sur le plan du livre, c'est le livre qui s'écrit lui-même. Évidemment, on a des idées, on commence à écrire le livre, on consulte le dictionnaire, on trouve la racine du mot pour chercher sa signification juste, son origine, son suffixe, son préfixe ; ça donne des idées et dans un sens, c'est la matérialité des mots qui raconte l'histoire, et le poète, l'écrivain est un peu comme un artisan qui les met en place. Je fais allusion à ce processus dans *Le Livre des marges*. Mais s'il y a inspiration (qui est d'ailleurs le processus même), il n'y a pas une vérité là-bas et une transcription ici. Rimbaud disait : « si ce qu'il rapporte de là-bas a forme, il donne forme ; si c'est informe, il donne de l'informe. » Les deux se produisent en même temps. L'œuvre est un produit de moi tout autant que je suis un produit de mon œuvre...

FA — Je saute du coq à l'âne : dans *La Détresse et l'Enchantement* (Montréal, Boréal Express, 1984), Gabrielle Roy dit que ce n'est pas l'expérience de l'amour qui est importante — en fait « On n'apprend pas beaucoup sur l'amour en vivant » (p. 361) —, c'est la façon dont l'écriture nous fait réfléchir ou nous fait vivre cette émotion qui semble importer...

JRL   – L'écriture : un *ersatz*, un succédané de l'amour ou du sexe ? Non ! L'écriture est une prise de conscience paradisiaque. Elle permet l'application de l'absolu. Quant à Gabrielle Roy, ça c'est l'expérience de Gabrielle Roy, et je ne sais pas si elle a beaucoup à dire sur l'amour, je ne sais même pas si moi j'ai beaucoup de choses à dire sur le sujet. Je dis que le sexe n'est pas important et pourtant j'en parle beaucoup, mais ce n'est pas contradictoire dans un sens. J'ai de la difficulté à croire que l'expérience amoureuse que j'ai pu vivre est supérieure ou inférieure à celle que je raconte, ou à l'expérience de l'écrire justement. Mon émotion est identique. Évidemment, il y a des différences, mais l'état dans lequel je suis dans les deux cas est identique. Il y a des moments d'écriture où j'atteins un tel bonheur, où je m'emballe tellement que je me dis que c'est pas possible, et je dois alors essayer de retrouver ce bonheur « autrement » dans mon corps ; je vais donc me chercher un verre de vin, je mets de la musique, parce que c'est difficile de tenir longtemps dans l'absolu. On n'a pas l'habitude d'avoir les pieds fermement plantés dans le paradis. L'écriture m'apporte une joie infinie, mais la vie aussi dans ses moindres détails m'apporte un plaisir semblable. Je me souviens très fortement, tout jeune enfant, de m'être promené un jour dans un terrain vague où il y avait de vieilles pierres, du vieux ciment, de la ferraille de toutes sortes, et j'ai vu une brindille d'herbe, et à ce moment-là, tout m'est apparu absolument clair. C'était peut-être une sorte d'indicible, mais tout m'était absolument clair, joyeux, lumineux… C'est cet état, une sorte d'état de grâce, que j'essaie peut-être de reproduire dans mes livres. Mais en même temps, ce n'est pas une reproduction, en ce sens de « copie exacte », parce que le livre s'écrit au fur et à mesure des mots que je trouve et qui m'enseignent, et qui conditionnent une certaine partie de la narration.

FA   – Une question qui m'intéresse et qui m'intrigue également, c'est l'*Anthologie de la poésie franco-manitobaine*. Pourquoi vous, Roger Léveillé, l'auteur de tous ces bouquins à factures multiples et complexes, vous êtes-vous lancé dans cette aventure de l'anthologie ?

JRL   – Oui, c'est un peu curieux dans un sens, parce que c'est un peu régional. Je ne me souviens plus très bien comment c'est venu… Quand je suis revenu au Manitoba, parce que j'ai vécu pendant huit ans au Québec, il existait les Éditions du Blé… Je me suis donc dit qu'il fallait peut-être que j'œuvre dans ce milieu. Je voulais voir ce qui avait été fait, puisque je m'intéressais à la poésie. Ça été pour moi une façon de raconter l'histoire littéraire du Manitoba. J'avais fait des études universitaires, et donc une partie de ma pensée était ordonnée en ce sens, mais pour quelqu'un qui n'est pas vraiment intéressé au folklore local, c'est peut-être assez curieux que je me sois intéressé à ce projet. Cela a peut-être été une reconnaissance du milieu dont je suis issu. Je pense que c'est certainement une valorisation de ces écrivains, dont plusieurs sont très mineurs, mais c'est une valorisation du vouloir écrire qu'on retrouve chez certains. Il reste qu'on a produit des auteurs qui sont très bien… En fait, c'est un travail qui a pris plusieurs années de ma vie au cours desquelles je n'ai pas écrit autre chose ou très peu. Mais au fond, je travaille un peu comme ça : je travaille pendant trois, quatre ans où je publie peu de choses, et ensuite, en peu de temps, je fais paraître plusieurs textes en un an… En 1984, trois titres ont paru, et dans l'année qui vient, il y en aura vraisemblablement trois autres.

FA – Une dernière question : Est-ce que ça vous fait quelque chose de ne pas être mieux connu ? Est-ce que vous déplorez que votre œuvre reste méconnue, même de lecteurs assidus ?

JRL – Évidemment, on espère toujours être mieux connu, qu'il y ait une meilleure réception. Je bénéficie quand même d'une meilleure réception que bien d'autres qui la méritent autant. Mais si on regarde ça d'une manière un peu plus froide, plus logique, il est vrai qu'il y a des conditions de publication et de distribution en milieu minoritaire qui n'aident pas à faire des « stars ». C'est toute la question du centre et des périphéries. Les autres milieux ne s'intéressent pas tellement à cette littérature. Par exemple, je sais qu'il y a au Québec des gens qui s'intéressent à la littérature en milieu minoritaire, et qui en parlent, mais de façon générale, la littérature qu'on produit en Acadie, en Ontario et dans l'Ouest, ça intéresse très peu les Québécois… Dans le cadre du Canada, ça veut dire qu'on est peu connu… Pourtant, c'est vrai partout : à l'exception de quelques personnes, les écrivains et éditeurs québécois souffrent du même problème en France… C'est déplorable à un niveau, mais il reste que c'est symptomatique du système que Debord a très bien analysé dans *La Société du spectacle*. Le gros de l'industrie littéraire demeure, au sens où l'entend Debord, esclave du système dont l'écriture, par définition, cherche à s'échapper. Alors, il reste des exceptions, des accidents qui sont heureux…

BIBLIOGRAPHIE

Tombeau, Winnipeg, Canadian Publishers, 1968.

La Disparate, Montréal, Éditions du Jour, 1975. (pseud. Jesse Janes).

Œuvre de la première mort, Saint-Boniface, Éditions du Blé, 1978.

Le Livre des marges, Saint-Boniface, Éditions des Plaines, 1981.

Extrait, Saint-Boniface, Éditions des Plaines, 1984.

Plage, Saint-Boniface, Éditions du Blé, 1984.

L'Incomparable, Saint-Boniface, Éditions du Blé, 1984.

Montréal poésie, Saint-Boniface, Éditions du Blé, 1987.

Anthologie de la poésie franco-manitobaine, Saint-Boniface, Éditions du Blé, 1990.

Causer l'amour, Paris, Éditions Saint-Germain-des-Prés, 1993 (prix littéraire La Liberté, 1994).

Romans (*Tombeau, La Disparate, Plage*), réédition en un volume, Saint-Boniface, Éditions du Blé, 1995.

Autres :

« Louis-Philippe des grandes errances », postface à Louis-Philippe Corbeil, *Journal de bord du gamin des ténèbres*, Saint-Boniface, Éditions du Blé, 1986.

« De la littérature franco-manitobaine – Being a Very Short

History of French Literature in Manitoba », *Prairie Fire*, Winter 1987.

Critiques des ouvrages de J.R. Léveillé :

Anonyme, « Les péripéties du fait français au Manitoba », *La Presse*, 31 janvier 1988.

Mark Abley, « This Prairie Fire Is Burning in French », *Montreal Gazette*, May 19, 1990.

Alexandre Amprimoz, « Poetry Is the Best Weapon », *Prairie Fire*, Vol. VII, No. 4, Winter 1986-87.

Noël Audet, « *Œuvre de la première mort* », *Voix et Images*, vol. 4, nᵒ 2, décembre 1978.

Auteurs francophones des Prairies, Centre de ressources éducatives françaises du Manitoba, 1981.

Tatiana Arcand, « L'éloquence des marges », CEFCO, nᵒ 9, 1981.

Claude Beausoleil, « Des mots qui parlent », *Le Devoir*, 24 octobre 1981.

Madeleine Bellemare, « *Plage* », *Nos livres*, octobre 1984.

Liz Bigourdan, « Jazzy Poems Part of Book Fair », *The Lance*, Nov. 23, 1993.

Luc Bouvier, « *Œuvre de la première mort* », *Livres et auteurs québécois 1978*, Québec, Presses de l'Université Laval, 1979.

Yves Chartrand, « *L'Anthologie de la poésie* », *La Liberté*, cahier spécial, 7-13 septembre 1990.

Michel Clément, « *Le Livre des marges* », *Livres et auteurs québécois*, Revue de l'année 1982, Québec, Presses de l'Université Laval, 1983.

Louis-Philippe Corbeil, « Naissance littéraire », *Le Courrier*, 20 novembre 1968.

Alain Cossette, « Novel Is Short on Pages, but Long on Imagination », *Winnipeg Free Press*, February 18, 1984.

Tony Davis, « French Edition Sets Publication First », *Winnipeg Free Press*, April 3, 1990.

Philippe Descamps, « La littérature franco-manitobaine en revue », *La Liberté*, 23-29 mars 1990.

René Dionne, « Littérature franco-canadienne de l'Ouest », *Le Droit*, 25 août 1984.

Jean-Pierre Dubé, « Un roman d'amour abordable », *La Liberté*, 16-22 août 1991.

———, « L'aimée est matière de musique à bouche », *La Liberté*, 19-25 novembre 1993.

François Dumont, « *Manuscrits des longs vols transplutoniens* », *Dictionnaire des œuvres littéraires du Québec*, vol. 5, Montréal, Fides, 1987.

Jocelyne Felx, « Avaler sa langue », *Lettres québécoises*, nᵒ 61, printemps 1991.

Pierre Filion, « Les jeunes lions », *Le Soleil de Colombie*, 2 avril 1976.

Guy Gauthier, « The Writer Disappears », *Prairie Fire*, Vol. IX, No. 3, Autumn 1988.

Judith Hamel, « *Anthologie de la poésie franco-manitobaine* », *Francophonies d'Amérique*, nᵒ 2, 1992.

———, « *L'Anthologie de la poésie franco-manitobaine* », *University of Toronto Quarterly*, Vol. LXI, 1991.

Réginald Hamel, John Hare, Paul Wyczynski, *Dictionnaire des auteurs de langue française en Amérique du Nord*, Montréal, Fides, 1989.

Rosmarin Heidenreich, « Lecture d'un texte de Roger Léveillé : l'œuvre littéraire comme objet de consommation », *Les Actes du quatrième colloque du Centre d'études franco-canadiennes de l'Ouest*, Saint-Boniface, CEFCO, 1985.

———, « Universal Paradigm », *Prairie Fire*, Vol. VII, No. 4, Winter 1986-87.

———, « Recent Trends in Franco-Manitoban Fiction and Poetry », *Prairie Fire*, Spring 1990.

———, « Causer l'amour », *Cahiers franco-canadiens de l'Ouest*, printemps 1994.

Ingrid Joubert, « Quoi de neuf dans l'Ouest canadien-français », *Canadian Literature*, No. 111, Winter 1986.

Marilyn E. Kidd, « Other Francophones », *Canadian Literature*, No. 96, Spring 1983.

Sylviane Lanthier, « Les poètes franco-manitobains enfin réunis », *La Liberté*, 31 août-6 septembre 1990.

Réginald Martel, « Les jeux ambigus », *La Presse*, 30 août 1975.

Kenneth Meadwell, « La signifiance », *Canadian Literature*, No. 107, Winter 1985.

Jacques Paquin, « Espaces mentaux : le poème dans la peau », *Lettres québécoises*, nᵒ 74, été 1994.

Suzanne Paradis, « Deux traductions du silence », *Le Devoir*, 16 septembre 1978.

Janet M. Paterson, « Images du récit », *Canadian Literature*, No. 104, Spring 1985.

Répertoire littéraire de l'Ouest canadien, Saint-Boniface, CEFCO, 1984.

Jean Royer, « Pour l'histoire franco-manitobaine », *Le Devoir*, 2 février 1991.

Annette Saint-Pierre, « Une vraie première », *La Liberté*, 9 avril 1981.

———, « L'Ouest canadien et sa littérature », *Frontières*, été-automne 1986.

Roland Stringer, « Roger EXTRAITS pancarte », *La Liberté*, 10 février 1984.

———, « La femme-sujet et la plage », *La Liberté*, 25 mai 1984.

Paul-François Sylvestre, « Un récit sensuel et érotique », *Liaison*, printemps 1985.

J.T., « *Plage* », *Livre d'ici*, été 1984.

Daniel Tougas, « Peindre avec les mots », *La Liberté*, 19 juin 1987.

LA GROTTE : ROMAN

de JEAN-PIERRE DUBÉ
(Saint-Boniface, Éditions du Blé, 1994, 130 p.)

James de Finney
Université de Moncton

La Grotte, premier roman de Jean-Pierre Dubé, explore les séquelles des contraintes qui ont longtemps étouffé la société canadienne-française : le mutisme, la peur de la sexualité et ces variations sur le thème du « père vaincu, la Méduse et les fils castrés[1] » qu'on rencontre dans bon nombre d'œuvres contemporaines. Mais *La Grotte* se présente d'abord comme un « nœud d'incidents de plus en plus vifs », pour reprendre l'expression de l'auteur, un mystère à élucider. En effet, le roman nous plonge d'emblée dans le drame d'un psychologue qui tente de ramener à la normalité une jeune femme ébranlée par le meurtre de son compagnon, survenu alors qu'ils étaient ensemble dans la « grotte ». Au fur et à mesure que la thérapie progresse et que la jeune femme retrouve la parole, il s'attache à elle, et finit par l'épouser. Mais un étrange malaise persiste, malaise d'autant plus étouffant que le lecteur ne bénéficie jamais de la médiation d'un narrateur. D'ailleurs les personnages, qui prennent tour à tour la parole, ne sont jamais nommés. Cette « vision restreinte », à la fois myope et intense, est soutenue par des phrases courtes et hachées, qui braquent impitoyablement l'attention sur le drame vécu dans toute son immédiateté. Peu à peu, au détour de mots ou de fragments de souvenirs, on commence à deviner l'étendue de la catastrophe qui a tout déclenché. Les indices : des rapports troubles entre la jeune femme et son père, l'échec de l'étrange union de la jeune femme et du thérapeute, l'amitié qui liait ce dernier au jeune homme assassiné. Et surtout cette grotte, lieu de prière et de sang, dont les connotations freudiennes et religieuses laissent soupçonner la dimension psycho-sociale du drame.

À mi-parcours, on croit trouver la clef de l'énigme : un nouveau narrateur, un prêtre homosexuel, raconte comment il a tenté de séduire un de ses étudiants, puis comment il l'a assassiné par jalousie, le soir fatidique de la rencontre dans la grotte. Quelques années plus tard, il rencontre sa rivale : un mélange de culpabilité et de peur mène aux aveux, au procès et enfin à l'emprisonnement. Mais cette punition s'avère un leurre car, explique le prêtre, « c'est là que ça a commencé à changer. Que j'ai commencé à changer » (p. 51). En effet, tout bascule lorsque le meurtrier est confronté au psychothérapeute, ancien ami du mort : au lieu de s'affronter, ils en viennent à évoquer leur mal de vivre et le souvenir commun du jeune homme qu'ils ont aimé. Le refoulement et la haine cèdent alors le pas à la réconciliation, au goût de la vie et au plaisir d'une nouvelle union sexuelle.

Libérés par ce que l'auteur appelle le « grand pardon », ils incitent la femme à les accompagner dans un pèlerinage à la grotte pour exorciser une fois pour toutes le passé. Mais ils ignorent le terrible secret de celle-ci : forcée par son père, avec qui elle avait eu des relations incestueuses, à camoufler la honte, elle avait attiré le jeune collégien dans la grotte. Double culpabilité. Cédant d'abord aux deux ennemis réconciliés, elle commence à parler, mais se ressaisit puis, résolue, se réfugie dans le silence pour protéger ce qui lui reste de dignité. Le roman se termine alors comme il a commencé : « Au début, je ne disais rien » (p. 125).

L'auteur, on le voit, construit son roman autour de deux « cas » symptomatiques du désarroi d'une société traditionnelle en décomposition. C'est le personnage du prêtre qui est chargé d'expliciter cette dimension du drame :

> D'autres sont tombés. Comme moi. [...] Il y en a partout. Poursuivis par des hommes qui étaient des enfants, des adolescents. Les hommes de Dieu sont en enfer. Je suis de ceux-là. [...] je sais que ce qui avait été écrit était faux, que la parole était vide, que le sanctuaire était vacant, que le mentor était menteur, que nos pères nous avaient abandonnés, spirituellement... (p. 69-70)

La Grotte propose ainsi une lecture allégorique du mutisme des personnages ; dès lors, le lecteur ne peut échapper à la problématique psychosociale inscrite dans le texte. Mais la solution du « grand pardon » qu'adoptent les deux amants s'inspire d'un propos paradoxal de Novalis : « Plus on se sent pécheur, plus on est chrétien. Le but du péché et de l'amour, c'est l'union inconditionné avec le divin. » Cette façon de « dépasser le mal » reste cependant idéaliste, individuelle et personnelle, étrangement distante de la réalité sociale. Au lieu de résoudre le dilemme, collectif lui aussi, du personnage féminin, elle plonge celle-ci dans le délire des dernières pages : « Et la fureur me reprend. C'est moi qui ai le goût de tuer. Mes yeux lancent des flèches, des couteaux, j'ai des ongles, des griffes » (p. 123). Mais ce déchaînement de fureur ne rencontre que silence et inaction de la part des personnages masculins. Qu'en conclure ? Il n'est pas exagéré de dire que le traditionnel clivage masculin/féminin se trouve ici accentué. Le dialogue de sourds se perpétue, même s'il est transposé sur un autre plan.

À la fin de *La Grotte*, comme au début, le lecteur est confronté à une réalité énigmatique, problématique. Et tout au long du drame, cette fonction de déstabilisation est assurée par l'absence de narrateur, les monologues des personnages, l'étrange conclusion mi-romanesque, mi-philosophique et, peut-être surtout, par le fossé infranchissable qui se creuse dans la dernière scène entre les deux hommes et la femme. Ce roman a été écrit pour déranger, pour troubler et pour provoquer la réflexion, ce qu'il ne manque pas de faire.

La grotte: roman *de Jean-Pierre Dubé*

NOTE

1. André Vanasse, *Le Père vaincu, la Méduse et les Fils castrés. Psychocritiques d'œuvres québécoises contemporaines*, Montréal, XYZ, 1990.

PORTES DE COMMUNICATIONS :
ÉTUDES DISCURSIVES ET STYLISTIQUES
DE L'ŒUVRE DE GABRIELLE ROY
CLAUDE ROMNEY et ESTELLE DANSEREAU (dir.)
(Sainte-Foy, Presses de l'Université Laval, 1995, 212 p.)

Agnès Whitfield
Collège universitaire Glendon
Université York (Toronto)

Si la critique régienne connaît un renouveau, lent mais certain, depuis la publication posthume, en 1984, du premier volet de l'autobiographie de Gabrielle Roy, *La Détresse et l'Enchantement*, rares encore sont les études qui se penchent sur le style, sur les différentes dimensions de la facture de cette œuvre bien connue. Sans doute les raisons de cette lacune sont-elles complexes. On pourrait évoquer, entre autres, l'emprise, dès la parution de *Bonheur d'occasion*, de l'approche thématique, l'idée, encore trop répandue chez les critiques littéraires, de la transparence, du caractère non stylisé de l'écriture autobiographique, genre régien de prédilection, ou enfin, la désuétude dans laquelle est tombée, au cours des dernières décennies, la stylistique elle-même en tant que démarche critique et dont elle commence seulement à sortir, renouvelée. Quoi qu'il en soit, il s'agit là d'une lacune importante qu'il importe de combler pour mieux comprendre le fonctionnement d'une écriture riche et résonnante, à la fois « classique » et « populaire ». Un défi de taille, que relèvent fort bien, dans l'ensemble, les onze collaborateurs et collaboratrices de cet ouvrage collectif préparé par Claude Romney et Estelle Dansereau et présenté sous le signe quelque peu intrigant des « portes de communications », doublement plurielles.

Très variées, tant par la méthodologie suivie que par les textes examinés, ces études se regroupent néanmoins autour de quatre grands axes. Le premier est celui de l'énonciation autobiographique, cette rencontre complexe du « moi/je » de l'auteure et ses diverses narratrices qui sous-tend autant l'autobiographie proprement dite de l'écrivaine, que ses œuvres fictives d'inspiration autobiographique (comme *Rue Deschambault* et *La Route d'Altamont*) et ses premiers reportages de journaliste encore à la recherche de sa voix. La première étude, de Paul Dubé, porte sur *La Détresse et l'Enchantement*, pour relier le « jeu des "je" (énoncé/énonciation) » (p. 10) à la problématique existentielle, identitaire, de l'écrivaine : « Pourquoi continuer/clore une œuvre que l'on dit largement autobiographique par une autobiographie qui semble répéter le même paradigme de la dialectique régienne de l'œuvre et de la vie ? » (p. 10). S'inspirant des travaux de Luce Irigaray et Nancy Chodorow, Lori Saint-Martin fait ressortir combien, dans *Rue Deschambault*, *La Route d'Altamont* et *De quoi t'ennuies-tu, Éveline ?*, « la symbiose et l'échange de rôles entre mère et fille déterminent jusqu'aux éléments syntaxiques et structuraux des écrits dits autobiographiques » (p. 27). L'article de Cynthia Hahn aborde des textes assez peu connus par le lectorat de Gabrielle Roy, ses premiers écrits journalistiques, pour y trouver déjà l'amorce des dualités narratives, d'une écriture à la fois « objective » et « subjective » (p. 57), qui caractériseraient ses œuvres de maturité.

L'étude de Hahn anticipe en quelque sorte sur le deuxième groupe d'articles qui cherche à cerner de plus près les stratégies narratives de l'écriture régienne. Madeleine Frédéric s'attaque ainsi à un des grands mythes de la critique régienne : l'objectivité narrative des grands textes « réalistes » de Gabrielle Roy, dont *Bonheur d'occasion* et *Alexandre Chenevert*. « À la lecture de tels romans, écrit-elle, on n'est pas long à constater qu'on se trouve en fait face à une narration pseudo-objective, à un univers où rien n'est libre, mais où tout est plié à une démonstration savamment — et plus ou moins discrètement — orientée » (p. 70). S'en prenant à son tour à l'« illusion de la réalité » (p. 83) dans ces mêmes textes, Vincent Schonberger se penche plus particulièrement sur *Alexandre Chenevert*. Par une analyse des phénomènes dialogiques qui parcourent ce roman, comme le recours aux micro-récits des personnages et la reprise critique de discours médicaux et publicitaires, il souligne la modernité de cette écriture « subversive, polyphonique » (p. 100). Partant d'une analyse de *La Rivière sans repos* et d'*Un jardin au bout du monde*, l'article d'Estelle Dansereau explore davantage ce même thème de la polyphonie. « La diégèse des récits régiens, en conclut-elle, bien que construite selon des paradigmes oppositionnels, maintient un équilibre entre eux non pour déprécier l'un par rapport à l'autre, mais pour rehausser la complexité de l'expérience humaine et la puissance du désir » (p. 120).

Un troisième groupe d'articles porte, d'une façon ou d'une autre, sur l'influence de l'espace sur l'écriture régienne. Lucie Guillemette fait ressortir ainsi la complexité des rapports qui tantôt relient, tantôt opposent le trajet géographique d'Éveline, dans *De quoi t'ennuies-tu, Éveline ?*, et le discours rétrospectif censé le prendre en charge. Jo-Anne Elder montre l'importance, dans *Bonheur d'occasion*, d'une « des manifestations du système visuel, le discours optique » (p. 137). Andrew Gann se penche, dans ce même roman, sur ce qu'il appelle la « géographie émotionnelle », laquelle « met les relations spatiales entre les personnages en rapport avec leurs paroles et leurs pensées, soit pour les confirmer soit pour les informer, selon qu'il y a harmonie entre elles ou décalage ironique » (p. 162).

Enfin, les deux derniers textes de l'ouvrage sont consacrés à des questions d'ordre stylistique, au sens plus traditionnel du terme. Par un examen minutieux des différentes occurrences des lexèmes « prairie » et « plaine » dans l'œuvre de Gabrielle Roy, Pierre-Yves Mocquais tente de mieux comprendre les intuitions de la critique thématique quant à la signification de ces «immenses étendues de l'Ouest canadien» (p. 175) que l'écrivaine évoque dans nombre de ses récits. Son analyse révèle la «singulière cohérence sémantique» (p. 188) du discours régien: «Cette évocation [des Plaines] est donc bien la conséquence d'une vision esthétique et littéraire de la nature [...] qui tient moins à la réalité de cette prairie tant observée qu'aux diverses médiations littéraires grâce auxquelles Gabrielle Roy, tout au cours de sa vie, l'aura appréhendée» (p. 189). Passant du plan de la sémantique à celui de la syntaxe, Claude Romney analyse l'utilisation, par Gabrielle Roy, de l'inversion (facultative) du sujet, «technique impressionniste pour transmettre, le plus souvent, une sensation, mais aussi un sentiment» et qui projette le lecteur «au centre de la diégèse comme s'il assistait véritablement aux événements» (p. 193).

Malgré quelques inégalités, inévitables dans un ouvrage collectif, ce livre ouvre bien une brèche dans l'indifférence de la critique traditionnelle à l'égard de l'écriture régienne. Ce faisant, il ouvre de nouvelles pistes à suivre, tout en rendant hommage à ce que Romney et Dansereau appellent, dans leur excellente introduction, «cet art indéniable de l'écriture de Roy» (p. 4). Cet esprit d'ouverture et d'accueil se retrouve d'ailleurs dans presque tous les articles, dans ce sens que l'analyse du style ou du discours régien s'y inscrit le plus souvent dans un dialogue à la fois avec les textes de Gabrielle Roy et avec d'autres démarches critiques, qu'elles soient d'ordre thématique, sémiotique ou féministe. C'est précisément en travaillant dans l'espace de cette communication entre approches, que ces articles parviennent, me semble-t-il, à illuminer le caractère polyphonique, dialogique, de l'œuvre elle-même, à faire ressortir de nouvelles dimensions de sa richesse, à affirmer ce que d'autres appelleraient sans doute, sa modernité. Voilà donc, en fin de compte, une façon, au moins, de lire le titre du livre, de comprendre le sens de ces «portes de communications», doublement plurielles.

LES OBLATS DE MARIE IMMACULÉE DANS L'OUEST ET LE NORD DU CANADA, 1845-1967 : ESQUISSE HISTORIQUE

de DONAT LEVASSEUR, o.m.i.
(Edmonton, University of Alberta Press
et Western Canadian Publishers, 1995, 345 p.)

Émilien Lamirande
Professeur émérite
Université d'Ottawa

Le père Donat Levasseur, o.m.i., décédé en 1992, s'était fait une spécialité des immenses panoramas historiques. Il avait publié une *Histoire des missionnaires oblats de Marie Immaculée* (Montréal, 2 vol., 1983-1986) qui n'a son équivalent dans aucune langue. Il n'est pas étonnant qu'on ait recouru à lui, dans le cadre du projet d'histoire des Oblats dans le Nord-Ouest canadien, pour écrire une sorte de manuel de référence. Le professeur Raymond Huel, de l'Université de Lethbridge, rédacteur en chef du projet, décrit ce qu'on attendait de l'auteur : « le volume d'initiation qui servira de point de repère à tous les autres qui feront partie de cette série », « un volume qui répondrait à toutes les questions que pourrait poser le lecteur peu familier avec la vie des Oblats, leur organisation et leur œuvre apostolique dans le Nord-Ouest canadien », en un mot, « une introduction générale » qui permettrait aux auteurs de travaux spécialisés d'entrer directement en matière. C'est donc en fonction de ces critères qu'il importe de juger l'ouvrage qu'on nous présente aujourd'hui.

Conformément à l'objectif visé, Donat Levasseur a établi une chronologie détaillée, il a présenté les personnages qui ont joué un rôle significatif, il a situé les lieux et les institutions, tout cela de façon concise et très claire. Une abondante iconographie de belle qualité, puisée en grande partie aux Archives Deschâtelets à Ottawa, de même que plusieurs cartes complètent la documentation. Un important appendice fournit pour chaque région des renseignements statistiques sur le pays de provenance des Oblats, leur âge à leur arrivée sur le terrain, leurs années de ministère. Il faut restituer le titre manquant de la première section, qui se rapporte à l'Athabaska-Mackenzie. Quarante pages de notes, une bibliographie très à point, une table des noms de lieux et de personnes contribuent à faire de l'ouvrage un remarquable instrument de travail dont la présentation est particulièrement soignée.

Longtemps archiviste, Donat Levasseur a recouru souvent à des documents inédits, même s'il a nécessairement dû, pour une entreprise de ce genre, s'appuyer sur les études existantes. De travail d'ensemble, il n'existait que la volumineuse *Histoire de l'Église catholique dans l'Ouest canadien* du père A.-G. Morice, o.m.i. (Winnipeg, 1928, 4 vol.), dont l'objet était encore plus englobant et qui continuera à rendre service, même si son information est fragmentaire et ses points de vue, souvent sujets à caution.

L'ouvrage couvre la période qui s'ouvre en 1845, avec l'arrivée des premiers Oblats à la Rivière-Rouge, et qui se termine en 1967. On n'explique pas pourquoi cette dernière date a été choisie, mais elle correspond au début d'une époque de profonde évolution au plan religieux comme au plan social ou culturel. Un bref épilogue évoque les changements qui se sont produits dans les structures administratives et la situation générale de la congrégation entre 1967 et 1990. Au point de vue géographique, les limites adoptées sont celles des quatre provinces de l'Ouest, du Yukon et des Territoires du Nord-Ouest. Il n'est donc pas question des diocèses de Moosonee (baie James) ni de celui de Labrador City - Schefferville. D'après les chapitres que nous avons pu examiner de près, l'ouvrage offre un ensemble de données très précises et très sûres, ce qui n'exclut pas, comme il était inévitable, qu'on puisse ici ou là apporter une précision, voire effectuer une correction mineure.

Il y avait dans le vicariat apostolique du Nord-Ouest en 1844 deux quasi-paroisses, deux missions indiennes avec prêtre résidant et divers postes visités par des prêtres itinérants. En cette même année arrivaient à Saint-Boniface des Sœurs Grises de Montréal. Mgr J.-N. Provencher avait insisté pour obtenir du renfort des Oblats. Les premiers désignés pour cette redoutable mission furent le père Pierre Aubert, qui fut sur place pendant cinq ans comme vicaire général avant d'occuper d'autres fonctions importantes dans l'est du Canada et en France, et le sous-diacre Alexandre Taché, destiné bientôt à l'épiscopat. En les voyant arriver, Mgr Provencher déclara : « Voilà au moins de la graine de religieux, c'est sur cette espèce d'hommes que je compte depuis longtemps. » Il ne croyait sans doute pas si bien dire ! Par ailleurs, les Oblats devaient pénétrer dans l'actuelle Colombie-Britannique par la voie de l'Oregon où, dès 1847, quelques Oblats avaient suivi Mgr A.-M. Blanchet, évêque de Walla Walla.

Dès le début, le champ d'action des Oblats est nettement diversifié en raison, d'une part, de la présence d'autochtones de différentes nations et de Métis, pendant longtemps majoritaires dans de très vastes territoires et, d'autre part, des colons, d'origine européenne surtout, qui finissent pratiquement par occuper le sud et le centre des quatre provinces de l'Ouest. Ni les uns ni les autres n'auront jamais été tous catholiques, et le ministère auprès des fidèles se doublera souvent d'un effort pour obtenir l'adhésion de ceux du dehors. C'est un nombre impressionnant d'Oblats, environ 1 800, pères et frères, qui ont œuvré dans l'ouest et le nord du pays, la plupart durant toute leur vie, beaucoup dans des conditions extrêmement pénibles. Un peu plus de la moitié étaient originaires du Canada (de l'Est comme de l'Ouest même), la plupart des autres de divers pays d'Europe, dont 450 de la France. Certains des conflits scolaires ou politiques qui ont secoué l'Église de l'Ouest se sont doublés de problèmes nationaux. Sauf en Colombie-Britannique et au Yukon, pendant la plus grande partie de la période étudiée, les Oblats étaient en grande majorité de langue française, mais amenés dans un grand nombre de cas à desservir une population qui n'était ni de leur langue ni de leur culture (autochtones et colons, adoptant de plus en plus l'anglais). Dans les Prairies, de nombreux Oblats d'origine allemande et polonaise se dévoueront spécialement auprès de leurs compatriotes.

Il doit y avoir bien peu d'exemples dans l'histoire de l'Église d'une aussi vaste région où une même congrégation missionnaire a présidé avec autant de constance et de résultats à l'implantation du christianisme et à la formation de tant d'églises locales. Cette congrégation, au moment où elle envoie dans l'ouest du continent américain ses premiers représentants, était toute jeune encore, fondée à peine trente ans auparavant à Aix-en-Provence, par un prêtre issu de la noblesse mais attentif aux plus démunis, Charles Joseph Eugène de Mazenod. Il était devenu évêque de Marseille au moment où il prit une part prépondérante dans la décision d'envoyer des Oblats au Canada, en 1841, puis à la Rivière-Rouge, quatre ans plus tard.

Il ne s'agissait pas, pour le père Levasseur, d'explorer les motivations profondes des missionnaires ou de mesurer l'étendue de leur influence, ni de faire l'histoire de leurs relations avec les autochtones ou les nouveaux colons, ni celle de la collaboration indispensable qu'ils ont reçue de plusieurs communautés religieuses féminines, ni celle de leurs rapports avec les chrétiens d'autres traditions (anglicans, orthodoxes, protestants de diverses allégeances), ni encore moins de leurs rapports avec le développement économique ou politique des régions qu'ils ont évangélisées.

L'histoire de l'Ouest et du Nord canadiens ne pourra s'écrire sans de fréquentes références aux Oblats. Pour le moment, un peu partout, des noms, des lieux, des édifices, des institutions, des communautés toujours vivantes, témoignent de leur passage ou de leur présence continue. Certains seraient parfois tentés de voir surtout en eux des agents de développement ou de civilisation, dans certains cas des linguistes et des ethnologues, souvent des bâtisseurs. Sans que l'on tienne pour négligeable leur apport à l'édification de l'Ouest et du Nord, sans omettre la diffusion du fait français, ils souhaiteraient sûrement qu'on se souvienne de leurs intentions qui ont été avant tout religieuses. Ceci fait également partie de l'histoire. Nous savons que les responsables du projet d'histoire des Oblats dans le Nord-Ouest canadien entendent mettre en relief tous les aspects essentiels de leur œuvre et de leur engagement. Nous ne pouvons que leur souhaiter la plus entière réussite.

THÉO ET SAMOA
de NADINE MACKENZIE
(Illustrations de Michel LeBlanc,
Saint-Boniface, Éditions des Plaines, 1994, 40 p.)

Elvine Gignac-Pharand
Université Laurentienne (Sudbury)

L'enfance, tout comme l'art, n'a pas de vraies frontières. Il est donc intéressant, voire rassurant, de constater que des maisons d'édition francophones faisant affaire en milieu minoritaire se consacrent, entre autres, à la publication de livres destinés aux enfants. Il est également rassurant de savoir que des revues croient en la nécessité d'en publier les recensions, d'autant plus que de tels comptes rendus ne sont pas légion. À preuve, dans un numéro récent d'une revue québécoise exclusivement consacrée à la littérature pour la jeunesse, sept titres venus d'ailleurs y sont annoncés, dont l'album récent de Nadine MacKenzie intitulé *Théo et Samoa*.

Personnages hauts en couleur, les dinosaures continuent d'amuser et de captiver les enfants. Nadine MacKenzie a bien compris cet attrait pour l'inhabituel et déjà, au début des années 80, elle offrait aux jeunes lecteurs et lectrices du Canada de langue française un premier texte intitulé *Le Petit Dinosaure de l'Alberta*. Dans ce livre, deux enfants gardent secrètement un bébé dinosaure nommé Théo qu'ils doivent cependant bientôt remettre en liberté.

Théo refait surface dans ce nouvel album de la même auteure. Si le dinosaure a gardé de bons liens avec sa famille adoptive, il a également développé des goûts plus adultes. À l'instar des animaux qu'il côtoie, Théo veut fonder une famille et assurer ainsi sa descendance. Le problème est de « taille », surtout que Théo ne ressemble à aucune autre espèce animale.

En un tour de passe-passe inventif et par l'entremise d'un vieux sage, l'oiseau Vizi, l'auteure résout le problème : Théo épousera Samoa, une Sasquatch. Comme l'élue nourrit un « grand amour pour les arbres », elle exige d'abord de Théo, qui les a « détériorés, détruits, dévastés, endommagés et saccagés » au cours des années, la réparation de son dégât. Ce qu'il fait de bonne grâce, avec l'appui de ses amis d'enfance et le concours des animaux habitant la même forêt que lui.

Lorsque l'événement historique qu'est la noce a enfin lieu, le tout prend des allures de carnaval. Et les images qui en ressortent sont à la fois comiques et surprenantes :

> Un coyote, un ours brun, Frédéric et Simon — les garçons d'honneur —
> décorent Théo de rubans verts, autour du cou, et de pompons blancs, de la

tête aux pieds. Simon, un chiffon d'une main et une bombe à cirer les meubles de l'autre, fait reluire la queue et les pattes du dinosaure. (p. 35)

En outre, la promesse d'une nouvelle espèce animale, les « dinosaches », a de quoi réjouir les enfants lecteurs.

À cette histoire fantaisiste s'ajoute pourtant une toile de fond plus sérieuse, celle des problèmes de l'environnement. De toute évidence, l'auteure en fait une seconde intrigue. C'est d'ailleurs par le biais de cette dernière qu'elle rappelle le rôle essentiel joué par les arbres dans le cycle de l'eau, tout en soulignant à quel point les systèmes écologiques sont facilement menacés.

Il convient de mentionner la présentation matérielle soignée du livre, la mise en page aérée et agrémentée d'illustrations bien réussies quoique monochromes et, enfin, la page couverture, en revanche fort colorée.

Quant à la langue employée par l'auteure, elle est toujours correcte et facile d'accès. Par contre, en ces temps de rectitude politique et d'équité, quelques allusions risquent d'agacer. Elles vont « des ongles effilés vernis de rose », à la fleur à l'oreille pour « faire tourner la tête des mâles », en passant par l'affirmation sans nuance de Théo qu'il ne voudrait pas d'une femme qui a un sale caractère.

Somme toute, voilà un texte rafraîchissant qui s'éloigne des sentiers habituels. Il emprunte des voies suffisamment universelles pour que le contexte de l'Ouest canadien lui servant de décor ne dépayse pas les jeunes qui retireront de leur lecture du plaisir et un enseignement profitable.

ENVIRONNEMENTS SCOLAIRE ET FAMILIAL DE JEUNES ONTARIENS ET INCIDENCES SUR LE COMPORTEMENT TÉLÉVISUEL

Pierre C. Bélanger et Stéphanie Dansereau[1]
Université d'Ottawa et Université du Québec à Montréal

Depuis son arrivée au Canada en 1952, la télévision s'est graduellement infiltrée au sein même des familles du pays. Aujourd'hui, on ne compte plus le nombre d'ouvrages scientifiques consacrés aux incidences de la télévision sur la vie des gens et, en particulier, sur le comportement des plus jeunes[2].

Bon nombre de travaux suggèrent la présence d'un lien entre le style d'apprentissage cognitif des enfants et les habitudes médiatiques qu'ils ont acquises au sein de la famille où ils ont grandi. La psychologie de l'enfant fait en sorte que ce dernier acquiert une bonne partie de son comportement et de ses connaissances par imitation[3]. Étant donné la place prépondérante qu'occupe l'ensemble des médias dans le budget-temps des plus jeunes, il y a lieu de s'interroger sur le type d'incidences que les habitudes médiatiques cultivées à la maison peuvent avoir sur l'utilisation subséquente que fera un jeune des médias qui composent son quotidien.

La multiplicité des équipements technologiques est devenue un phénomène normatif dans une majorité de foyers canadiens. Non seulement est-il commun d'y trouver une diversité dans le type de technologies présentes, mais le volume de leur circulation s'est trouvé à en affecter favorablement les coûts d'acquisition, si bien qu'il est aujourd'hui fréquent de dénombrer deux ou trois téléviseurs et magnétoscopes dans une majorité de familles au pays. Bien que l'on puisse se réjouir d'une telle abondance de moyens d'information et de divertissement, plusieurs difficultés peuvent découler de cette situation. L'une d'elles consiste en la création d'environnements médiatiques personnalisés où tout un chacun s'isole dans son espace pour se confectionner une palette de « lecture médiatique » qui lui est propre.

Parents et éducateurs se retrouvent ainsi dans une position stratégique face au développement des comportements télévisuels présents et futurs de l'enfant[4]. La place qu'occupe la télévision au sein de la famille et surtout la façon et le contexte dans lesquels elle est utilisée, deviennent alors essentiels à notre compréhension de la relation que l'enfant établit avec ce média. Plusieurs spécialistes de la question, dont Mutz, s'interrogent sur la qualité du temps passé à regarder la télévision ainsi que sur le type de gratifications que l'enfant en retire. On craint notamment que la télévision ne vienne remplacer un certain nombre d'activités de création que l'on considère fort influentes dans le développement global de l'enfant[5].

Selon Hendon et Hendon[6], le rôle des parents quant aux choix de loisirs, dont la télévision, est davantage marqué lorsque l'enfant est encore en bas âge. Cela donne à penser que les habitudes médiatiques que le jeune développe lors de ses années de formation risquent fort d'orienter de façon significative la nature de la relation qu'il est susceptible d'entretenir avec la télévision et les appareils technologiques périphériques comme le magnétoscope, l'appareil de jeux vidéo, etc., dans sa vie adulte. Plusieurs recherches actuelles[7] vont en ce sens et tentent d'établir de nouveaux liens entre les pratiques télévisuelles des jeunes et leurs divers milieux d'apprentissage (école, famille, quartier, etc.).

Notre étude s'inscrit dans ce courant et vise à approfondir nos connaissances des pratiques et des comportements télévisuels de jeunes élèves ontariens de neuf à treize ans. Une des principales intentions de cette étude est de comparer l'influence des milieux scolaire et familial selon une série de variables en rapport avec l'usage de la télévision, dont : la nature et la langue des émissions, de même que le volume et la fréquence des usages de la télévision que font de jeunes élèves du deuxième cycle de l'élémentaire.

D'emblée, précisons que nous situons le rôle de la télévision dans l'ensemble des activités culturelles, de loisirs et d'éducation du jeune. Cette recherche se caractérise par sa double visée qui consiste à interroger à la fois des données sur le comportement des enfants ainsi que sur celui de leurs parents. De cette façon, nous comptons pouvoir établir des corrélations instructives entre les pratiques de ces deux groupes.

Il importe de présenter d'abord la démarche de recherche en précisant l'esprit dans lequel elle a pris forme, les étapes méthodologiques qui la soustendent, les résultats qu'elle a générés et les réflexions qu'elle suggère. Une section portant sur des considérations prospectives complète le bilan de nos interventions.

Contextualisation de la recherche

L'inspiration d'une telle démarche provient du désir de favoriser une réévaluation de l'importance que l'on accorde actuellement à la télévision. C'est en sensibilisant les éducateurs, les parents et les tuteurs aux nombreuses possibilités de ce média que l'on pourra envisager la possibilité de développer chez l'enfant une pensée critique autonome face aux multiples messages qui l'assaillent. C'est ce qu'il convient d'appeler l'« éducation aux médias », notion aujourd'hui intégrée au paradigme global de « littératies » dont les provinces canadiennes du Nouveau-Brunswick et de l'Ontario se font présentement les plus ardents promoteurs. Pour Martine Wille, « éduquer un enfant aux médias c'est attirer son attention, susciter son intérêt, éveiller sa vigilance. Mais c'est aussi exercer et développer ses connaissances, optimaliser la compréhension qu'il a du monde et de lui-même [...][8]. »

Les principaux objectifs visés par cette recherche se résument à vouloir, d'une part, situer la télévision dans l'ensemble des pratiques culturelles de l'enfant et, d'autre part, à vérifier la langue des contenus télévisuels que choisissent deux groupes d'élèves de niveau primaire qui sont scolarisés en français dans la région urbaine d'Ottawa-Carleton. Ces deux groupes se distinguent du fait que l'un est de langue maternelle française et fréquente une école entièrement francophone alors que le second groupe est composé d'élèves de langue maternelle anglaise qui fréquentent une école anglophone dans laquelle ils sont inscrits à un programme d'immersion en français. Bien que ces deux groupes d'élèves soient issus de milieux culturels différents, ils ont en commun d'être tous les deux scolarisés dans un environnement où la principale langue d'usage est le français.

Particularités du milieu socio-économique

Il importe ici de circonscrire le milieu socio-économique étudié, soit l'Outaouais ontarien. Cette recherche s'est déroulée plus particulièrement dans deux villes de la municipalité régionale d'Ottawa-Carleton[9], soit celles de Gloucester et de Nepean. La ville de Gloucester, avec 26 % de sa population qui se déclare francophone, constitue un des principaux bastions de la francophonie dans la région de la Capitale nationale. Quant à la ville de Nepean, il s'agit d'une banlieue typique de la région où l'on compte une très forte concentration d'anglophones.

La grande région d'Ottawa-Carleton, communément appelée région de la Capitale nationale, constitue le centre névralgique de l'activité politique et de la fonction publique canadienne. Milieu traditionnellement bien nanti, la population de la capitale nationale peut être considérée comme privilégiée sur le plan du revenu. D'ailleurs, la médiane du revenu annuel des familles de Gloucester se situe à 70 200 $ et à 59 300 $ pour les familles de Nepean. Comme l'indique le tableau 1, la population dont est composé notre échantillon présente des revenus supérieurs aux revenus moyens des familles de l'Ontario (47 600 $) et de l'ensemble du Canada (42 900 $).

Tableau 1
Profil familial des populations de la région d'Ottawa

Profil	Francophones (Gloucester)	Anglophones (Nepean)
Médiane du revenu/quartier	70 200 $	59 300 $
Familles bi-parentales	75 %	84 %
Familles bilingues ou trilingues	55 %	31 %

Cette aisance relative s'explique par plusieurs facteurs, dont le niveau élevé de scolarisation et le faible taux de chômage par rapport aux autres régions du pays. Selon le Service de l'urbanisme de la municipalité régionale d'Ottawa-Carleton, 23 % de la population de plus de 15 ans détient un diplôme d'études universitaires. De plus, au moment où cette étude fut réalisée, la région d'Ottawa se classait au deuxième rang des agglomérations urbaines canadiennes ayant le plus bas taux de chômage au pays avec 9,12 % en moyenne pour la région alors que la moyenne pour l'ensemble du Canada se situait à 10,6 %[10].

Le milieu socio-économique étant une variable importante dans le contexte de cette recherche, il est légitime de penser qu'un grand nombre de familles possèdent un éventail appréciable d'équipements audiovisuels à la maison. En effet, l'aisance socio-économique élevée des foyers d'où sont issus les élèves qui ont participé à cette recherche se reflète dans la possession des technologies ou des médias suivants : a) près de neuf foyers sur dix possèdent deux téléviseurs et plus (87 %) ; b) la presque totalité des foyers sont abonnés au câble (95 %) ; c) près de deux foyers sur trois sont abonnés à une chaîne spécialisée de films (62 %) ; d) près de trois familles sur quatre possèdent un ordinateur personnel à la maison (70 %) ; e) près de neuf foyers sur dix sont abonnés à un quotidien (86 %) ; f) près de neuf familles sur dix possèdent un magnétoscope (89 %).

Tableau 2
Équipement technologique au foyer

Équipement	Francophones (Gloucester)	Anglophones (Nepean)
Jeux vidéo	88 %	80 %
Ordinateur	60 %	79 %
2 téléviseurs et plus	86 %	88 %
Téléviseur dans la chambre des enfants	36 %	27 %
Câble	96 %	93 %
Magnétoscope	81 %	97 %

Particularités linguistiques

La première langue d'usage représente également une importante particularité du milieu étudié. À titre d'exemple, Gloucester[11] est une ville où 59 % des habitants se déclarent anglophones et 26 % francophones, alors que 2 % considèrent posséder aussi bien l'anglais que le français comme langues maternelles, et 13 % se disent bilingues ou trilingues avec une langue autre que l'anglais ou le français comme langue première. Gloucester est une des villes de la région qui détient la plus grande concentration de francophones, avec celles de Vanier et de Cumberland. Cette présence marquée de foyers francophones explique l'existence de plusieurs écoles de langue française à Gloucester, dont l'école Les Pionniers que nous avons retenue pour les fins de cette étude. Le programme d'éducation qui y est dispensé est entièrement en français sauf, bien entendu, pour les classes d'anglais, langue seconde. L'environnement scolaire formel y est donc tout aussi français que celui que l'on retrouverait, par exemple, dans une école similaire à Chicoutimi au Québec.

La ville de Nepean[12] est également reconnue pour ses particularités linguistiques. En effet, 77 % de la population de cette municipalité se déclare anglophone, 6 % francophone, 1 % considère posséder aussi bien l'anglais que le français comme langues maternelles, et 16 % se dit bilingue ou trilingue avec une langue maternelle autre que le français ou l'anglais. Ce qu'il y a de caractéristique à Nepean, c'est que l'on y compte plusieurs écoles offrant un programme d'immersion française à l'intention des jeunes anglophones qui choisissent de s'y inscrire. C'est justement pour souligner les disparités linguistiques de ces deux environnements scolaires (écoles francophones et écoles anglophones avec immersion française) que nous avons retenu des groupes d'élèves de Gloucester et de Nepean. Afin de fournir une meilleure compréhension des programmes scolaires auxquels sont soumis nos deux groupes de participants, le tableau 3 illustre la répartition du temps d'enseignement accordé à chacune des deux langues.

Tableau 3
Temps d'enseignement en français par semaine

Année scolaire	École francophone	École anglophone avec immersion française
1ʳᵉ année	100 %	100 %
2ᵉ année	100 %	80 %
3ᵉ année	100 %	70 %
4ᵉ année	80 %	60 %
5ᵉ année	80 %	60 %
6ᵉ année	80 %	50 %
Particularités :	Toutes les matières sont enseignées en français, sauf le cours d'anglais, langue seconde.	Toutes les matières sont enseignées en français, sauf les cours d'anglais, langue maternelle, de mathématiques et de santé.

De toute évidence, le choix que posent les parents envers la langue de scolarisation de leur enfant témoigne de la valeur qu'ils accordent au caractère bilingue de la région.

Il importe à ce stade-ci d'apporter une précision qui en dit long sur la dualité linguistique des francophones hors Québec. Alors que d'aucuns reconnaissent les mérites du bilinguisme, le milieu ambiant fortement anglophone dans lequel vivent les jeunes francophones de Gloucester incite bon nombre de parents à inscrire leurs enfants à l'école française dans le but de leur assurer de solides assises dans la maîtrise du français. Bien qu'ils soient éduqués en français et qu'ils habitent pour la plupart dans des foyers où le français est la langue parlée, il n'en demeure pas moins qu'une partie importante des activités parascolaires de ces enfants se déroule en anglais. Il y a donc pour eux une cohabitation linguistique qui transcende largement le seul contexte scolaire. Car pour les jeunes francophones de Gloucester, l'école du quartier est davantage un havre francophone qu'un microcosme de leur réalité sociale qui, elle, nous l'avons vu, est majoritairement anglophone.

De leur côté, les jeunes anglophones de Nepean qui sont inscrits dans un programme d'immersion française vivent dans un contexte d'apprentissage d'une langue seconde qui, pour l'essentiel, se limite largement à la vie scolaire. Les environnements familiaux et parascolaires sont foncièrement anglophones et, bien que leurs parents soient conscients de la valeur ajoutée que constitue le français dans cette région, il n'en demeure pas moins que le français n'a que très peu d'incidence concrète dans la vie quotidienne de ces jeunes.

Méthodologie

Composition de l'échantillon et instruments de mesure

Les données que nous présentons ici ont été recueillies à l'aide de questionnaires auxquels des élèves de quatrième et de sixième année ont répondu en salle de classe. Les enfants ont dû préalablement obtenir l'autorisation écrite de leurs parents afin de participer à la recherche (voir le tableau 4). Le taux d'acceptation se situe à 72 % (93 élèves sur 130) pour les enfants fréquentant l'école francophone et à 59 % (93 élèves sur 157) pour les deux écoles anglophones offrant le programme d'immersion française.

Tableau 4
Taux de participation

Niveau	École de langue française	École anglaise d'immersion française
4ᵉ année	42 élèves	40 élèves
6ᵉ année	51 élèves	53 élèves
Total	93 élèves	93 élèves

Les questionnaires étaient composés de questions fermées et de quelques questions semi-ouvertes. On y retrouve des questions démographiques telles que l'âge, le sexe, le pays d'origine, le type de famille, la langue parlée à la maison, le groupe d'âge des parents, le nombre de frères et de sœurs et le revenu approximatif des familles. Une fois le questionnaire rempli, l'enfant était invité à apporter à ses parents une version modifiée du questionnaire. Ce dernier, fondamentalement similaire à celui des enfants, avait pour but de vérifier la perception qu'ont les parents des habitudes télévisuelles de leurs enfants. Le taux de retour du questionnaire parental s'établit à 88 % du côté des parents francophones et à 81 % chez les parents anglophones.

Résultats

Environnement médiatique et taux d'utilisation

S'il est vrai que l'enfant apprend par imitation, on peut alors penser que les choix des parents quant à l'usage qu'ils font des médias, de même que le choix de la langue dans laquelle ces médias sont utilisés deviennent alors d'importantes sources de modélisation pour le futur adulte[13]. L'abonnement à un quotidien et sa lecture régulière, l'achat de revues, l'écoute d'une station radiophonique, la possession et l'utilisation d'un ordinateur personnel, d'un magnétoscope ou d'une console de jeux vidéo, l'abonnement à la câblodistribution et la disponibilité d'une chaîne de télévision spécialisée en cinéma sont autant de variables qui, bien qu'à des degrés différents, influent sur la signification qu'auront ces différents supports médiatiques pour le jeune et, par voie de conséquence, sur l'utilisation subséquente qu'il en fera dans son environnement familial[14]. Dans les paragraphes qui suivent, nous présenterons les résultats d'un certain nombre de ces variables que nous avons tenté de mesurer auprès de notre échantillon.

Nous avons vu plus tôt (voir le tableau 2) que 87 % des familles interrogées déclarent posséder plus de deux téléviseurs. Cette multiplicité des postes de télévision dans un si grand nombre de foyers, on s'en doute bien, peut contribuer à une consommation plus importante d'émissions télévisées, puisqu'elle permet à chacun d'exprimer plus librement ses préférences en matière de contenus. Cette induction est d'ailleurs confirmée par les données du tableau 5. Il existe, en effet, une relation positive entre le nombre de téléviseurs présents dans un foyer et le pourcentage des enfants qui déclarent regarder plus de deux heures de télévision par jour en semaine. Ainsi, pour l'ensemble des enfants de notre échantillon, si un peu plus de quatre enfants sur dix (43 %) disent s'adonner à plus de deux heures de télévision par jour dans les foyers où l'on retrouve soit un, soit deux téléviseurs, la proportion passe à 75 % lorsqu'il y a au moins quatre postes à la maison. Notons que cette tendance est davantage accentuée du côté des jeunes anglophones, où 82 % des jeunes qui habitent dans un foyer équipé de quatre postes et plus consomment plus de deux heures de télévision par jour en semaine.

Selon nos observations, il semblerait que, plus la télévision est accessible, plus les jeunes s'adonnent à ce loisir. Cette observation est loin d'étonner, compte tenu de la force d'attraction naturelle dont bénéficie ce média.

Tableau 5
Nombre de téléviseurs et pourcentage d'utilisation en semaine
(plus de deux heures par jour)

	Nombre de téléviseurs			
	1 téléviseur	2 téléviseurs	3 téléviseurs	4 téléviseurs et plus
Francophones	42 %	47 %	57 %	68 %
Anglophones	45 %	40 %	58 %	82 %
Tous les enfants	43 %	43 %	58 %	75 %

Mais il n'y a pas que le nombre de téléviseurs dont il faut tenir compte lorsque l'on cherche à mieux comprendre les comportements des jeunes à l'égard de la télévision. L'abonnement au câble peut aussi être une source d'assiduité devant le téléviseur. Selon les enfants interrogés, 96 % des francophones et 93 % des anglophones habitent dans des foyers abonnés au câble. Cette situation en dit long sur le choix de chaînes qui s'offre aux jeunes téléspectateurs. Il est pertinent de noter qu'au moment où notre étude a été menée, les deux municipalités de notre échantillon étaient desservies par des câblodistributeurs différents et avaient donc un répertoire de stations qui varie quelque peu. À titre d'exemple, le câblodistributeur Rogers, qui dessert la ville de Gloucester, offrait à ses abonnés 37 chaînes, dont 11 en français[15]. Pour sa part, le câblodistributeur Maclean-Hunter qui desservait la ville de Nepean, offrait 30 chaînes, dont 8 en français[16]. Cette différence risque de s'estomper sous peu, car depuis décembre 1994, Rogers s'est porté acquéreur de la compagnie Maclean-Hunter.

On voit ici qu'au niveau de la langue de consommation de la télévision, les enfants de Gloucester ont accès à une palette plus diversifiée de chaînes de langue française. Bien que la différence de l'offre francophone entre les deux câblodistributeurs ne tienne qu'à trois chaînes, deux de celles-ci, soit MusiquePlus et la télévision communautaire, offrent des contenus qui sont susceptibles d'intéresser une proportion non négligeable de jeunes. Nous incluons la chaîne communautaire, car elle offre, en effet, aux jeunes francophones un certain nombre d'occasions de voir leurs amis à la télévision, que ce soit dans la retransmission de pièces de théâtre amateur, d'émissions d'information au sujet d'activités culturelles ou sportives du quartier, etc. L'absence de telles chaînes sur le territoire de Nepean n'est certes pas de nature à favoriser les émissions en français chez les jeunes anglophones. En dépit du fait que ces derniers vivent dans un espace largement anglicisé, leur compétence langagière fait en sorte qu'ils sont tout à fait aptes à syntoniser des chaînes françaises si, d'une part, on leur en fournit l'occasion et si, d'autre part, on leur présente des contenus qui parviennent à capter leur intérêt. Nous verrons plus loin ce que nos deux groupes linguistiques choisissent de regarder ainsi que leurs motivations derrière ces préférences.

La présence ou l'absence d'un magnétoscope au foyer peut aussi expliquer le taux d'utilisation de la télévision chez les enfants. Comme nous l'avons vu au tableau 1, 97 % des foyers anglophones et 81 % des foyers francophones possèdent un magnétoscope à la maison. Un taux de pénétration du magnétoscope de cette amplitude contribue fortement à favoriser la fréquentation de la télévision, en permettant l'enregistrement des émissions préférées lorsqu'on est occupé à autre chose. Cet outil périphérique à la télévision, désormais devenue monnaie courante, n'est certes pas étranger à la prédominance de l'écran cathodique dans l'ensemble des activités de loisir des jeunes.

Le fait d'avoir à la maison une console de jeux vidéo (88 % pour les francophones et 80 % pour les anglophones, voir le tableau 1) ou d'avoir accès à un ordinateur personnel (60 % des francophones et 79 % des anglophones) peut-il affecter le volume d'écoute des enfants interrogés? Selon Heppel[17], la présence d'une console de jeux vidéo au foyer devrait diminuer le temps passé devant le téléviseur. Pourtant, en analysant le tableau 6 ci-dessous, l'on assiste au phénomène inverse. Être devant l'écran d'un jeu vidéo semble contribuer à créer le réflexe de s'asseoir devant le téléviseur, et ce peu importe le type d'équipement disponible. En effet, même s'il est toujours délicat d'établir des relations de ce type, il n'en demeure pas moins que 55 % des enfants qui possèdent une console de jeux vidéo déclarent regarder plus de deux heures par jour de télévision, alors qu'ils ne sont que 47 % chez ceux qui ne possèdent pas cet appareil. Il semble donc que l'on soit ici en présence d'un phénomène qui contribue à l'accoutumance face à l'écran que nous jugeons pertinent de relever.

Tableau 6
Présence d'une console de jeux vidéo au foyer et pourcentage d'utilisation de la télé en semaine (plus de 2 heures par jour)

Groupe	Présence d'une console vidéo	Absence d'une console vidéo
Francophones	55 %	45 %
Anglophones	55 %	47 %

Par ailleurs, on serait porté à croire que la présence d'un ordinateur à la maison peut engendrer le même type d'effet d'accoutumance au petit écran que les jeux vidéo. En dépit du fait que l'ordinateur jouit généralement d'un préjugé nettement plus favorable que la console de jeux vidéo auprès des parents, sa présence au foyer suggère des résultats contradictoires parmi les deux groupes linguistiques de l'échantillon d'Ottawa. En effet, si cet « outil du savoir et de l'apprentissage » (tableau 7) demeure lui aussi favorablement corrélé à une plus grande consommation de télévision chez les francophones, c'est exactement l'inverse du côté des élèves anglophones. Cette différence peut être liée aux types de fonctions auxquelles on associe l'usage de l'ordinateur au sein des groupes visés ou encore à une tendance plus manifeste du côté des francophones à centraliser les activités de loisir et de divertissement à domicile. Il y aurait lieu ici d'étudier plus à fond les facteurs qui justifient la différence relevée.

Tableau 7
Présence d'un ordinateur au foyer et pourcentage
d'utilisation de la télévision en semaine (plus de 2 heures par jour)

Groupe	Présence d'un ordinateur	Absence d'un ordinateur
Francophones	58 %	44 %
Anglophones	51 %	60 %

Environnement linguistique et visionnement en famille

> As television drama presents a great deal of novel information to the child about social rules and behavior, the significance of such active interpretation, as shown by at least some of the children, is that it increases and changes their understanding of the world around them[18].

L'enfant de l'Outaouais ontarien bénéficie d'un large éventail de chaînes télévisées dans les deux langues officielles. Il peut ainsi choisir la langue de diffusion selon son degré de compréhension de l'autre langue ou selon ses préférences en termes d'émissions.

L'environnement socio-urbain de la région représente d'ailleurs très bien cette dichotomie. Ottawa-Carleton représente un microcosme de la politique du gouvernement du Canada en matière de bilinguisme et de biculturalisme officiels. Le jeune francophone de Gloucester et le jeune anglophone de Nepean sont tous les deux éduqués en français. Cependant, nous l'avons vu, ils baignent dans un environnement à forte prédominance anglophone. Chez les jeunes francophones, on note en majorité que la langue d'usage à la maison et à l'école est le français, mais que la langue dite « fonctionnelle » tend à être surtout l'anglais. Au Canada, ce phénomène est endémique dans les régions où les francophones sont en minorité, exacerbant du coup les incessantes tensions politiques entre les deux groupes linguistiques majoritaires du pays.

Les efforts de promotion et de protection du fait français au Canada sont souvent motivés par de profondes inquiétudes de ce que le français devienne la langue véhiculaire d'un imaginaire culturel différent. Un imaginaire différent, oui, mais certes pas étranger, car, pour le Franco-Canadien, une partie non négligeable de son identité culturelle s'est construite au fil d'une longue tradition de cohabitation avec les productions culturelles anglophones.

Pour des raisons de survie économique parfois et d'intégration sociale très souvent, les incitatifs à faire partie de la culture dominante ambiante et d'avoir ainsi le sentiment d'appartenir au grand groupe de citoyens canadiens sont généralement assez pressants[19]. De la Garde et Ross[20] avaient d'ailleurs soulevé l'impératif pour les francophones d'Amérique de participer à cette culture continentaliste en identifiant les moyens d'afficher dans leurs productions culturelles l'unicité de leurs traits identitaires. Il est, d'autre part, intéressant de constater que, bien que la différence soit marginale, ils sont autant de foyers francophones à être abonnés à une chaîne spécialisée de films en anglais (39 %) (tableau 8) qu'à la chaîne équivalente de langue française (37 %). Du côté des foyers de langue anglaise, si plus du tiers sont abonnés à la chaîne de cinéma anglaise (35 %), ils ne sont que 12 % à être abonnés à la chaîne française. De tels résultats témoignent de l'importance marquée qu'accordent les francophones de l'Outaouais ontarien aux produits culturels anglophones. Le bilinguisme officiel qui caractérise cette région semblerait favoriser une plus grande exposition des francophones à la culture anglaise que l'inverse. Si l'enfant maîtrise de manière égale l'anglais et le français, on peut comprendre qu'il aime mieux voir un film dans sa version originale. Cette situation se présente avec plus d'acuité encore dans une région comme Ottawa où l'on offre très peu de films francophones en salle ou au club vidéo[21]. Cela ne fait qu'amplifier l'extrême popularité des films anglo-américains. Culture continentaliste, dites-vous? Et comment!

Tableau 8
Langue de consommation des médias

	Langue de consommation	
	Francophones	Anglophones
Chaîne de films en français	37 %	12 %
Chaîne de films en anglais	39 %	35 %
Préfère lire en français	43 %	2 %
Préfère lire en anglais	57 %	98 %
Abonnement à un quotidien	81 %	91 %
Abonnement à un journal français	22 %	2 %
Abonnement à un journal anglais	59 %	89 %
Revue en français	26 %	1 %
Revue en anglais	25 %	60 %
Télé-horaire en français	13 %	1 %
Télé-horaire en anglais	39 %	71 %

Le choix de la langue du journal quotidien constitue un autre exemple probant de la perméabilité du français aux médias anglophones. En effet, en consultant le tableau 8, on est à même de constater que 91 % des familles anglophones et 81 % des familles francophones interrogées disent être abonnées à un quotidien. Une lecture plus détaillée confirme l'ampleur de la force d'attraction que constituent les imprimés de langue anglaise. Chez les francophones, l'abonnement à un journal du matin d'expression anglaise (59 %) est environ trois fois plus important que l'abonnement aux journaux de langue française (22 %). Du côté des foyers anglophones, le portrait est éloquent : 89 % des foyers reçoivent un quotidien de langue anglaise alors que seul un maigre 2 % optent pour un quotidien francophone. Il est vrai que la région d'Ottawa ne produit qu'un seul journal francophone (*Le Droit*) et quelques hebdos de langue française. Il est aussi vrai que les distributrices de journaux offrent au passant plus d'un quotidien de langue anglaise. Encore une fois, dans un milieu où l'anglais domine, le plus simple est de suivre la tendance dominante. On s'en doutera bien, la circulation au sein du foyer familial de journaux majoritairement anglophones ne se fait pas innocemment. Habitués qu'ils sont à fréquenter l'information écrite en anglais, plus de la moitié des jeunes francophones (57 %) déclarent préférer lire en anglais (tableau 8). Du côté des jeunes anglophones, le contexte scolaire d'immersion française dans lequel ils vivent chaque jour ne parvient pas à ébranler leur absolue préférence pour la lecture en anglais (98 %). Et comme s'ils voulaient s'assurer de ne rien rater à l'« autre télévision », les jeunes francophones sont trois fois plus nombreux à consulter un télé-horaire anglais (39 %) plutôt que français (13 %). Voilà donc certains éléments additionnels de l'environnement familial qui interagissent et orientent de manière bien concrète les pratiques de consommation télévisuelle pour ces jeunes scolarisés en langue française.

Par conséquent, la consommation télévisuelle semble, elle aussi, aller dans le sens des préférences médiatiques que nous venons de traiter. Quelques chiffres : 95 % des élèves francophones déclarent regarder la télévision en anglais. Corollaire prévisible, seulement 18 % des émissions choisies comme étant les favorites des francophones sont des émissions de langue française. L'émission favorite par excellence, tant chez les jeunes francophones que chez les anglophones, est la comédie *Saved by the Bell*. De leur côté, les élèves anglophones en immersion française ne sont que 27 % à regarder la télévision en français. Ce qui étonne à première vue chez ces derniers, c'est qu'aucune émission de télévision française n'apparaît au palmarès de leurs émissions préférées. C'est donc dire que le fait de fréquenter un milieu scolaire où l'essentiel des activités d'apprentissage se déroule en français ne parvient visiblement pas à motiver ces jeunes à poursuivre leur apprentissage du français en dehors du cadre scolaire. L'environnement familial est ici tout à fait en rupture avec celui de l'école dans lequel le jeune anglophone en immersion française est plongé.

En revanche, les francophones manifestent clairement à quel point ils se sentent en harmonie avec le contenu des émissions diffusées sur les chaînes anglaises. Des 177 émissions qu'ils ont inscrites à la mention « émission favorite », l'émission de langue française la plus souvent évoquée ne parvient qu'à obtenir sept mentions (*Watatatow*), les autres récoltant des taux encore plus faibles.

Tableau 9
Émissions favorites

	Émissions	
	Francophones	Anglophones
Saved by the Bell (Eng)*	n=50	n=40
Full House (Eng)	n=35	n=11
Prince of BelAir (Eng)	n=8	n=4
Watatatow (Fr)	n=7	
Home Improvement (Eng)		n=9
Star Trek (Eng)		n=14

* « Eng » signifie que l'émission est diffusée en anglais alors que « Fr » signifie qu'elle est diffusée en français.

La médiation parentale

Une question vient alors à l'esprit : Dans quelle mesure les parents peuvent-ils intervenir dans les choix télévisuels de leurs enfants ? Un premier élément de réponse peut venir de ce que nous appelons le « covisionnement familial ». La fréquence de visionnement en famille peut, en effet, être le signe d'un certain degré de conscientisation des parents face à leur rôle de médiateurs tout en indiquant des pistes de recherche prometteuses quant au fonctionnement de ce que l'on pourrait appeler le « rituel de cohésion familiale ».

Meunier[22] a abondamment fouillé le phénomène de médiation familiale et en conclut qu'il s'agit d'un concept essentiellement multidimensionnel. Parmi les aspects considérés pour définir la médiation, Meunier propose que l'on tienne compte des domaines suivants : a) l'organisation de l'espace familial (nombre de téléviseurs et leur emplacement dans la maison) ; b) l'environnement technologique, c'est-à-dire la possession et l'utilisation des diverses technologies présentes au foyer ; c) la dimension du pouvoir interprétée comme étant les règles de visionnement à la maison ; d) la dimension interprétative représentant les préférences de télévision de chacun ; e) la dimension de l'organisation du temps ; f) la dimension de l'environnement télévisuel présentant le téléviseur comme compagnon, bruit de fond, etc. Cet ensemble de considérations fait dire à Meunier que la médiation familiale est un processus dynamique qui rejoint également parents et enfants et qui non seulement est propre à l'histoire de chaque famille, mais reflète également l'évolution de ses membres.

On devrait alors se réjouir de constater que plus de huit enfants franco-phones sur dix (83 %) et 90 % des jeunes anglophones affirment regarder la télévision en compagnie de leurs parents (tableau 10). Du côté francophone, on doit reconnaître que la consommation d'émissions en groupe semble partagée entre les deux langues de diffusion. Notons, pour le français, la préférence pour les matchs sportifs, le cinéma et les téléséries à succès telles que *Blanche*, *Les Filles de Caleb* et *Scoop*. Du côté des émissions anglaises, ce sont surtout les séries à teneur humoristique qui remportent la palme, tout comme dans les foyers anglophones du reste. Il convient toutefois de préciser que nos résultats ne nous permettent pas d'indiquer avec quelle régularité se produisent ces séances de covisionnement. Il nous est toutefois permis de croire qu'elles se déroulent selon un schéma de régularité.

Tableau 10
Liste des émissions regardées avec les parents

	Émissions	
	Francophones	Anglophones
Full House (Eng)	n=10	n=5
Cinéma (Fr)	n=10	
Sports (Fr)	n=8	
Blanche (Fr)	n=4	
Saved by the Bell (Eng)	n=4	
Star Trek (Eng)		n=12
Home Improvement (Eng)		n=8
Roseanne (Eng)		n=5
The Simpsons (Eng)		n=7

Although television is an important source of values at school age, children often have difficulty integrating its components, which may lead to a distorted view, but the presence of parents or sibling can help[23].

Même si l'on sait que le covisionnement est inversement proportionnel à l'âge des enfants, comme le sont du reste bon nombre d'activités dites «familiales», il n'en demeure pas moins que la période charnière qui marque le passage de l'enfance à l'adolescence demeure encore une étape importante dans leur rapport à la langue et à la culture.

Dans le contexte actuel de la prolifération des chaînes de télévision et des supports technologiques qui les transmettent au domicile des usagers, la question de l'influence parentale sur les habitudes médiatiques des jeunes devient centrale. Dans un rapport intitulé *Un Québec fou de ses enfants*, soumis au ministère de la Santé et des Services sociaux du Québec, Bouchard[24] soulève l'importance capitale de cette dimension en y rapportant le triste constat qu'une majorité de parents, se sentant dépassés par le pouvoir qu'exerçait la télévision sur leurs enfants, avaient tout simplement abdiqué dans leur tentative de gérer l'activité télévisuelle de leurs enfants. Évolution dans l'engagement des parents ou sympathique camouflage de leur impuissance à contrer l'« ennemi », il y a lieu de s'interroger sur le fait que nos résultats indiquent que plus des trois quarts des parents interrogés estiment maîtriser leur environnement médiatique, soit assez bien (62 %), soit très bien (15 %)[25]. Le libellé de la question explicitait la notion de maîtrise par le degré avec lequel les parents choisissent ce qu'ils veulent véritablement regarder ainsi que par la capacité à encadrer leurs enfants dans leurs attitudes et leurs pratiques face à l'ensemble des médias (imprimé, radio, télévision, ordinateur, etc.).

Caughie[26] s'est aussi penché sur cette notion de contrôle parental qu'il définit comme étant le sentiment de satisfaction relative qu'expriment les parents face à la connaissance qu'ils ont de ce que leurs enfants regardent à la télévision. Dans l'étude de Caughie, la question était adressée aux enfants plutôt qu'aux parents, comme nous l'avons fait dans notre questionnaire. Un passage résume les grandes lignes des résultats obtenus par Caughie.

> *The vast majority (83,5%) felt that their parents rarely or never restricted their viewing, though, when asked to imagine that they themselves were parents, 44,1% felt that they would want to control their children's viewing. Again, the majority (97%) would only control viewing up to the age of 15[27].*

Cette polarité dans la perception de la notion de contrôle entre les enfants et les parents est à tout le moins frappante. Une telle contradiction laisse entendre que, de part et d'autre, l'on se conforte tout à fait dans son rôle tantôt de parent-éducateur-décideur-censeur, tantôt dans son rôle d'enfant-explorateur-consommateur-joueur. Le parent aime afficher publiquement sa gouverne alors que l'enfant revendique sa pleine autonomie. Comme les jeunes nous l'ont indiqué en discussion de groupe : « Si mes devoirs sont faits, il n'y a pas de problème à regarder la télévision. » Il serait intéressant de savoir combien ont développé l'habitude de faire leurs devoirs et leurs leçons braqués devant le téléviseur.

Le contrôle dont parlent les parents serait lié, au dire des enfants, à des facteurs circonstanciels tels que les travaux scolaires, les activités physiques à l'extérieur et les disputes entre les enfants lors des covisionnements. Il n'en demeure pas moins qu'à elles seules, les questions de contrôle et de médiation reliées au rôle des parents constituent des domaines d'investigation complexes qui méritent d'être fouillés davantage.

L'environnement scolaire et la télévision « éducative »

Le milieu scolaire peut exercer une influence non négligeable sur la façon dont le jeune utilise la télévision. L'exploitation en classe de certains contenus télévisuels peut être non seulement une activité utile au plan pédagogique, mais, en milieu d'immersion, elle peut également servir de moyen de promotion linguistique et culturelle que l'élève a le loisir de poursuivre subséquemment à la maison[28].

Television literacy is the coding and recoding of television's complex symbol systems. This practice can serve as the basis for assisting viewers with the more elaborate and more general processes that may confront them in the future. When tutored and coached in television literacy, children do get more out of television[29].

Nous avons donc demandé à nos jeunes répondants de nous indiquer dans quelle mesure ils croyaient que les émissions qu'ils regardent à la télévision sont utiles à leurs travaux scolaires. Les résultats à cette question indiquent que les anglophones (65 %) sont deux fois plus nombreux que les francophones (30 %) à reconnaître l'apport de la télévision dans la réalisation de tâches scolaires.

Un si fort décalage dans la perception de la fonctionnalité de la télévision entre les deux groupes linguistiques soulève des questions. Est-ce là un indice que le milieu scolaire anglophone suscite davantage l'intérêt pour les émissions éducatives? Peu probable. Ce qui paraît surtout retenir l'attention, c'est l'apparente disjonction dont semblent souffrir la télévision et l'école chez les élèves de langue française. Il semble, en effet, que pour les francophones, la télévision soit associée davantage à l'envie de se divertir qu'au besoin d'apprendre. De par la nature des émissions préférées, les jeunes francophones se tournent timidement vers la programmation française lorsque celle-ci offre des contenus où se fondent variété, humour et apprentissage. De plus, l'école aurait intérêt à encadrer davantage les pratiques télévisuelles des jeunes où des contenus éducatifs peuvent être exploités ; ainsi la télévision viendrait enrichir la formation générale de ces derniers plutôt que de se poser en rivale de l'enseignement traditionnel.

Il est certain que la taille de notre échantillon impose certaines réserves quant à l'applicabilité des résultats. Toutefois, on ne peut ignorer la possibilité que quelques enseignantes et enseignants œuvrant dans le secteur de l'immersion française puissent avoir un plus grand recours aux contenus télévisuels à des fins de complément à l'apprentissage de l'enfant que ne le feraient leurs collègues des écoles francophones. La plausibilité de cette hypothèse tient au fait que, pour ceux et celles qui travaillent à promouvoir le français auprès des jeunes anglophones, la télévision constitue un allié fidèle qui jouit d'un préjugé hautement favorable de la part des élèves. Les mérites de la télévision de langue française seraient liés davantage chez les anglophones au simple fait d'être exposés à la langue française, tandis que, pour les francophones, la télévision serait associée à une recherche plus systématique d'éléments liés à l'une ou l'autre des matières du programme scolaire. Devant des objectifs aussi peu compatibles, il est prévisible qu'un même média soit rattaché à des degrés de fonctionnalité qui diffèrent autant.

Conclusion

Dans un environnement social largement dominé par l'anglais, il n'est pas étonnant de constater que les milieux scolaire et familial de jeunes élèves du niveau primaire ne suffisent pas à endiguer la très forte attraction qu'exercent sur eux les contenus télévisuels de langue anglaise. Ce phénomène est particulièrement inquiétant pour la survie culturelle et linguistique des communautés francophones situées à l'extérieur du Québec et des bastions francophones du Nouveau-Brunswick[30]. L'essence de nos observations montre à quel point l'expérience que fait le jeune de la télévision est séparée tant de son apprentissage à l'école que de sa vie familiale.

Traditionnellement, la télévision a été surtout associée à une activité dite de divertissement. La nature de la programmation en soirée en témoigne largement. Toutefois, les récents développements technologiques qui ont marqué l'industrie de la télévision ces dernières années font en sorte que le jeune téléspectateur a aujourd'hui accès à une telle palette de contenus qu'il est regrettable que l'école n'exploite pas davantage les meilleures ressources qui y figurent. Il ne s'agit pas nécessairement d'utiliser la télévision comme une référence ou encore un supplément didactique, mais bien plutôt comme un fournisseur de documents communs sur lesquels l'enseignant invite la classe à réagir et à réfléchir. Au plan du développement des habiletés langagières, surtout pour les francophones en situation minoritaire de même que pour les jeunes anglophones ou allophones en contexte d'immersion française, la télévision peut servir d'agora médiatique où tous se retrouvent pour partager quelques moments de covisionnement, chacun à partir de son foyer.

Depuis 1989, la province de l'Ontario a inscrit à son programme d'études secondaires un volet d'éducation aux médias. L'objectif premier de ce programme consiste à sensibiliser l'élève à l'importance qu'occupent les médias dans l'épanouissement et l'identification d'une collectivité. Pour les élèves qui ont choisi de faire du français la langue première de leur éducation scolaire, les médias de langue française, et tout particulièrement la télévision, peuvent servir de véhicules privilégiés dans la promotion du fait français au Canada. Un passage tiré du document d'appui ontarien, *La compétence médiatique*, synthétise bien l'esprit derrière la volonté d'intégrer les médias francophones au programme d'étude des élèves :

> Sans toutefois véhiculer aveuglément tout ce qui se fait en français, on donne ici l'occasion à tous de se rendre compte que les ressources en français sont plus nombreuses qu'on ne le croit, qu'une large part de ce qui est diffusé en anglais l'est également en français — quoique souvent transformé — et que, grâce aux médias actuellement en place, il est possible d'être informés des événements qui se déroulent ailleurs dans la francophonie, tant ontarienne que pancanadienne.
>
> On invite donc les élèves à prendre conscience que la culture dont ils sont issus existe hors de la classe et de leur domicile ; qu'elle est partagée par plus du quart de la population canadienne et demeure bien vivante aux quatre

coins de l'Ontario ; et que, malgré les contraintes démographiques et géographiques et dans la mesure des moyens et des ressources dont elle dispose, il est clair que cette culture se manifeste et s'épanouit[31].

Le discours euphorique qui entoure aujourd'hui la mise en place des divers réseaux qui composeront l'autoroute canadienne de l'information ne vient qu'accentuer l'urgence non seulement de développer des contenus à l'intention des francophones du pays, mais également d'en favoriser la disponibilité et l'accessibilité pour l'ensemble des citoyens, peu importe l'endroit où ils habitent. L'étude que nous avons réalisée ne laisse aucun doute quant aux tendances de la génération montante à l'endroit de ses préférences télévisuelles.

À l'aube de la transmission directe par satellites, des disques audionumériques à mémoire morte (CD-ROM), de la vidéo-à-la-demande, des 500 chaînes de télévision, des jeux vidéo accessibles par la câblodistribution, des services de télé-enseignement, des services bancaires à domicile, etc., les francophones et les francophiles du Canada seront de plus en plus sollicités à trouver refuge dans leur foyer pour combler leurs besoins en divertissement, en communication et en information. Dans un tel contexte, le milieu scolaire peut jouer un rôle promotionnel et éducatif de premier plan en faisant en sorte que certaines activités d'apprentissage nécessitent l'utilisation de ressources médiatiques francophones à la maison. L'établissement de telles passerelles de collaboration entre les milieux scolaire et familial est non seulement susceptible d'être accueilli favorablement par des familles qui ont concrètement exprimé leur appui à la reconnaissance du fait français au Canada, mais pourrait également contribuer à valoriser l'expression et l'utilisation de cette langue dans les pratiques quotidiennes des jeunes. L'effet de renforcement, sinon d'entraînement, que peuvent provoquer les pairs à l'égard de la consommation de produits médiatiques francophones peut s'avérer être un élément déterminant dans l'espace qu'est appelée à occuper la francophonie sur l'autoroute de l'information mondiale. Il incombe donc aux parents et aux éducateurs de valoriser les productions en langue française aux yeux de leurs enfants et élèves si l'on souhaite voir ces contenus prospérer sur les voies francophones des inforoutes de demain. Car, en toute dernière analyse, il faut bien se rendre à l'évidence : ce ne sont pas tant les technologies qui rendent les usagers compétents, mais plutôt les usagers compétents qui rendent ces mêmes technologies utiles et formatrices.

BIBLIOGRAPHIE

Bachand, D., C. Dognon et D. Labrèche, « La télévision des jeunes Franco-Ontariens (étude exploratoire) », *Cultures du Canada français*, Centre de recherche en civilisation canadienne-française, Université d'Ottawa, n° 5, automne 1988, p. 147-154.

Bélanger, P. C. et R. Lafrance, « Culture francophone et médias canadiens : mise en perspective des usages », *Cahiers franco-canadiens de l'Ouest*, Collège universitaire de Saint-Boniface, Manitoba, vol. 6, n° 2, 1994.

———, « Stratégie de sensibilisation des enseignants au français des médias », *CONTACT*, revue canadienne destinée aux professeurs de français, Faculté d'éducation de l'Université Simon-Fraser, C.-B., vol. 8, n° 4, 1989, p. 11-15.

Bouchard, C., *Un Québec fou de ses enfants. Rapport du groupe de travail pour les jeunes*, Québec, Gouvernement du Québec, Ministère de la Santé et des Services sociaux, 1991.

Bryant, Jennings *et al.*, *TV and Cognitive Skills and Social Behavior*, New York, 1990, p. 227-251.

Buckingham, David, « Going Critical : The Limits of Media Literacy », *Australian Journal of Education*, Vol. 37, No. 2, 1993, p. 142-152.

———, « What Are Words Worth ? Interpreting Children's Talk About Television », *Cultural Studies*, 1991.

Caughie, John, « Television and Young People », Broadcasting Standard Council (UK), Working Paper VI, 1992.

De la Garde, R. et L. Ross, « Les médias et l'industrialisation de la culture », *Les Rapports culturels entre le Québec et les États-Unis*, Institut québécois de la recherche sur la culture, 1984.

Durocher, J. Y., « Un nouveau regard sur les médias francophones de l'Ouest », *Médias francophones hors Québec et identité*, Fernand Harvey (dir.), Montréal, Institut québécois de la recherche sur la culture, 1992, p. 297-307.

Fédération de la jeunesse canadienne-française, *L'Avenir devant nous : la jeunesse, le problème de l'assimilation et le développement des communautés canadiennes-françaises*, Rapport de la Commission nationale d'étude sur l'assimilation, Ottawa, FJCF, 1992, 161 p.

Gronelius, Elizabeth, *Les Moins de sept ans*, Paris, Centre Triades, 1982, 110 p.

Hendon, William et R.C. Hendon, « Barren My Wit ? The Impact of TV on Reading », *Poetics*, No. 20, 1992.

Heppel, Stephen, « Hog in the Limelight », *Computers TES*, June 1993.

Melamed, Lanie, « Sleuthing Media "Truths" : Becoming Media Literate », *The History and Social Science Teacher*, Vol. 24, No. 4, Summer 1989.

Ministère de l'Éducation de l'Ontario, *La compétence médiatique. Cycles intermédiaire et supérieur*, Imprimeur de la reine pour l'Ontario, 1989, 259 p.

Roberts, Donald, F. Henriksen et D.H. Voelkner, « Television and Schooling : Displacement and Distraction Hypotheses », *Australian Journal of Education*, 1993.

Sheppard, Anne, « Children, Television and Morality Study » II, Broadcasting Standard Council (UK), Working Paper V, 1992.

Van Evra, Judith, *Television and Child Development*, Mass Communication, CS Edition, chapitre 8, 1992, p. 150-158.

Vastel, Michel, « Bilingue, la capitale ? », *L'Actualité*, 1er avril 1994, p. 21, 25.

Wille, Martine *et al.*, *Télécole*, Fondation Roi Beaudoin, Belgique, 1993, 54 p.

NOTES

1. Pierre C. Bélanger est professeur au Département de communication de l'Université d'Ottawa et Stéphanie Dansereau est professeure au Département d'éducation de l'Université du Québec à Montréal. Cette étude a bénéficié de l'appui financier du Bureau du Québec à Toronto dans le cadre du Programme de soutien à la francophonie canadienne du Secrétariat aux affaires intergouvernementales canadiennes. Les auteurs tiennent à reconnaître l'excellente contribution de Marie-France Gaumont et d'Annie Hudon dans l'exécution de cette recherche.

2. Voir Stephen Heppel, « Hog in the Limelight », *Computers TES*, June 1993 ; John Caughie, « Television and Young People », Broadcasting Standard Council (UK), Working Paper VI, 1992 ; Anne Sheppard, « Children, Television and Morality Study » II, Broadcasting Standard Council (UK), Working Paper V, 1992 ; Jennings Bryant *et al.*, *TV and Cognitive Skills and Social Behavior*, New York, 1990, p. 227-251.

3. Elizabeth Gronelius, *Les Moins de sept ans*, Paris, Centre Triades, 1982, 110 p.

4. Jennings Bryant *et al., op. cit.*; Van Dyck cité dans Judith Van Evra, *Television and Child Development*, Mass Communication, CS Edition, chapitre 8, 1992, p. 150-158.

5. Mutz *et al.*, cité dans Donald Roberts, F. Henriksen et D.H. Voelkner, « Television and Schooling: Displacement and Distraction Hypotheses », *Australian Journal of Education*, 1993.

6. William Hendon et R.C. Hendon, « Barren My Wit? The Impact of TV on Reading », *Poetics*, No. 20, 1992.

7. Voir David Buckingham, « Going Critical: The Limits of Media Literacy », *Australian Journal of Education*, Vol. 37, No. 2, 1993, p. 142-152; et Stephen Heppel, « Hog in the Limelight », *Computers TES*, June 1993.

8. Martine Wille *et al.*, *Télécole*, Fondation Roi Beaudoin, Belgique, 1993, 54 p.

9. La région d'Ottawa-Carleton se situe au sud-est de la province de l'Ontario. Elle comprend, entre autres, 11 municipalités, dont Gloucester, Nepean, Ottawa et Kanata. En tout, elle compte 678 090 habitants (recensement de 1993).

10. Source: *Globe and Mail*, 11 avril 1994.

11. Source: Service de l'urbanisme et des biens immobiliers de la municipalité régionale d'Ottawa-Carleton, 1991.

12. *Ibid.*

13. Zucherman *et al.*, dans Judith Van Evra, *Television and Child Development*, Mass Communication, CS Edition, chapitre 8, 1992, p. 153; et Lull cité dans *ibid.*, p. 150.

14. Huston *et al.*, cité dans Jennings Bryant *et al.*, *TV and Cognitive Skills and Social Behavior*, New York, 1990, p. 228.

15. TQS, TVA(2), SRC, La Chaîne de TVOntario, TV5, Météo Média, Radio-Québec, Nouvelles gouvernementales francophones, MusiquePlus et Télé-communautaire.

16. TQS, TVA, SRC, La Chaîne de TVOntario, Nouvelles gouvernementales francophones, TV5, Radio-Québec et CBMT-MTL.

17. Stephen Heppel, « Hog in the Limelight », *Computers TES*, June 1993.

18. Anne Sheppard, « Children, Television and Morality Study » II, Broadcasting Standard Council (UK), Working Paper V, 1992, p. 33.

19. P.C. Bélanger et R. Lafrance, « Culture francophone et médias canadiens: mise en perspective des usages », *Cahiers franco-canadiens de l'Ouest*, Collège universitaire de Saint-Boniface, Manitoba, vol. 6, n° 2, 1994.

20. R. De la Garde et L. Ross, « Les médias et l'industrialisation de la culture », *Les Rapports culturels entre le Québec et les États-Unis*, Institut québécois de la recherche sur la culture, 1984.

21. Michel Vastel, « Bilingue, la capitale? », *L'Actualité*, 1er avril 1994, p. 21, 25.

22. Dominique Meunier, *La Médiation télévisuelle dans l'environnement du quotidien. Une étude exploratoire*, Université de Montréal, février 1991, 105 p.

23. Van Dyck, cité dans Judith Van Evra, *Television and Child Development*, Mass Communication, CS Edition, chapitre 8, 1992, p. 151.

24. C. Bouchard, *Un Québec fou de ses enfants. Rapport du groupe de travail pour les jeunes*, Québec, Gouvernement du Québec, Ministère de la Santé et des Services sociaux, 1991.

25. La différence entre parents francophones et anglophones est infime. Dans les deux cas, ils sont 15 % à se dire « très en contrôle », alors qu'ils sont 64 % chez les francophones et 61 % chez les anglophones à répondre « assez en contrôle ».

26. John Caughie, « Television and Young People », Broadcasting Standard Council (UK), Working Paper VI, 1992.

27. *Ibid.*, p. 25.

28. P.C. Bélanger et R. Lafrance, « Stratégie de sensibilisation des enseignants au français des médias », *CONTACT*, revue canadienne destinée aux professeurs de français, Faculté d'éducation de l'Université Simon-Fraser, C.-B., vol. 8, n° 4, 1989, p. 11-15.

29. William Hendon et R.C. Hendon, « Barren My Wit? The Impact of TV on Reading », *Poetics*, No. 20, 1992, p. 340.

30. Voir D. Bachand, C. Dognon et D. Labrèche, « La télévision des jeunes Franco-Ontariens (étude exploratoire) », *Cultures du Canada français*, Centre de recherche en civilisation canadienne-française, Université d'Ottawa, n° 5, automne 1988, p. 147-154; J.Y. Durocher, « Un nouveau regard sur les médias francophones de l'Ouest », *Médias francophones hors Québec et identité*, Fernand Harvey (dir.), Montréal, Institut québécois de la recherche sur la culture, 1992, p. 297-307; et Fédération de la jeunesse canadienne-française, *L'Avenir devant nous: la jeunesse, le problème de l'assimilation et le développement des communautés canadiennes-françaises*, Rapport de la Commission nationale d'étude sur l'assimilation, Ottawa, FJCF, 1992, 161 p.

31. Ministère de l'Éducation de l'Ontario, *La compétence médiatique. Cycles intermédiaire et supérieur*, Imprimeur de la reine pour l'Ontario, 1989, p. 8.

LEVER DE RIDEAU SUR LE THÉÂTRE FRANÇAIS AMATEUR À TORONTO

Pierre Fortier et Clermont Trudelle
Collège universitaire Glendon
Université York (Toronto)

> C'est [...] en partie dans les salles paroissiales de l'Ontario français que se développa le goût du théâtre, chez des spectateurs en mal de divertissement dont plusieurs goûtèrent, dans ces locaux de fortune, à leurs premiers plaisirs esthétiques.
>
> Mariel O'Neill-Karch,
> *Théâtre franco-ontarien. Espaces ludiques.*

Si l'histoire du théâtre français professionnel à Toronto commence en 1973 avec la troupe du Théâtre du P'tit Bonheur, devenu par la suite le Théâtre français de Toronto, il est évident que les années qui ont précédé la création de ce groupe ont joué un rôle déterminant. Comme dans la tradition théâtrale au Québec et en Ontario français, les nombreuses activités présentées dans les salles paroissiales ou dans les écoles de Toronto ont regroupé les gens, leur ont donné le goût du divertissement et ont créé un public sensibilisé aux plaisirs de la scène.

Contrairement aux critiques[1] qui négligent les soirées de salles paroissiales et les séances d'écoliers, nous faisons remonter les activités théâtrales françaises, qui se tiennent à Toronto au cours de la première moitié du XXe siècle, à la vogue des « théâtres de sociétés » ou « cercles d'amateurs » qui, malgré les condamnations répétées de Mgrs Bourget et Fabre, s'étend de Montréal jusqu'à l'unique paroisse française de Toronto, celle du Sacré-Cœur, fondée en 1887.

C'est du moins dans cet esprit, nous semble-t-il, qu'au début du XXe siècle, on organise, au sous-sol de l'église située à l'angle des rues King Est et Sackville, des soirées dramatiques et musicales en français, permettant à quelque 3 000 francophones de se rencontrer pour fraterniser, se divertir ou encore célébrer des événements marquants comme, en juin 1912, le 25e anniversaire de la fondation de la paroisse. Au programme[2], des chants interprétés soit par le chœur de la paroisse (*Ode à Saint-Jean-Baptiste* et *Catholique, Canadien toujours*), soit par une paroissienne (*La Tarentelle*) ; un solo de violon joué par Charles Rochereau de la Sablière ; des santés en l'honneur du pape et du roi ; et, pour que la mesure soit pleine, un discours tout à fait approprié sur la langue française, prononcé par l'invité d'honneur, le dominicain Antonio Marcolin Lamarche[3], ardent défenseur de la langue française au Québec et en Ontario.

Qu'une fête aussi « nationaliste » ait pu se tenir à Toronto ne pouvait que réchauffer le cœur des ultramontains qui, au Québec, défendaient, contre les visées impérialistes des Canadiens de langue anglaise, l'idéologie de conservation voulant que la sauvegarde de la langue française soit reliée à celle de la foi catholique. Aussi en fut-il question à Montréal. Dans son édition du 1er juillet, le journal *La Patrie* lui consacre, en effet, un article intitulé « La paroisse du Sacré-Cœur a célébré dignement son 25e anniversaire. Écho d'une belle fête patriotique ». Avant de rappeler les activités de la journée, le journaliste situe ses lecteurs en racontant, avec plus de souffle que de style, les débuts épiques de la paroisse du Sacré-Cœur : « Heureuse coïncidence qui devait présager le succès pour la nouvelle paroisse ; elle était fondée le jour de la fête nationale des Canadiens français » par l'abbé Philippe Lamarche, héros de légende dont les mérites lui assurent une place de choix dans l'histoire religieuse et civile du Canada. « Il fallait l'âme énergique d'un apôtre et le cœur d'un patriote, écrit le correspondant du journal, pour fonder, au milieu de la ville reine de l'Ontario, ce nouveau foyer où devait se rassembler toute cette population qui se trouvait alors disséminée dans tous les quartiers de la ville […]. »

Dix ans plus tard, le mercredi 28 juin 1922, à l'occasion du 35e anniversaire de la fondation de la paroisse, plus de 300 invités, trop nombreux pour la petite salle paroissiale, se rendent à l'hôtel Carls-Rite[4] où on leur sert un menu musical varié. Charles McKinnon et Lambert Dusseau chantent un duo de Gabriel Fauré (*Le Crucifix*) et Eugène Lefebvre, un solo de Luigi Bordese (*Jeanne d'Arc à Rouen*). Plus tard dans la soirée, on écoute un discours de Rodolphe Archambault sur « L'Économie, force nationale », une allocution de circonstance intitulée « Un idéal réalisé », prononcée par Lambert Dusseau, et une pièce interprétée au piano par une dame Laberge, *Rhapsodie canadienne* de Poirier[5]. C'est un programme on ne peut plus « nationaliste » par la place qu'il fait aux sentiments religieux, d'abord, puis patriotiques. L'œuvre de Poirier sera reprise quelques mois plus tard et, quoique patriotique, traversera sans difficulté les frontières américaines[6].

Au calendrier de ces fêtes, qui rappellent quelque peu les veillées d'autrefois, il n'y a toujours pas de pièces de théâtre jouées sur une scène. Les choses changeront à partir du moment où l'on quittera la première église de la rue King, pour s'établir définitivement à l'angle des rues Sherbourne et Carlton, en 1937.

C'est dans la salle paroissiale de la nouvelle église du Sacré-Cœur, où les gens se retrouvent le dimanche pour fraterniser et causer, que des acteurs improvisés, les « Amateurs de la paroisse », organisent, pour marquer l'ouverture de l'église, une soirée dramatique et musicale, le vendredi 23 avril 1937. Le programme souvenir[7] nous apprend qu'à part les hymnes

O Canada et *Dieu protège le Roi*, cinq numéros ont égayé la soirée : deux petits actes à succès (*Le Numéro gagnant* de A. Puel et *Le Docteur Oscar* d'Antony Mars) ; de Gaston Arman de Caillavet et Robert de Flers, le poème *La Vieille Maison grise*, mis en musique par André Messager[8] et interprété par Jacques Leduc ; et deux courts monologues, dont *Le Député de Blackenpoil*, composé et lu par Gérard Godin qui, jeune étudiant à Trois-Rivières, l'avait écrit pour une séance tenue au collège qu'il fréquentait.

Toujours d'actualité, cette satire amusante met en scène un politicien qui tente de se faire réélire député dans le comté de Blackenpoil[9]. Belle occasion pour l'auteur-interprète de servir au public indulgent venu l'écouter un texte hautement humoristique où défilent « Papineau et les zéros de 37 et de 38 [...], les députés ti-Gus la Bredouille et Picotte Brinbale », grâce auxquels « le pays s'en va tout drette à la ruine ». Le député de Blackenpoil se propose pour le sauver. S'il est réélu, promet-il, « les vaches vêleront deux fois par année, ce sera l'âge d'or des Simoniens, de la graine de lin et du tabac canayen ». Il fera, poursuit-il, « construire des canaux afin d'élever les baleines pour avoir les parapluies et les corsets à meilleur marché. Ainsi le commerce devenant de plus en plus hardi, poussera vers nos ports la flotte pacifique de ses navires géants[10]. » L'orateur, à bout de promesses, s'arrête abruptement (« Amen... Amen... dames et sieurs ») et, pour mettre fin à un discours sans queue ni tête, s'excuse d'avoir parlé si longtemps, jamais assez cependant pour perdre l'auditoire de la salle paroissiale. Bien au contraire, les gens prenant goût à ces soirées d'amateurs, qui favorisent l'éclosion de nouveaux talents, on courra au-devant des occasions pour les multiplier. « Cette année, comme l'année dernière, écrit dans *Le Travailleur* (Worcester, Massachusetts) un correspondant de la capitale ontarienne, les jeunes gens ont voulu organiser une séance dramatique. Elle eut lieu le 31 mars et fut couronnée d'un vrai succès. Il y avait au programme deux comédies, un drame, récitation, chant et discours. » L'auteur de cette lettre, datée du 7 avril 1938, ne donne ni le titre des comédies ni celui du drame, mais il mentionne que Robert Gauthier a prononcé un discours sur la situation de l'enseignement français en Ontario qui, deux ans plus tard, devait sensiblement s'améliorer, puisqu'en septembre 1940, après plusieurs années de longs pourparlers et de luttes constantes dans une école délabrée « aux murs noircis et aux tableaux troués » qui « parle d'un passé déjà lointain[11] », l'école du Sacré-Cœur inaugure, sous la direction de Berthe Castonguay, la première classe bilingue.

> En juin 1940, précise Robert Gauthier, alors directeur de l'enseignement français en Ontario, Mlle Berthe Castonguay est engagée par la commission scolaire, pour fonder la première classe véritablement bilingue à Toronto. [...] Je n'oublierai jamais ma première visite [...] dans la classe de Mlle Castonguay. C'était dans l'annexe de la « French School », dans le « portable », comme on l'appelait alors, tout à côté d'une cour à charbon, que la première classe française de Toronto était logée[12].

C'est cette victoire modeste qui fera dire à Robert Gauthier : « 1940, année de contradictions. Au moment même où c'est la défaite, la capitulation en

France, c'est la victoire de l'enseignement français à Toronto[13]. » Tout n'est pas gagné, mais on se sent sur la bonne voie.

À la même époque, celle de la Seconde Guerre mondiale, le site de l'Exposition nationale à Toronto devient un véritable camp militaire où séjournent, dans des « baraques où on expose les animaux[14] », des milliers de recrues avant d'être expédiées au front. Parmi elles, les soldats et les aviateurs de langue française[15] découvrent aussitôt la salle paroissiale du Sacré-Cœur où se multiplient les spectacles en français, comme celui dont il est question dans un article du *Droit* (Ottawa) intitulé « Une séance pour "Le Droit" à Toronto », daté du mardi 9 juin 1942 :

> Plus de 400 personnes ont assisté, dimanche soir [le 7 juin], à la représentation d'un drame social en trois actes, *L'Abonneux*[16], monté par un groupe de Canadiens français de Toronto, sous la direction de J. Aimé Perry, représentant du « Droit » à Toronto et joué devant une assemblée présidée par l'abbé Édouard Lamarche, curé de la paroisse du Sacré-Cœur de Toronto. Aux côtés de M. le curé Lamarche se trouvaient les officiers d'aviation Montembeau et Gingras, actuellement instructeurs et professeurs d'anglais pour les aviateurs de langue française de Toronto [...] et près d'une centaine d'aviateurs canadiens-français stationnés actuellement au Manning Pool de Toronto.

Comme on peut voir, bon nombre de militaires, se sentant aliénés par leur entraînement qui se fait en anglais[17], assistent aux soirées théâtrales de la salle paroissiale du Sacré-Cœur[18] qu'animent des interprètes, dont certains manifestent, selon le journaliste du *Droit* « presque de l'expertise[19] ». Songeait-il aux « beaux talents » d'Yvette Godin qui avait chanté *La Berceuse*, tirée de l'opéra *Jocelyn* de Benjamin Godard, ou à ceux de Roméo Reinhardt qui avait joué au violon le célèbre *Rosaire* du compositeur américain Ethelbert Woodbridge Nevin ?

Le succès des uns donne du courage aux autres. Un groupe de paroissiens[20] fonde, au printemps de la même année, une association patriotique, « La Survivance canadienne-française de Toronto ». Son mandat est de maintenir et de faire progresser la langue française, de promouvoir le bien-être des Canadiens français et d'encourager leurs activités sociales et artistiques, en donnant un nouvel essor à la vie culturelle de la communauté et particulièrement au théâtre et à la création de spectacles[21]. Leur première assemblée publique, lors de laquelle Robert Gauthier et le sénateur Gustave Lacasse prennent la parole[22], a lieu au Rosary Hall, le mardi 2 juin.

En cette année 1942, la ville de Montréal a 300 ans. Les organisateurs des célébrations du tricentenaire soulignent avec éclat la fête de certains héros de la Nouvelle-France, dont celui de la jeunesse canadienne-française, Adam Dollard Des Ormeaux. Le 24 mai, « une foule immense, écrit-on dans *Le Devoir* du 25 mai, envahit le Parc Lafontaine pour écouter la voix de la jeunesse au monument de Dollard ». Celui-ci avait été érigé en 1920[23] par un groupe d'hommes d'affaires montréalais qui, avec l'aide de l'Association catholique de la jeunesse canadienne-française (ACJC)[24], avait réuni les 20 000 $ nécessaires.

L'écho de cette fête patriotique se fait entendre à Toronto où une soixantaine de jeunes, âgés de 20 à 30 ans, venus de diverses régions de l'Ontario et du Québec y étudier ou travailler, donnent à leur cercle d'étude, animé par le vicaire Philippe Bouvier, le nom de «Dollard des Ormeaux». Ils répondent ainsi à l'invitation de la Société Saint-Jean-Baptiste de Montréal, qui avait publié, dans *Le Devoir* du 2 mai 1942, le communiqué suivant:

> Organisez dans vos écoles ou au sein des groupements que vous dirigez une manifestation à Dollard avec ralliement, chants, récitations, lecture du fait du Long-Sault et surtout le port de la rose de Dollard emblème de ralliement. Placez bien en vue dans vos locaux respectifs et dans chaque classe de vos écoles françaises de toute l'Amérique, l'affiche vous invitant à fêter ce valeureux soldat.

On le fête en vendant «sur le perron de l'église du Sacré-Cœur de Toronto[25]» la rose de Dollard, symbole d'appartenance à la race canadienne-française.

Une vingtaine de membres du Club Dollard des Ormeaux forment un cercle littéraire, «L'Aiglon[26]», nom que justifie Claire Lachapelle, membre du cercle:

> Comme l'*Aiglon* de Rostand, le Canadien français de Toronto doit vivre dans un milieu étranger, hostile à l'occasion, apprendre sa langue et son histoire tant bien que mal, à force de courage et de persévérance; il doit enfin souffrir des attaques incessantes contre sa foi et sa nationalité. Mais, plus heureux que le fils de Napoléon, il est de constitution robuste, il a dans sa poitrine le souffle puissant qui anime toute l'épopée canadienne[27].

C'est ce souffle qu'entretient le cercle «L'Aiglon», comme le raconte Marie-Anne Caron: «Quand je suis venue ici de Windsor, je travaillais pour le ministère de l'Éducation: je corrigeais les travaux des cours par correspondance[28]. [...] C'était monotone; [...] il y avait quelque chose qui me manquait. Alors je me suis lancée dans beaucoup d'activités sociales, j'ai fait partie de ce cercle[29].»

Parmi les documents de l'époque, conservés au Centre de recherche en civilisation canadienne-française de l'Université d'Ottawa, on a retrouvé le programme d'une soirée dramatique et musicale présentée à la salle paroissiale de l'église du Sacré-Cœur le 2 avril 1943. Trois pièces y figurent: une courte saynète-bouffe de Ed. Morello mise en musique par J. L. Battmann, *Les Irréconciliables*; une fantaisie d'Eugène Labiche, *La Lettre chargée*; et *Les Réalités invisibles*, pièce en un acte d'Henriette Charasson.

Hélène Lacasse, comme Marie-Anne Caron, était venue de Windsor au début des années 40 pour travailler au ministère de l'Éducation; c'est elle qui suggère la pièce *Les Irréconciliables* aux membres du Cercle: «J'avais joué cela à 20 ans, dit-elle, dans ma paroisse. On m'avait donné le texte; je l'ai toujours conservé. Un bon jour, à Toronto, on l'a refait[30].» Marie-Anne Caron et Hélène Lacasse interprètent les deux voisines irréconciliables, l'une lingère et l'autre fruitière.

La pièce *Les Réalités invisibles* d'Henriette Charasson (prix Paul-Hervieu de l'Académie française, 1933), a été créée à Paris par la Compagnie des Jongleurs, aux Journées d'art sacré de 1934[31]. Le drame met en scène le personnage de Thérèse Berteaux, 20 ans, et celui de Noël Rambert qui a deux fois son âge. En apprenant que le père de Thérèse est sur le point de faire faillite, Noël, athée, riche et puissant, s'offre à le sauver si Thérèse consent à l'épouser. « Vous ne pouvez pas tout, lui répond-elle, vous ne pouvez pas m'acheter, vous ne pouvez pas acheter mon âme », une âme entièrement consacrée à Dieu puisqu'elle se prépare à entrer chez les Carmélites, malgré les prières intéressées de Noël qui lui promet de se convertir à la religion catholique pour l'éloigner des « réalités invisibles » qu'elle convoite plus que les richesses de ce monde. Cette attitude le dépasse : « Je vous parle de la réalité moi, à quoi me sert votre sentiment qui n'est plus de la terre, l'âme, Dieu, qu'est-ce que ça veut dire ? Pourquoi gaspiller votre vie pour ce Voleur du ciel[32]. » Le dilemme se résout de façon édifiante alors que l'héroïne transfigurée entre chez les Carmélites, geste que le metteur en scène Victor de Grandpré accompagne de feux de Bengale (ce qu'on imagine mal dans une salle paroissiale aux moyens techniques limités).

L'automne suivant, le professeur Émile Dubois, nouvellement embauché au Upper Canada College, demande au curé Lamarche s'il peut « donner un coup de main à la chorale ». On lui en confie la direction. Enchanté par la qualité des voix qu'il découvre, il se rend chez le marchand de musique Archambault à Montréal, cherche une opérette pas trop difficile pour des amateurs qui chantent bien, mais qui ne savent pas tous lire la musique, et découvre *L'Omelette à la Follembuche*, « une opérette un peu folichonne, à la musique enlevante[33] », celle de Léo Delibes qui accompagne le texte d'Eugène Labiche.

La préparation de ce spectacle, que le cercle « Les Gaîtés lyriques » — qui compte certains membres du cercle « L'Aiglon » — offrira le 30 avril 1944, avec deux sketches (*La Femme* et *Mon oncle Joseph*), impose un travail de longue haleine et demande plusieurs heures de répétition à ces « jeunes acteurs du dimanche », comme se plaît à les nommer le directeur.

> J'enseignais au Upper Canada College, raconte Émile Dubois. Il y avait un gymnase désaffecté avec une scène. Là, on faisait les répétitions. Quand on était prêt, le curé l'annonçait dans l'église. C'était que pour une soirée. Les gens répondaient à pleine salle. Au centre ville, autour de la rue Jarvis, il y avait beaucoup de Canadiens français[34].

Le groupe « Les Gaîtés lyriques », avec ses costumes de Malabar[35], sort du cadre de la salle paroissiale et rayonne dans la région, à Hamilton d'abord puis, plus tard, à St. Catharines, mais on ne peut pas encore parler de grande tournée.

Cela viendra en 1956, alors que le Petit Théâtre, nouvellement formé[36], se rend à Oshawa, Hamilton, Welland, St. Catharines, Port Colborne, Lafontaine et Windsor. Berthe Brunet, dans un article intitulé « Création d'une troupe théâtrale canadienne-française à Toronto», fait un bref historique de la troupe et parle de ses ambitions :

> Le Petit Théâtre de Toronto fut fondé par les jeunes gens qui le composent, peut-on lire dans le journal *Le Droit* du samedi 3 novembre 1956, dans le but de donner à la population canadienne-française de Toronto et même de la province, l'occasion d'assister à des spectacles en français. Il a devant lui un avenir des plus prometteurs à en juger par l'enthousiasme qui a accueilli sa première présentation.

On peut suivre le cheminement de la troupe dans *Le Bulletin*, sous la rubrique «Écho du Petit Théâtre de Toronto», jusqu'au 15 avril 1957, date de la parution de son dernier numéro précédant de peu la dissolution de la troupe, qui ne peut pas concurrencer la télévision et le cinéma français[37].

Les jeunes ne sont pas les seuls à faire du théâtre. En 1979, un groupe de personnes du troisième âge fonde Les Papillons de velours, une troupe de théâtre de création collective. Ce groupe, qui joue annuellement des pièces à la paroisse Sacré-Cœur, est né du besoin éprouvé par les aînés de se retrouver ensemble et de s'exprimer. En avril 1981, le groupe présentait au sous-sol de l'église une pièce, *Le Manoir du troisième souffle*, qui sera reprise au VIIIe Festival du théâtre franco-ontarien, à Ottawa, en juillet de la même année. L'année suivante, stimulés par leur succès à Ottawa, ils présentent une autre création collective : une série de tableaux regroupés sous le titre *Autant en emporte la vie*. Le soir de la première, le 5 février 1982, une équipe de l'Office national du film (Paul Lapointe, Raymond Gauthier et Jean-Marc Felio) filme des extraits de la pièce et les témoignages des acteurs qu'ils regroupent ensuite dans le court métrage *L'Âge des pigeons*. Le dimanche 3 mars 1985, Les Papillons de velours présentent à la salle paroissiale, dans une mise en scène de Louise Nolan, la création collective *Les Troubles de grand-maman*. Depuis, la troupe a mis fin à ses représentations. Elle aura cependant contribué par ses activités à enrichir le théâtre d'amateurs.

Bien avant les années 80, il existe un autre foyer de théâtre amateur français dans la paroisse. Depuis l'ouverture de l'école du Sacré-Cœur, en 1948, les religieuses et les enseignants laïques montent des pastorales[38], des séances à l'occasion de la visite de dignitaires ou des spectacles pour célébrer les grandes fêtes du calendrier liturgique et les anniversaires de toute sorte. «Nous aimions nous produire en public, dit Mariel O'Neill, ancienne étudiante de l'école, et toutes les occasions nous semblaient bonnes[39].»

Les étudiants de français de l'Université de Toronto[40] ont été, eux aussi, encouragés par leurs professeurs à se produire en public, et ce dès 1904, quand les étudiants du Victoria College ont joué *Les Deux Timides* de Labiche et Marc-Michel. Depuis, plus de 120 pièces ont été montées en français, le plus souvent au théâtre Hart House[41].

Le théâtre Hart House, qui offre toutes les commodités d'une scène bien équipée[42], sera également le foyer par excellence des Tréteaux de Paris, groupe théâtral formé par Jeanne Bryan, Xavier Mesrobian et Michel

Sanouillet de l'Alliance française[43], qui, de 1953 à 1974, y joueront annuellement une ou deux pièces du répertoire français[44].

En 1967, un autre rideau se lève. Pour commémorer le centenaire de la Confédération canadienne, un groupe de la Fédération des femmes canadiennes-
françaises de Toronto forme un projet de théâtre. De cette initiative naît le
Théâtre du P'tit Bonheur[45]. Formée d'amateurs au départ, la troupe devient,
en 1973, la première troupe de théâtre professionnelle de langue française à
Toronto. À l'occasion de son 20ᵉ anniversaire, en 1987, le conseil d'administration, voulant tenir compte de la réalité nouvelle du milieu, celui d'une
métropole multiculturelle réclamant un théâtre approprié[46], adopte un nouveau nom, le Théâtre français de Toronto. La troupe est complètement indépendante de la Fédération des femmes canadiennes-françaises, de la paroisse
du Sacré-Cœur, de l'Alliance française et de l'Université de Toronto, avec lesquels elle garde toutefois d'excellents rapports, puisque le noyau du public
diversifié qu'elle attire demeure essentiellement celui qui aurait fréquenté les
soirées de salles paroissiales ou les séances de collège du début du siècle.

Ces notes de recherche résument les premières années de l'histoire du
théâtre français amateur à Toronto. Ce n'est qu'au début des années 40 que
l'on trouve le nom de troupes de théâtre et le répertoire varié des spectacles
qu'elles ont montés. Entre 1945 et 1957, d'autres troupes, dont le Petit Théâtre
de 1956, jouent des pièces qui attirent un public de salles paroissiales de plus
en plus averti. Le théâtre français n'est plus désormais du ressort de la
paroisse. Le groupe théâtral Les Tréteaux de Paris jouent, à la salle Hart
House de l'Université de Toronto, des pièces françaises qui répondent aux
besoins d'une francophonie nouvelle. À Toronto, le théâtre de langue française se porte toujours bien et il continue à faire « le p'tit bonheur » des gens.

NOTES

1.   À titre d'exemple, nous ren-
voyons le lecteur à l'article de
Mariel O'Neill-Karch et Pierre
Paul Karch, « Le théâtre québécois
à Toronto » (*Revue d'histoire littéraire du Québec et du Canada français*, nᵒ 5 : *Le théâtre*, Éditions de
l'Université d'Ottawa, hiver-prin-
temps 1983, p. 99-105), qui ne
tient compte que du théâtre québécois joué à Toronto, depuis
1951, « année au cours de laquelle
Gratien Gélinas a lui-même présenté son *Tit-Coq* au public toron-
tois » (p. 99).
2.   Le programme de cette soirée, le premier que nous ayons

trouvé, est reproduit dans une
brochure publiée par la paroisse
en 1933.
3.   Le père Lamarche est l'auteur du livre *Notre vie canadienne*,
publié aux Éditions Ménard à
Montréal en 1929, dans lequel on
trouve un texte sur la vie française à Toronto, au chapitre « Figures
d'apôtres », p. 107-114.
4.   L'hôtel Carls-Rite était situé
aux 174-180 de la rue Front Ouest.
5.   *Rhapsodie d'airs canadiens*
(1922) pour piano est l'œuvre du
compositeur acadien de l'Île-du-
Prince-Édouard, Benoît Poirier,

qui, pendant plus de 30 ans, de
1921 à 1954, fut le titulaire des
orgues de l'église Notre-Dame de
Montréal. Il a laissé plusieurs compositions pour orgue et quelques-
unes pour piano.

6.   Une version pour harmonie
de *Rhapsodie d'airs canadiens*, signée Joseph Vézina, fut exécutée
au parc Dominion à Montréal, les
24, 25 et 30 juillet 1922, par la célèbre fanfare de John Philip Sousa,
et reprise le 31 juillet au Dey's
Arena à Ottawa, puis à la mi-août
à Philadelphie (Paul Surette, *Benoît Poirier : la vie d'un musicien aca-*

dien 1882 à 1965, Tignish (Î.-P.-É.), La Société culturelle Ti-Pa, 1982, p. 42-46).

7. Clermont Trudelle et Pierre Fortier, *Toronto se raconte: la Paroisse du Sacré-Cœur*, Toronto, Société d'histoire de Toronto, 1987, p. 54.

8. L'abbé Charles-Émile Gadbois, *La Bonne Chanson*, tome V, 1941-1942, p. 205.

9. « Blackenpoil » vient du nom de la Black Horse Ale, bière produite par la Brasserie Dawes à Montréal. (Voir Nicole Dorion, *La Brasserie Boswell: un essai d'ethnologie industrielle*, Québec, Hors série n° 3, mai 1989, p. 7-11.)

10. Texte inédit, conservé aux Archives de la Société d'histoire de Toronto.

11. Extrait tiré des chroniques de sœur Edna Poirier, directrice de l'école du Sacré-Cœur, daté du samedi 4 septembre 1943.

12. Extrait de l'allocution prononcée par Robert Gauthier à l'école du Sacré-Cœur de Toronto, le 9 novembre 1952, à l'occasion de la remise de décorations par la Société du Bon Parler français, p. 2.

13. *Ibid.*

14. Ce renseignement nous a été donné par Hélène Lacasse, lors d'une entrevue réalisée en mai 1986. (Voir Trudelle et Fortier, *Toronto se raconte*, p. 66.)

15. Il nous est impossible de savoir le nombre, même approximatif, de militaires canadiens-français postés à Toronto pendant la Seconde Guerre mondiale. Les dossiers des militaires ne sont pas accessibles aux chercheurs en raison de la législation fédérale sur la protection de la vie privée.

16. Cette tragi-comédie en trois actes de Laurent Tremblay (connu aussi sous le pseudonyme de Cyprien), publiée, en 1935, par l'Association catholique des voyageurs de commerce de Trois-Rivières (voir Édouard G. Rinfret, *Le Théâtre canadien d'expression française*, t. 3, Montréal, Leméac, 1977, p. 299), aborde le problème moral du « bon journal ». Elle a été jouée plusieurs fois au Québec, particulièrement dans la région de Trois-Rivières, au cours des années 30 (*La Vie nicolétaine*, vol. IV, n° 6, juin 1936 et n° 8, octobre 1936) et fut reprise, en 1953, à l'occasion du 150° anniversaire

de la fondation du Séminaire de Nicolet (voir l'album souvenir du 150° anniversaire de la fondation du Séminaire de Nicolet 1803-1953). Si on a mis *L'Abonneux* au programme de la soirée de juin 1942, c'était peut-être parce que certains acteurs venaient de la région de Nicolet où ils auraient pu en avoir entendu parler; mais c'était plus certainement pour pousser les spectateurs à s'abonner au journal *Le Droit* (*Le Droit*, 9 juin 1942, p. 2). Celui-ci comblait un vide, puisqu'il n'y aurait pas de journal de langue française à Toronto avant la parution de *L'Alliance*, en novembre 1954.

17. Pour une description des cours et des stages de formation, on peut consulter le chapitre 7 du livre de F.J. Hatch, *Le Canada, aérodrome de la démocratie: le plan d'entraînement aérien du Commonwealth britannique, 1939-1945*, Ottawa, 1983, et le livre de W.A.B. Douglas, *The Creation of a National Air Force*, Toronto, 1986.

18. Rosary Hall, pension pour jeunes filles seules située au 264 de la rue Bloor, était, à cette époque, un autre foyer de théâtre (*Le Droit*, 6 juin 1942, p. 18).

19. *Le Droit*, 9 juin 1942, p. 2.

20. Le président du premier conseil de mai 1942 pour la Survivance canadienne-française est Jacques Leduc; le vice-président, Édouard Blanchard; le secrétaire, Charles Sauriol; le trésorier, le soldat René Smith, du Corps médical de l'armée canadienne; et les quatre conseillers: Charles-Lucien Germain, Auguste Lemire, Louis Martin et Émile Fournier (*Le Droit*, 6 juin 1942, p. 18).

21. Claire Lachapelle écrit : « Survivance, voilà un mot qui s'accole bien à notre nom. Les fondateurs de la Survivance canadienne-française s'en sont souvenus. Cette association indépendante organise, pour divertir nos gens, des soirées publiques où l'on joue des pièces, où l'on chante, enfin où l'on s'amuse à qui mieux mieux, à la canadienne » (*Les Carnets viatoriens*, avril 1943, p. 88). Ce texte a été lu, le 2 février 1947, par Yvette Lachapelle-Godin devant les membres de la Société historique du Nouvel-Ontario, qui le publie la même année dans sa série « Documents historiques », n° 13, Sudbury, La Société historique du Nouvel-Ontario, 1947, p. 44.

22. Extraits des discours de Robert Gauthier et du sénateur Gustave Lacasse lors de la première assemblée publique de la Survivance canadienne-française, tenue le 2 juin 1942, à Toronto (*Le Droit*, 6 juin 1942, p. 18).

23. Clermont Trudelle et Pierre Fortier, « Reviens, Dollard des Ormeaux, héros de la jeunesse », *L'Express de Toronto*, 8-14 mai 1990, p. 3.

24. Ce mouvement d'éducation sociale et d'action nationale est créé à Montréal, en 1904. Il réunit des jeunes catholiques francophones de tout le pays (voir l'article sur l'Association catholique de la jeunesse canadienne-française dans *Le Dictionnaire de l'Amérique française*, Ottawa, Les Presses de l'Université d'Ottawa, 1988, p. 29 ; voir aussi l'article de Charles Letellier de St-Just, « L'Association de la jeunesse canadienne-française », dans *Vie française*, mars 1953, qui donne de précieux renseignements sur cette association). En 1917, on trouve à la paroisse du Sacré-Cœur l'existence d'un tel mouvement, qui ne semble plus exister au début des années 40 (voir la lettre de Rodrigue Lussier à Mgr A.X. Bernard, évêque de Saint-Hyacinthe, datée du 9 novembre 1917, dans Trudelle et Fortier, *Toronto se raconte*, p. 36-37).

25. Trudelle et Fortier, *Toronto se raconte*, p. 66.

26. Napoléon II, dit l'Aiglon, fils de Napoléon Bonaparte, mourut de la tuberculose, en Autriche, à l'âge de 21 ans. Ses cendres, qui reposaient depuis 1832 dans la crypte de l'église des Capucins, à Vienne, furent rendues aux représentants du gouvernement français par l'ambassadeur allemand à Paris, le 15 décembre 1940, pour être déposées aux Invalides, à côté de celles de son père (voir « Le sarcophage de l'Aiglon aux Invalides », *Le Devoir*, 16 décembre 1940, p. 6 ; « Les cendres de l'Aiglon », *Le Droit*, 16 décembre 1940, p. 1 et 4; et « L'Aiglon à Paris », *Le Soleil* de Québec, 16 décembre 1940, p. 1).

27. Claire Lachapelle, « La vie française à Toronto », *Documents historiques*, n° 13, Sudbury, La Société historique du Nouvel-Ontario, 1947, p. 49.

28. Au début des années 40, c'est à la faculté provinciale de droit

Osgoode Hall « que se développe une cellule importante de la vie française en Ontario, les cours primaires par correspondance pour les gens qui restent trop loin des écoles. On prépare les leçons pour la maman, afin qu'elle enseigne à ses enfants et peut-être à ceux de la voisine, la lecture, l'écriture, le calcul puis d'autres matières à mesure qu'on avance » (Yvette Godin, « La vie française à Toronto », *Vie française*, Québec, mai 1950, p. 466).

29. Entrevue de Marie-Anne Caron accordée à la Société d'histoire de Toronto, en mars 1986.

30. Trudelle et Fortier, *Toronto se raconte*, p. 68.

31. Jacques Debout (l'abbé René Roblot) inaugure, à Paris, en 1923, les Journées d'art sacré tenues régulièrement jusqu'en 1939. Ces journées comportent des conférences, des représentations théâtrales, une exposition d'art religieux. Elles rendent populaire le théâtre de Ghéon, d'Henri Brochet et d'autres (voir les noms « Cahiers catholiques » et « Debout » dans *Catholicisme. Hier aujourd'hui, demain*, encyclopédie dirigée par G. Jacquemet, Paris, Letouzey et Ané, 1949, colonnes 354, 497 et 498).

32. Résumé adapté du programme souvenir de la soirée du dimanche 2 avril 1943.

33. Renseignements recueillis auprès d'Émile Dubois à la mimai 1986.

34. *Ibid.*

35. Fondée au début du siècle à Winnipeg, la maison Malabar s'établit à Toronto en 1923 et, dès les années 50, s'impose comme le plus important costumier du Canada.

36. Berthe Brunet, critique d'art pour le journal *Le Bulletin*, fait un compte rendu de la pièce *Le Mariage manqué* de D.S. Lemoyne, première pièce jouée par Le Petit Théâtre de Toronto à la salle paroissiale, devant 250 personnes, le 30 octobre 1956. Il faut noter que *Le Mariage manqué* (titre modifié par Lionel Racine de *La Baronne et son curé*) fut joué plus de 200 fois au Québec et aux États-Unis, entre 1952 et 1954, par la troupe de théâtre L'Union théâtrale de Sherbrooke, fondée par Lionel Racine (voir Pierre Hébert, avec la collaboration de Réjean Chaloux, *His-

toire de l'Union théâtrale (1946-1988), Sherbrooke, Université de Sherbrooke, 1991, p. 59-62).

37. Au printemps de 1950, Michel Sanouillet, professeur de français au University College de l'Université de Toronto, « lance un projet pilote sur la projection de films français », qui connaît un vif intérêt auprès du public. En 1951, un groupe de professeurs de l'Université de Toronto fonde le ciné-club du University College, qui « présente à ses quelques centaines de membres, un choix des meilleurs films français » (voir l'article « Ciné-Club français », *L'Alliance*, novembre 1954, p. 1). Dans une entrevue accordée, le 7 mai 1974, à Robin S. Harris, professeur d'histoire de l'Université de Toronto, le professeur Clarence Dana Rouillard explique : « *We had a number of people in the Department who were interested in film. And this helped [...] to support the feeling that film was a very good way in which to enrich the French programme. And the easiest way to start this, we felt, was to form a Ciné-Club [...] and present a regular programme of films [...]. The baby very soon outgrew its cradle.* » Jeanne Bryan dit aussi dans une entrevue en mars 1986, que vers 1956, alors que le ciné-club n'était plus strictement universitaire, qu'il comptait 1 200 membres. « Le dimanche où nous montrions des films, ajoute Mme Bryan, Yonge Street était tout à fait différent. »

38. La pastorale est une représentation de l'adoration des pasteurs à la crèche qui remonte aux premières manifestations théâtrales au Québec (Baudoin Burger, *L'Activité théâtrale au Québec (1765-1825)*, Montréal, Parti pris, 1974, p. 34-40).

39. Trudelle et Fortier, *Toronto se raconte*, p. 72.

40. Le 14 avril 1956, le Département de français de l'Université de Toronto présente un mémoire à la Commission royale d'enquête sur la radio et la télévision, pour recommander que l'Ontario bénéficie du réseau français de Radio-Canada : « Il y a à peu près 2 000 étudiants qui poursuivent des études de français à l'Université de Toronto, dans ses collèges affiliés et aux cours du soir qui sont dirigés par le Département de l'Extension de l'Université. Ces chiffres sont déjà plus élevés qu'il

y a vingt ou trente ans, mais on s'attend à ce qu'ils soient doublés d'ici dix ans » (voir le texte du mémoire, traduit de l'anglais par Reine Malouin, dans *Vie française*, Québec, novembre-décembre 1956, p. 148-154).

41. On trouvera une liste des pièces jouées en français par les étudiants de l'Université de Toronto, depuis 1904, réunies par Mariel O'Neill-Karch dans l'annexe VII (p. 268 à 276) du livre *French Studies at the University of Toronto 1853-1993*, de C. Dana Rouillard, paru à l'automne de 1994.

42. « *Hart House Theatre seats five hundred persons and in auditorium appointments has no superior among the little theatres of the continent. Its stage equipment is particularly complete and far surpasses that of any art theatre in America. Many of its devices, modelled upon the apparatus of the European theatres, are being here installed for the first time on this side of the Atlantic. In addition to its stage mechanism the theatre has its own workshops and scenic studio.* » (Brochure du 10 octobre 1919, annonçant la programmation de la première saison théâtrale du Players Club de l'Université de Toronto au théâtre Hart House.)

43. Laure Rièse, présidente à cette époque de l'Alliance française de Toronto, fondée en 1902 dans le but de promouvoir la langue et la culture françaises par des conférences, des expositions et des soirées théâtrales, rappelle la fondation et les buts de l'Alliance dans son article « L'institution "L'Alliance française" », publié dans *L'Alliance de Toronto*, décembre 1954, p. 1.

44. On trouvera la liste des pièces présentées par Les Tréteaux de Paris de 1954 à 1974 dans Trudelle et Fortier, *Toronto se raconte*, p. 83.

45. Claudette Roy-Gobeil raconte les débuts du Théâtre du P'tit Bonheur (Trudelle et Fortier, *Toronto se raconte*, p. 100-101).

46. Claude Deschênes, dans son article « Du P'tit Bonheur au Théâtre français », écrit : « [...] le conseil d'administration en est venu à la conclusion que la nouvelle appellation serait plus significative de la nature de ce théâtre » (*L'Express de Toronto*, 14-20 avril 1987, p. 5).

MIEMOSE RACONTE

Hommage à Marie-Rose Girard (1906-1995)

Yvan G. Lepage
Université d'Ottawa

Cochrane et Génier sont en deuil : celle qui fit partie de l'héroïque généra-tion des pionniers du nord de l'Ontario et qui consacra sa vieillesse à en immortaliser le souvenir est décédée le 21 février 1995.

Marie-Rose Girard, affectueusement surnommée « Miemose », ne meurt cependant pas tout entière. Elle laisse en effet neuf enfants (une fille et huit garçons) et de nombreux petits-enfants et arrière-petits-enfants, dont la plu-part ont pris racine dans les paroisses francophones du Nord, perpétuant l'œuvre des grands-parents Uldoric et Honora Tousignant. Elle laisse aussi des *Mémoires*[1], qui font date dans la littérature franco-ontarienne. Elle y raconte, en les opposant, les deux volets de sa vie : son enfance au Québec et sa vie adulte dans le nord de l'Ontario.

Partis de Saint-Stanislas (comté de Champlain) en août 1922 pour s'installer à Génier, à quelques kilomètres de Cochrane, les parents de Miemose répon-daient à l'appel de l'abbé Jean-Baptiste Bourassa (1859-1930), missionnaire-colonisateur, bien décidé à freiner l'exode des Canadiens français vers les États-Unis, où ils risquaient de perdre leur langue et leur foi. Pour Miemose, qui avait alors seize ans, cet arrachement fut vécu comme un exil. Le « diplôme académique » qu'elle venait d'obtenir au couvent des Filles de Jésus lui ouvrait toutes grandes les portes de l'enseignement ; elle dut y renoncer, faute de connaître l'anglais, indispensable en Ontario à qui voulait devenir instituteur.

En 1926, elle épouse Léo Girard. Le jeune couple s'installe à trois kilo-mètres au nord-est de Génier, dans une modeste maison sise sur la ferme des parents de Léo. Ce dernier était employé des chemins de fer, qui jouèrent un rôle si important dans la colonisation du nord de l'Ontario. Entre 1927 et 1947, Miemose donna naissance à dix enfants, dont l'un — une petite fille nommée Mariette — ne vécut que quelques mois. La tâche est lourde pour une mère obligée, la plupart du temps, d'assumer seule la responsabilité d'une famille qui ne cesse de croître, en l'absence d'un mari retenu l'hiver au chantier et l'été sur la ligne de chemin de fer reliant Moosonee à Cochrane. Une santé fragile et les grossesses qui se multiplient conduisent deux fois Miemose à l'hôpital. Deux fois aussi la maison familiale est la proie des flammes. Mais l'épreuve suprême survint le 19 janvier 1950 : Léo quitte sa femme et ses enfants pour ne plus jamais réintégrer le domicile conjugal.

Miemose, qui rentre d'un séjour de trois mois à l'Hôpital général de Toronto, reste seule avec ses enfants, dont le plus jeune vient d'avoir trois ans. Grâce à l'appui moral et pécuniaire des aînés et à une petite pension du gouvernement, elle retrouve cependant vite le courage et l'énergie nécessaires pour faire face à la dure réalité. Pendant dix-sept années, elle se consacre exclusivement à l'éducation des plus jeunes de ses fils, dont deux feront carrière dans l'enseignement, réalisant ainsi, comme par procuration, le rêve de leur mère.

Comment donner un sens à cette vie, à la fois banale et exemplaire, faite d'épreuves et de déceptions, mais aussi de joies?

Franco-Ontariens, ses enfants ne connaissaient pas Saint-Stanislas. Les jours heureux que leur mère y avait vécus risquaient ainsi de disparaître à jamais avec elle, en même temps qu'allait tomber dans l'oubli l'existence précaire des premiers colons de Génier. Pour conjurer ce sort, Miemose entreprit donc, à l'automne de sa vie, de rédiger ses mémoires, qu'elle intitula *Miemose raconte*[2]. Elle y ressuscite, en deux cents pages, les heures magiques de son enfance dans un Québec que le souvenir idéalise et qu'elle oppose à la grisaille d'un pays de colonisation, étranger et hostile, qu'il avait fallu patiemment apprivoiser. Ce long regard nostalgique qu'elle jette sur son existence lui permet de l'embrasser pour mieux la comprendre. L'exil ontarien avait brusquement mis fin à l'ambition qu'elle caressait de devenir institutrice; il lui importait donc de dissiper l'impression d'échec que cette rupture pouvait faire naître dans l'esprit du lecteur.

En revivant son passé, Marie-Rose Girard lui conférait sens et unité. *Miemose raconte* constitue, en effet, une entreprise visant à concilier le bonheur de l'enfance et la monotonie de la vie adulte, le rêve et la réalité. N'est-ce pas là, d'ailleurs, le fondement de tout récit autobiographique et le rôle premier de la littérature?

NOTES

1. *Mémoires de Marie-Rose Girard*, édition critique par Yvan G. Lepage, Ottawa, Les Presses de l'Université d'Ottawa, 1989, XII, 204 p.

2. Marie-Rose Girard, *Miemose raconte*, préface de Yvan G. Lepage, Ottawa, Les Presses de l'Université d'Ottawa, 1988, XVIII, 143 p.

THÉORIES DE LA FRAGILITÉ
de FRANÇOIS PARÉ
(Ottawa, Le Nordir, 1994, 158 p.)

François Ouellet
Université Laval

Depuis quelques années, la question de l'identité intéresse bon nombre d'essayistes et de critiques littéraires, parmi lesquels Simon Harel[1] et Betty Bednarski[2] ont été les premiers à produire des ouvrages de référence. Cette question est au cœur des travaux de François Paré, dont *Théories de la fragilité* prolonge la réflexion amorcée dans *Les Littératures de l'exiguïté*[3], essai plus général sur l'institution littéraire dans les communautés minoritaires.

Théories de la fragilité rassemble une série d'œuvres franco-ontariennes (très majoritairement) et acadiennes que François Paré saisit dans leur rapport identitaire (individuel ou collectif) à l'Histoire. Ce qu'il nomme *théories* de la fragilité sont les discours particuliers que, dans un cadre de narration général, les écrivains minoritaires, indépendamment de l'originalité esthétique de leurs œuvres respectives, expriment à peu près unanimement : la quête de l'origine, la dialectique apparaître/disparaître, l'errance, l'exclusion et l'oppression (d'autant plus pernicieuses qu'elles sont intériorisées ; elles fondent la conscience minorisée).

Ces théories définissent les « assises communautaires » de la littérature de l'éxiguïté (p. 139). J'insiste sur l'idée de la forme communale, qui aiguille toute la pensée et la démarche très personnelle de l'auteur, et qui fait que la fragilité peut être créatrice, fondatrice. François Paré souligne le fait qu'en Occident, « l'histoire du concept même de littérature […] repose depuis 500 ans sur un profond déni des forces vives de la communalité » (p. 12). L'écriture de l'essai est ainsi soutenue par une « reconnaissance entêtée du *rassemblement* » (p. 139) qui est foncièrement salvatrice, sacrale.

* * *

On sait que la forme communale est constitutive de l'essor de la littérature franco-ontarienne. On comprendra alors pourquoi l'auteur place au centre de son essai les figures de Fernand Dorais et d'André Paiement, respectivement témoin et acteur privilégiés du développement de l'institution culturelle de l'Ontario français dans les années 70. Dans une étude à la fois admirative et distanciée, François Paré fait état de ce qu'il appelle la théorie de la minorisation de Dorais, où l'humilié, l'opprimé franco-ontarien, est appelé à « l'espoir d'un accès définitif à la représentation collective » (p. 30) grâce au mouvement sudburois. Quant à Paiement, dont Dorais aura récupéré la figure emblématique en tant que « métaphore de l'existence collective » (p. 32), François Paré rappelle la force fondatrice de son théâtre et insiste sur la présence récurrente d'une mythologie plurielle (biblique, grecque, amérindienne), par laquelle Paiement illustrait sa quête d'unité. Manifestement, il y a une richesse symbolique dans l'œuvre de Paiement qui devrait lui mériter une inscription « dans l'histoire en bonne et due forme », ce qu'on a omis de faire jusqu'à présent, note François Paré, « par crainte de fracasser cette espèce d'euphorie, de magie communautaire à laquelle la vie et l'œuvre de Paiement sont associées » (p. 69).

Car la question de l'identité et la forme communale ne doivent pas restreindre le discours à son reflet social, mais être investies par les discours du savoir. Sous cet angle, François Paré, qui estime que l'heure est aux littératures de la marginalité, croit pouvoir (devoir) mettre en lumière les œuvres franco-ontariennes auxquelles l'institution littéraire n'accorde pas la place qu'elles méritent. Ces œuvres n'ont « jamais été placées dans une entreprise de connaissance que je voyais comme la fonction primordiale de la littérature » (p. 139), écrit-il. Plusieurs de ses études placent la question identitaire au rang des formes discursives et font apparaître l'autonomie littéraire, au sens fort du terme, à laquelle sont parvenus les meilleurs écrivains. Depuis la naissance d'un projet culturel et littéraire à Sudbury dans les années 70, les lieux d'écriture se sont diversifiés (Ottawa, surtout, reprenant la place dominante qui était le sienne au XIXe siècle), ce qui aura conduit au renouvellement des concepts contre-culturels (la nordité, l'oralité, l'aliénation) et à la manifestation d'un discours qui affirme son extériorité aux formes franco-ontariennes typiques de la communalité.

À cet égard, l'œuvre poétique érudite d'Andrée Christensen est exemplaire malgré sa jeunesse (quatre recueils depuis 1990), car elle « ne soulève aucune des grandes questions qui ont animé la littérature ontarienne depuis son développement dans les années 70 » (p. 83). Les parcours romanesques ou poétiques, plus spécifiquement, sont maintenant pluriels, « [e]t c'est tant mieux », note François Paré, car, somme toute, sans « les parcours excentriques de destins pluriels […] il n'y a plus de communauté possible » (p. 14). En revanche, le théâtre n'aurait guère évolué depuis *Lavalléville* d'André Paiement : parmi d'autres, les dernières pièces de Jean-Marc Dalpé (*Eddy*), Pier Rodier et Marie-Thé Morin (*Duos pour voix humaines*) et Michel Ouellette (*French Town*), sont toujours habitées par une pauvreté linguistique, une dramaturgie de l'impuissance et de la stérilité aliénante du lieu natal. « Ce qui paraît aujourd'hui le plus problématique, ce n'est pas tant que le théâtre et la vie d'André Paiement soient encore si présents en nous, c'est plutôt que notre théâtre témoigne d'une si grande impuissance à évoluer dans le langage » (p. 109), déplore François Paré.

Dans les œuvres de Paul Savoie et de Daniel Poliquin, François Paré donne à voir l'investissement discursif des syntagmes apparaître/disparaître, qui constitueraient « l'essence de la vie minoritaire » (p. 21). Le récit poétique *L'Homme invisible/The Invisible Man* de Patrice Desbiens, on le sait, est l'exemple privilégié de cette problématique. Les personnages à la conscience minorisée ressentiront un tel besoin d'être autres qu'ils « chercher[ont] indéfiniment dans cette altérité une sorte de stigmatisation permanente de [leur] devenir dans la disparition » (p. 22). Ainsi, les rôdeurs et les opprimés qui peuplent les textes de Paul Savoie, qui livrent « l'une des réflexions les plus denses sur la minorisation, la violence et l'exclusion » (p. 79), réagissent tant bien que mal à la métamorphose irrésistible qui mutile leur identité par l'absence et par un certain conformisme. Chez Daniel Poliquin, c'est avant tout la figure de l'écrivain qui canalise le désir de disparaître, puisque les multiples personnages qui assument la narration des romans et des nouvelles disséminent son intervention et semblent disqualifier sa vision centrale et dogmatique. À ce titre, et en particulier dans *L'Écureuil noir* qui s'ouvre par une « préface posthume de l'auteur », l'écrivain est « la figure emblématique du minoritaire » (p. 123). Mais, par ailleurs, ces multiples voix narratives, l'excès de paroles, occultent peut-être « ce qu'on ne peut pas admettre : une sorte de honte, un malaise, un silence de mort » (p. 118).

Parmi les écrivains acadiens, François Paré fait une place d'honneur à Herménégilde Chiasson, pour qui il éprouve visiblement une préférence, partageant son engagement social dans la littérature, reconnaissant dans cette poésie mieux qu'ailleurs le pouvoir rédempteur de l'écriture et cette peur qui nomme le manque sans le trouver. « Car, cherchant le secours dans l'Autre, le sujet s'abolit dans les gestes de sa frayeur » (p. 126). Plus particulièrement, François Paré montre que la construction par Chiasson d'une communauté acadienne défaite, sacrifiée, est complétée par l'image d'une communauté responsable de sa déchéance, ce par quoi la vision poétique exprimée serait plus complexe qu'on ne le croit et plus *profonde* que celle d'Antonine Maillet, par exemple.

* * *

François Paré est le premier à poser de solides jalons critiques d'une histoire littéraire et culturelle encore jeune, et c'est là indéniablement la première qualité de son ouvrage. Par ailleurs, ses études sont souvent émouvantes, essentiellement parce qu'il s'y investit à la fois avec une modestie angoissée (qui découle du sentiment du manque, de la mort qui guette, de la fragilité, mais qui pour cette raison est créatrice) et une volonté rédemptrice d'investigation discursive. Émouvantes, mais non moins lucides et profondément honnêtes ; François Paré sait mesurer les défis, mais aussi les illusions, dans les textes des autres comme dans le sien, sachant que la communalité, comme chez Dorais et Paiement, participe avant tout de la *construction* d'un imaginaire commun. « S'agit-il d'une illusion ? Sans aucun doute, mais cela n'a aucune importance. Nous sommes toujours dans le domaine du représenté » (p. 32). Le regard posé sur les œuvres est ainsi judicieusement et efficacement assumé par une subjectivité critique dont l'interprétation fait généreusement appel à un savoir global. Au total, c'est autant François Paré que les œuvres interprétées que nous apprenons à connaître. De la même manière que, dans un roman de Daniel Poliquin, la biographie du personnage Tom Obomsawin est en réalité une autobiographie, la critique est ici résolument une autocritique. La plus belle qui soit, à mon avis, et l'ouvrage de François Paré l'un des plus dignes, à cet égard, d'être cité.

NOTES

1. *Le Voleur de parcours. Identité et cosmopolitisme dans la littérature québécoise contemporaine*, Longueuil, Le Préambule, 1989.

2. *Autour de Ferron. Littérature, traduction, altérité*, Toronto, Gref, 1989.

3. *Les Littératures de l'exiguïté*, Hearst, Le Nordir, 1992.

LE FRANÇAIS DES CANADIENS
À LA VEILLE DE LA CONQUÊTE :
TÉMOIGNAGE DU PÈRE PIERRE PHILIPPE POTIER, S.J.
de PETER W. HALFORD
(Ottawa, Presses de l'Université d'Ottawa, 1994, 380 p.)

Jules Tessier
Université d'Ottawa

Le premier lexicographe du français nord-américain, le père jésuite Pierre Philippe Potier, a séjourné au Détroit de 1744 jusqu'à sa mort survenue en 1781. Dès le moment où il amorça la traversée de l'Atlantique — une odyssée qui dura trois mois et demi, de la mi-juin au 1er octobre 1743 ! — jusqu'à son arrivée à la mission huronne de l'île aux Bois-blancs, à l'embouchure de la rivière Détroit, le 25 septembre 1744, en passant par Québec notamment, il nota les particularités langagières entendues au cours de ce périple. Cette compilation, interrompue en 1758, donc constituée d'observations très majoritairement recueillies dans la région du Détroit, nous est parvenue grâce à un manuscrit célèbre intitulé « Façons de parler proverbiales, triviales, figurées, etc. des Canadiens au XVIIIe siècle ».

Avant 1980, la seule version publiée disponible consistait en une liste expurgée d'où l'on avait banni les entrées considérées comme inconvenantes et reproduite par tranches, de 1904 à 1906, au fil des livraisons du *Bulletin du parler français au Canada*. Soit dit en passant, le valeureux père Potier, en lexicographe consciencieux, avait fait fi de ces jugements de valeur, un siècle et demi auparavant. Quoi qu'il en soit, on avait alors accès à cette précieuse documentation au prix d'une expédition dans la section des périodiques anciens de la bibliothèque, une aventure non dépourvue de charme cependant, puisqu'on ne pouvait résister au plaisir de feuilleter ces numéros au papier jauni, solidement reliés afin qu'il ne s'en égarât aucun, et remplis de textes variés, tant par la facture que par l'approche, à travers lesquels filtrait l'authentique attachement au français, tant régional qu'universel, de ces linguistes avant la lettre, ou plutôt de ces amants de la langue française, des clercs pour la plupart.

En 1980, Vincent Almazan a fait paraître, dans la *Revue de linguistique romane* (t. 44, p. 304-340), un article intitulé « Pierre Potier, premier lexicographe du français au Canada : son glossaire », où il a reproduit une version de la compilation du père Potier en usant cependant d'un autre tamis. Cette fois, l'universitaire a troqué le filtre-censeur moralisateur pour le sas du français général dont les mailles avaient été calibrées de façon à éliminer les vocables ressortissant au fonds commun du français actuel pour ne retenir que les régionalismes et autres particularités lexicales. Encore une version incomplète...

Arrive enfin Peter W. Halford, en 1994, avec son ouvrage savant publié aux Presses de l'Université d'Ottawa et intitulé *Le Français des Canadiens à la veille de la Conquête*, avec le sous-titre suivant : *Témoignage du père Pierre Philippe Potier, s.j.* Ici, non seulement la liste de mots du père Pierre Philippe Potier est-elle restituée dans son intégralité, mais encore avec un souci constant d'authenticité, afin d'en présenter une version conforme à l'original, nullement altérée ou modifiée. Qui plus est, la liste elle-même, une fois reproduite dans le respect des normes de l'édition diplomatique, est reprise et analysée sous différents angles : les aspects phonétiques et morpho-syntaxiques, les datations, les jésuitismes et expressions latines, les emprunts aux langues amérindiennes, les archaïsmes et les régionalismes. Enfin, l'auteur a jugé bon de conclure son étude par un regroupement onomasiologique des vocables analysés, à la façon des Clapin et Massignon, suivi d'un index alphabétique fort utile.

L'ouvrage est non seulement exhaustif, mais également didactique, fouillé. Pareilles caractéristiques vont de soi quand on sait que cette recherche provient d'une thèse de doctorat remaniée à des fins de publication. Un autre indice de la valeur exceptionnelle de cette étude nous est fourni par la façon dont on a présenté le livre, dans une espèce d'écrin formé par la préface à juste titre louangeuse d'André Lapierre (Université d'Ottawa) et par les témoignages tout aussi laudatifs de Claude Poirier (Université Laval) et de Hans-J. Niederehe (Université de Trèves), reproduits, ces deux derniers, en quatrième de couverture, à la façon de ces extraits de critiques à saveur publicitaire dont on se plaît à orner les rééditions de titres à succès, une pratique peu commune lors d'une première édition, particulièrement auprès des presses universitaires, mais qu'importe.

Puisqu'il est question de la présentation, la première de couverture, en revanche, est typique des publications émanant de maisons d'édition universitaires. Caractérisée par une belle sobriété, la maquette comporte une reproduction de manuscrit, de la dimension d'un bandeau. La seule mention de la compilation du père Potier aurait suffi pour « allumer » quiconque s'y connaît le moindrement en lexicographie franco-canadienne, mais puisqu'on a opté pour un titre un tantinet accrocheur, on aurait pu le rendre encore davantage attirant pour le lectorat francophone en tout cas, en évoquant la fin du régime français au Nouveau Monde, plutôt que d'avoir recours à cette « veille de la Conquête », un événement aux évocations rien moins que stimulantes pour ceux qui continuent d'en ressentir les contrecoups...

Au chapitre de l'iconographie, on a reproduit, dans l'ouvrage même, une page de manuscrit (p. 18) ainsi que trois belles cartes géographiques de la région du Détroit, l'une antérieure à l'arrivée du père Potier, vers 1730 (p. 144), et les deux autres reflétant l'état des lieux à l'époque où le père missionnaire y a vécu, soit, respectivement, en 1749 (p. 324) et vers 1754 (p. 228). Il n'aurait peut-être pas été superflu de juxtaposer, en regard d'un de ces documents d'époque, une carte moderne afin de montrer le caractère plus ou moins précis de la topographie d'alors, et aussi de faire voir les transformations qui ont affecté la toponymie des lieux, largement anglicisée, on s'en doute, mais dont certains vestiges français subsistent, à la condition d'avoir la puce à l'oreille... ou un flair à la Champollion! Exemple : l'île aux Bois-blancs, la destination première du père Potier, une fois adaptée au phonétisme anglais, est devenue Boblo Island... Faut le faire!

Mais ce ne sont là que des questions de détails qui, en dernière analyse, relèvent de l'éditeur et n'affectent en rien la valeur de l'étude.

En effet, Peter Halford présente et décortique ce document lexicographique de première valeur d'une façon inattaquable. Par ailleurs, à travers ses commentaires savants, on décèle une empathie certaine pour l'objet de son étude, laquelle peut même aller jusqu'à un enthousiasme à peine dissimulé, lorsque, par exemple, la liste du père Potier permet de reculer la datation d'un vocable par rapport aux données fournies par les dictionnaires historiques du français général, une prouesse toujours tonifiante pour les Nord-Américains que nous sommes.

Cette relation privilégiée entre le chercheur et le personnage étudié provient sans doute, pour une part, d'une espèce de connivence tellurique, puisque Peter Halford, ainsi que le souligne André Lapierre dans sa préface, est originaire de la paroisse même où a œuvré le père Potier il y a plus de deux siècles, un des tout premiers lieux d'implantation française en Ontario, où se trouve maintenant la ville de Windsor, à la limite sud-ouest de l'Ontario, une région maintenant connue sous le nom de péninsule d'Essex. Par un juste retour des choses, l'universitaire et chercheur a non seulement réactualisé la contribution du père Pierre Philippe Potier à la lexicologie franco-canadienne, mais grâce à ses commentaires et analyses, il lui a encore édifié un authentique monument dont le missionnaire jésuite, de son vivant, n'a pu soupçonner l'ampleur et le caractère de perfection, alors qu'il exerçait humblement son ministère au milieu des Amérindiens et des colons, aux marches de l'Amérique française.

LA CAISSE

de DANIÈLE VALLÉE

(Illustrations de Cécile Boucher, Ottawa,
Éditions du Vermillon, 1994, 80 p.)

et

NOUVELLES VOLANTES

de MARIE-ANDRÉE DONOVAN

(Orléans, Éditions David, 1994, 82 p.)

Françoise Tétu de Labsade
Université Laval (Québec)

Voici deux petits livres, tous deux de dimensions modestes : moins de 100 pages chacun. Tous deux sont des premières publications. C'est toujours avec émotion que l'on ouvre ce genre de livres ; lira-t-on d'une seule traite ces quelques pages ? se laissera-t-on emporter par une émotion du troisième type ? tombera-t-on sur la révélation de la décennie ? La naissance d'un nouvel écrivain est toujours matière à réjouissances dans le petit monde des lettres. Accueillons donc ces deux nouvelles venues qui ont abordé l'écriture par le biais du texte court, comme le laisse deviner justement le titre de l'ouvrage de Marie-Andrée Donovan.

Le livre de Danièle Vallée présente une certaine unité, emballé qu'il est — pardonnez le jeu de mots bien naturel — entre deux textes qui font référence l'un et l'autre à cette « caisse » dont il est question dans le titre. Les textes, 25 en tout, sont courts ; ils sont menés tambour battant et n'engendrent pas la moindre lassitude du lecteur qui a tout juste le temps de se mettre dans l'ambiance, chaque fois différente, comme il convient à ce genre littéraire. Ce qui frappe chez cette auteure, c'est une imagination débordante, de tendance un peu féroce, mais nous savons tous qu'on ne fait pas de belle littérature avec de beaux sentiments. Les dénouements sont parfois surprenants : si les arbres se mettent à pousser à l'envers, les croix de leur côté s'enracinent. Les personnages, souvent un peu bizarres, sont attachants, comme cette vieille dame et ce jeune garçon qui se rejoignent dans « leurs enfances extrêmes », ou ce drôle de bonhomme qu'un jeune amour a pétrifié dans une immuable et inutile jeunesse. Des trouvailles de style feront le bonheur des chasseurs d'images, comme ce patron de café « assoyant les chaises sur les tables ». « Les grands gouvernements suivis de petits gouvernements agitant un beau projet tout blanc » réjouiront les suradministrés que nous sommes tous devenus.

Ce bonheur d'une écriture vive, la sobriété de récits à l'efficacité redoutable avaient d'ailleurs ravi le jury du Prix du Gouverneur général, puisque cet ouvrage fut un des finalistes du genre. D'aucuns trouveront le côté délibérément morbide un peu exagéré : la table bancale à prothèse humaine tandis que le propriétaire précédent de la vraie jambe, maintenant estropié, doit se contenter de la patte de bois qu'il avait « brisée comme un os » peu avant ; ce cimetière insolite de 117 croix qui « avaient poussé durant la nuit ». J'en passe, des meilleures et des plus noires encore. C'est sans doute ce climat délicieusement malsain qui a inspiré les dessins de Cécile Boucher. Ils sont en noir et blanc — cela s'imposait — et ornent d'une bien petite vignette chaque texte. On retrouve l'ensemble de ces dessins réunis de façon surréaliste en page couverture, que je trouve personnellement sinistre. Sans doute est-ce voulu par l'auteure ou l'éditeur (les Éditions du Vermillon sont bien connues du public) ; et d'ailleurs, cela va assez bien à cet humour noir que Danièle Vallée distille au gré de sa fantaisie.

Le recueil de Marie-Andrée Donovan, un premier essai lui aussi, est bien différent : la couverture sobre ne manque pas d'élégance, mais la qualité éditoriale de l'ouvrage laisse à désirer : le caractère quelconque ménage des espaces parfois un peu étranges et monopolise l'attention du lecteur qui risque alors de s'agacer pour des riens. Là aussi le fantaisiste transfigure le quotidien à coups de jeux de mots, peut-être un peu recherchés parfois. Certes l'auteure, cultivée, fait partager son amour de la langue, mais le plat semble un peu refroidi ; on aimerait qu'il fût réchauffé de l'intérieur pour qu'il plût à chacun d'entre nous. Il n'en reste pas moins que de certaines de ces nouvelles émane un charme simple : la corneille repeinte en rouge, l'arc-en-ciel de souliers dans l'entrepôt, par exemple. Je suis moins sensible aux discours-jeux comme « Au-mot-biographie » ou « Ayrelle ». Le verbiage du « ver à soi, oui, tout à moi », l'époustouflant voyage du pou « qui ne voulai[t] pas pourrir au fond d'une tête » — vous le suivez — me laissent rêveuse. Combien plus drôle m'est apparu Alexandre qui sut tirer la langue à son fils, dans un dernier instant de complicité au moment de « s'éclipser » dignement !

Dans ce recueil aussi, de l'imagination, une certaine qualité d'écriture, qui cependant n'ont pas toujours interpellé la lectrice que je suis. D'autres que moi seront plus sensibles à ce type d'humour. « Scripta manent », nous dit Marie-Andrée Donovan en sous-titre de sa deuxième partie, mais attention ! un « bout de papier » a vite fait de s'envoler, comme elle nous le montre fort bien dans la nouvelle qui porte ce titre. Il n'en reste pas moins que c'est avec grand plaisir que je salue ici deux nouvelles auteures à qui je souhaite longue vie et bonne coopération avec porte-plume ou ordinateur.

AFFIRMATION DE L'IDENTITÉ DANS LA LITTÉRATURE CADIENNE

Bertille Beaulieu
Centre universitaire Saint-Louis-Maillet
(Edmundston, N.-B.)

Introduction

Vue de loin, uniquement par le biais de textes littéraires en français cadien et créole, la Louisiane offre un défi fascinant à l'observateur étranger qu'intéresse toute manifestation de l'identité ethnique. La grande variété de thèmes illustrant la culture, l'étonnante vitalité de la langue et du style, ainsi que la profondeur de l'imaginaire louisianais ont contribué à l'éclosion d'une authentique littérature cadienne au cours des années 70. Convaincus de la valeur et de l'intérêt de leur héritage culturel et conscients de leur spécificité ethnique, plusieurs jeunes Louisianais commencent alors à écrire des textes littéraires[1] en français louisianais. Une lecture attentive de cet ensemble de textes publiés depuis 1976 a permis de découvrir une littérature sûre d'elle-même et essentiellement cadienne. Les auteurs livrent d'abord leurs réactions, leurs sentiments et leur perception d'eux-mêmes, tout en jetant un regard critique sur la réalité culturelle et sociale. Parfois la rêverie poétique l'emporte, produisant une plus grande distanciation du réel; la prise de conscience du sens d'appartenance se transpose alors à un autre niveau de l'imaginaire au moyen d'images révélatrices d'aspirations profondes et inaliénables. En plus de ces paroles de poètes et d'auteurs qui décrivent une démarche identitaire, la voix de personnages littéraires se fait entendre. En fait, deux catégories de personnages font leur apparition: en premier lieu, des Cadiens, des Cadiennes et des Créoles contemporains assez nombreux et inspirés de la réalité; ensuite, quelques personnages historiques, ancêtres déportés de l'Acadie et réfugiés en Louisiane. De cet ensemble, se dégagent des perceptions variées de l'identité ethnique.

Comment peut-on être Cadien ?

Semblable à ces « étrangers fascinés / Qui cherchent à bien prononcer *cajun*[2] », le lecteur critique s'interroge sur la bonne façon de nommer les Louisianais d'expression française. La clarification du terme *Cadien* est donc un préalable à l'étude de l'identité dans la nouvelle littérature cadienne. La situation linguistique complexe et les changements dus à l'évolution du français louisianais ont peut-être accentué les divergences. Certains francophones ont opté pour la graphie *Cadjin*, alors que d'autres favorisent l'emprunt du mot anglais *Cajun* prononcé à la française. Les termes Cadien[3] et Cadienne actuellement reconnus par les experts louisianais ne dérivent pas de l'anglais. Il s'agit bien, comme ils le soutiennent, d'une désignation aussi ancienne que la première *Cadie* et conservée oralement en Louisiane par les *Cadiens* ou *Cadgiens*[4], aussi appelés jadis *Cayens*.

Tout en étant un critère important de l'identité, l'ascendance acadienne ne constitue pas, à tout le moins dans les textes littéraires, une condition essentielle pour se reconnaître Cadien ou Cadienne. Certains auteurs ou personnages littéraires le deviennent par « la porte d'en arrière », soit par alliance, par acculturation ou par choix. Dans cette véritable mosaïque ethnique et culturelle qu'est la Louisiane, où faut-il situer les Créoles noirs et les Amérindiens francophones qui s'associent à la culture cadienne ? Force nous est donc de considérer tous les indices d'identité dans la littérature cadienne. Tenant compte de la langue parlée et écrite ainsi que du fait que le français *cadien* soit à peu près l'équivalent de *français louisianais*, sans doute convient-il d'inclure sous l'appellation de Cadiens presque tous les francophones louisianais, puisque, comme l'expliquent Richard Guidry et Amanda LaFleur :

> De nos jours, dans la parlance populaire, le terme *cadien* a pris un sens très large, se référant à tous ceux qui ont un héritage français ou qui ont été influencés par le fait français/acadien en Louisiane, y compris les assimilés d'autres groupes ethniques. [...] Cette fusion d'identités ethniques va de pair avec une fusion d'identités linguistiques[5].

Langue et littérature

La littérature cadienne comprend des textes en français cadien et en créole, et ses auteurs se distinguent nettement des autres francophones d'Amérique ou d'ailleurs. Leur connaissance du français dit « international » n'inhibe pas leur choix d'écrire en français louisianais. Cette langue se compose d'une variété de français et constitue l'une des principales composantes de l'identité ethnique. La langue de la littérature se rapproche donc de la langue maternelle, celle du pays natal, et valorise des tournures et des expressions empruntées à la langue parlée et à la littérature orale. Les auteurs sont conscients de certains dilemmes liés au choix de la langue d'écriture. Dans l'ensemble, les registres de langue utilisés s'échelonnent du français louisianais « standard » ou normatif au cadien parlé, dont l'écriture pose certains défis aux auteurs. C'est sur un ton léger que le poète Dégât énumère quelques différences lexicales entre le français cadien et le français international : dire « beaucoup » plutôt que « un tas » ou « joliment[6] » ; « attendre » plutôt que « espérer » ; « pour quoi », pas « quo' faire ». De son côté, frère Moreau transcrit fidèlement le « son » cadien, mais ce qui rend la lecture de son texte difficile pour « ces bons Français », c'est moins l'orthographe que le sens de métaphores comme « Ça se perd jamain comme des tchoques[7] ». Seuls les initiés à la culture orale cadienne peuvent comprendre des expressions comme « la chatte qu'a chié dans la cendre » ou des dictons tels que « C'est l' plus gêné qui s'ertire ». Malgré le ton sarcastique, le lecteur que fascinent les manifestations de l'identité ne « lâche pas la patate » pour autant. Quant au parler créole louisianais, Debbie Clifton rapporte un préjugé tenace : « Mo connais premier fois-à yé pelé mo créole / Yé dit pas parler ça / c'est di vilain moyèr[8]. »

La problématique du français louisianais écrit est à l'origine d'une intéressante discussion, toujours actuelle, sur l'orthographe et le choix lexical. En plus d'être un objet de polémiques, la langue française est aussi un moyen privilégié d'affirmer sa différence vis-à-vis des Américains et des autres francophones. Dès les débuts de la littérature cadienne, l'écriture est un instrument de résistance à l'assimilation et une forme privilégiée d'engagement. Publié en octobre 1978 dans *Louisiane française*, le premier poème de Jean Arceneaux lançait aux éventuels auteurs louisianais le défi d'écrire dans leur langue. L'écrivain cadien révèle et affirme son identité par une démarche à la fois linguistique et littéraire. Le refus d'imiter le français d'ailleurs garantit à la langue littéraire son originalité et son authenticité. La langue écrite conserve donc cet attrait et cette saveur qui lui viennent justement d'une fidélité au parler spontané et naturel, ainsi que d'une attitude de grande liberté. Parmi les aspects distinctifs du tempérament cadien mis en évidence, signalons le sens de la nuance et du sous-entendu, l'ironie et l'humour qui révèlent quelques autres caractéristiques de la langue cadienne écrite.

Un phénomène fréquent, qui n'est pas sans intriguer de prime abord, est que plusieurs auteurs ont recours à un nom de plume. Tantôt fantaisistes (Dégât, Timy So2, Henri Sauvage), tantôt empruntés à l'ascendance de l'auteur (Arceneaux, Bourque, Moreau, Chéramy), les pseudonymes permettent plus ou moins de conserver l'anonymat. Selon Barry Jean Ancelet, ils ont un but très précis : « Comme le masque de Mardi-Gras, dont on apprend très vite le rôle dans les cultures acadiennes et créoles, le nom de plume cache l'identité du porteur, mais encore plus important lui permet de vivre un rôle qu'il définit pour lui-même, le libère des contraintes de sa position sociale habituelle[9]. » En somme, la plupart des auteurs se choisissent un pseudonyme français pour mieux exprimer, dans la langue apprise la première ou réapprise, cet autre aspect de leur personnalité, l'identité ethnique, que la langue américaine ne saurait exprimer avec autant de fidélité.

Prise de conscience de sa « *différence* » et réactions viscérales

Beaucoup de jeunes Cadiens et Cadiennes ressentent d'abord le besoin de se situer comme individus, puis comme membres d'un groupe ethnique distinct. L'éloignement de la terre natale et les séjours à l'étranger, fréquents chez les jeunes auteurs, provoquent et hâtent certaines découvertes. Mike Carencro décrit les attentes enthousiastes d'un jeune homme qui s'envole vers la France : « J'vais peut-être savoir enfin qui je suis / J'vais comprendre enfin ma différence[10]. » Jean Arceneaux et des amis louisianais vivent « l'expérience de l'exil » et de l'hiver parisien, en 1979, loin de la « chaude Louisiane ». Conscients des dangers qui menacent leur langue et leur culture, ces jeunes Cadiens considèrent à distance les réalités louisianaises pour mieux s'engager dans une action concertée. Les contacts avec les autres peuples francophones hâtent la prise de conscience préalable à l'affirmation de l'identité. Poète d'une deuxième vague d'auteurs cadiens engagés, Zénon Chéramy expose ainsi le dilemme : se référant aux « Acadiens qui étont pas des Québécois ni des Brayons ni des Canayens », il demande : « Et si eux n'en savent pas trop ça qu'ils sont, / comment tu veux que nous-autres / en Louisiane, on le save ?[11] ». Débordant les frontières géographiques, ce poète dont le « pap » et la « mam » auraient tenté de faire un *American*, se reconnaît une appartenance « à la nation invisible, inaudible, la nation des Francophones d'Amérique[12] ».

Afin de se situer personnellement et de se sentir à l'aise dans sa communauté culturelle, le jeune Cadien subit inévitablement quelques épreuves initiatiques qui l'obligent à dépasser la gêne ou la « honte » qu'éveille ou provoque l'observateur indiscret. Même involontaire, la déformation phonétique du patronyme, que les Acadiens âgés appellent parfois « nation[13] », risque d'être perçue comme insulte ou mépris de contenus implicites. Lorsqu'il s'entend nommer « Baroque, Bark, ou Burke », le poète Antoine Bourque réagit : « Mon nom, c'est Bourque. / « B-O-U-R-Q-U-E, un vieux nom cadjin[14]. » Dans un récit du même auteur, l'accent langagier distinct suscite des remarques qui, sans être malveillantes, embarrassent un petit Cadien. Si l'enfant refuse obstinément de répéter le nom « Bayou Bourbeux », c'est que son enseignante a qualifié de « bizarre » sa prononciation dite « acadienne ». Plus récemment, un texte de Louise Poitiers Gaudet[15] décrit la confusion due à son accent : en France, on la prend pour une Québécoise ; au Québec, pour une Acadienne des Maritimes ; en Louisiane, pour une étrangère. La répétition de ce genre d'expériences anodines suscite des réactions viscérales.

Il arrive que le regard des « autres », d'abord interrogateur puis exaspérant, soit cause d'humiliation chez le Cadien qui se sait observé puis classé comme un objet de curiosité. Dans un monologue fictif, Gwenn Laviolette transcrit en français « standard » la bouleversante réaction d'une grand-mère mourante, pour qui l'américain est une « sale langue », le rappel de son « infériorité ». « Ne me touchez pas, ne me regardez pas… / Vous qui ne parlez pas français[16].» Ce cri qu'elle lance est la projection de la colère de sa petite-fille, narratrice de l'événement. Par contre, c'est avec une certaine retenue que Jean Arceneaux rappelle les conséquences de l'interdiction de parler français à l'école ou en public : «Ça laisse voir qu'on est rien que des Cadiens. [...] Basse classe, faut cacher ça. / Faut dépasser ça. / Faut parler anglais[17].» Très répandu au moment où la littérature cadienne naissait, le surnom de *coonass* (cul de «chaoui» ou raton-laveur) que les Américains donnaient aux Cadiens provoque des réactions variant de l'indifférence à l'indignation. Les vers de Jean Arceneaux sont parfois teintés d'ironie, mais le dépit est sous-jacent : «*Don't mind us, we're just poor coonasses.* [...] On restera toujours rien que des *poor coonasses*[18].» Le calme n'est qu'apparent chez ce poète contestataire. Jean Arceneaux proteste parfois vigoureusement et va jusqu'à ridiculiser les touristes désireux de voir des *Cajuns*, et à désigner comme zoo fictif «*Six Flags Over the Cajuns*»; il n'est pas tendre non plus vis-à-vis des visiteurs français du Grand Dérangement de 1979[19]. Les propos sarcastiques de Jean Arceneaux trouvent un écho chez quelques poètes des années 90. Dans un cri de colère percutant, «Laissez-moi seule[20]», Louise Poitiers Gaudet dénonce les «maudits érudits» étrangers, les «touristes américains» ou les «*country club Baptists*» qui l'insultent chez elle, en Louisiane. Cette saine réaction de défense et de fierté, assez fréquente chez les auteurs cadiens des dernières décennies, annonce une prise de conscience salutaire. L'écriture devient alors un exutoire par où s'épanchent la révolte et la colère; l'aveu de sentiments de honte ou d'infériorité produit une catharsis équilibrante et des textes littéraires révélateurs.

Sens d'appartenance

Mais il n'y a pas que le regard étranger qui produise des réactions. Comment combattre la stigmatisation qui vient de l'intérieur de la communauté cadienne? C'est en partie ces malaises que décrit «Un Cajun renaît» d'Antoine Bourque. De l'école élémentaire à l'université, le jeune Cadien a entendu maintes fois des commentaires sur son parler, tels que : «Tu sais, c'est ce que l'on dit ici, / mais ce n'est pas exactement correct[21].» La série de remarques sur la langue cadienne proférées par les enseignants, la parenté et les voisins aura cependant provoqué la réflexion et une saine réaction d'affirmation de soi. Lors d'un festival de musique cadienne, un vieux voisin moqueur demande au jeune homme : «Quoi c'est tu fais icitte? Tu te crois Cajun asteur?[22]». Le «Ouais, enfin» du Cadien qui renaît est l'aboutissement du besoin de se situer culturellement et de reconnaître son appartenance à un groupe ethnique distinct. Ce jeu de regards entrecroisés, être vu par d'autres et tenter de se percevoir soi-même tout en observant ses compatriotes, force la prise de conscience réfléchie, toute naturelle, mais assez puissante même si elle n'a rien de très spectaculaire. De cette affirmation découleront une assurance bienfaisante et une saine fierté. Comme ses confrères écrivains, Antoine Bourque refuse l'«exil culturel» et choisit l'authenticité.

La référence à la généalogie, à l'histoire et au destin des ancêtres constitue un autre volet de l'identité ethnique. Les portes de l'histoire s'ouvrent quasi naturellement quand la rêverie l'emporte sur le quotidien américain. Surgissent alors spontanément dans quelques courts textes les images de la déportation des Acadiens et de l'enracinement en Louisiane, les thèmes mythiques de l'errance et du paradis retrouvé, et quelques figures historiques et légendaires, comme le très célèbre héros de la résistance, Broussard dit Beausoleil : autant de sources d'inspiration que les littératures acadienne et cadienne ont en commun. Les poèmes « Réveille » et « La Ballade de Beausoleil » de Zachary Richard dénoncent l'injustice historique et incitent les Cadiens du XXᵉ siècle à réagir « pour sauver l'héritage ». D'autres textes poétiques, tel « Counterclockwise » de May Waggoner, confirment que le passé n'est jamais caché très loin dans l'imaginaire cadien et qu'il enrichit sa littérature.

Dans un discours éloquent à la défense du fait français en Louisiane, Émile DesMarais trace un rappel des grandes lignes de l'histoire louisianaise et situe ses compatriotes dans l'ensemble regroupant les Français d'Amérique : « Et nous, Français de Louisiane, nous sommes une branche de cet arbre. Nous sommes de cette race qui ne sait pas mourir[23]. » L'analyse à la fois historique et critique d'Émile DesMarais englobe sous l'appellation de « Français de Louisiane » tous les francophones, quels que soient le lieu ou le pays d'origine de leurs ancêtres : l'Acadie, la « douce » France, l'Afrique, les Antilles et l'île de Saint-Domingue. L'auteur refuse au nom des siens « la mort trop douce de l'assimilation et l'oubli[24] ». Cette apologie, un hommage à la Louisiane française et un plaidoyer pour la préservation de la langue et de la culture, s'achève sur une irrécusable péroraison : « Nous sommes Français de Louisiane, et nous le resterons ! »

« Je suis Cadien »

La démarche poétique et identitaire de Jean Arceneaux se présente de façon différente. Les quatre épisodes historiques repris dans sa longue suite poétique *Je suis Cadien* confèrent une dimension quasi épique à l'évolution de l'identité chez le peuple cadien. Remontant le temps et transcendant l'espace, à la manière d'un prophète, le poète entrevoit le passé, le présent et l'avenir. Il indique, pour chacune des étapes remémorées, comment s'est forgée puis transformée l'identité de son peuple. Le récit commence au XVIIᵉ siècle par le rappel des origines : « Longtemps passé, j'étais Français[25]. » Ce « j'étais », semblable au « j'étions » acadien, comporte un sens collectif évident : le « je » individuel se transforme, dans le contexte poétique, en un « nous » signifiant le nouveau peuple acadien qui possède déjà ses coutumes, une mentalité spécifique et des terres qui lui appartiennent : « Je suis devenu Acadien. [...] J'ai fait une identité[26]. » Les variantes dans les quatre refrains intercalés reflètent les changements vécus au cours de chacune des périodes et les résultats sur la perception de soi et de la collectivité.

Très souvent raconté, le deuxième épisode de ce récit poétique évoque la déportation des Acadiens, l'exil et l'arrivée en Louisiane vers 1765. La déclaration « Je suis devenu Cadien. [...] J'ai fait une nouvelle identité[27] » se concrétise par l'adoption d'un mode de vie basé sur l'agriculture, la chasse et la pêche. Cent cinquante ans plus tard, au début du XXe siècle, des changements sociaux et économiques bouleversent l'existence du peuple cadien. Affublé de l'insultant surnom de *coonass*, il n'est plus que simple détenteur d'une « carte d'identité » américaine. En exil chez lui, rejeté et silencieux, l'authentique Cadien n'a pourtant pas abdiqué sa véritable identité : « ... on est juste caché / En arrière de nous-mêmes[28]. » Le « on » et le « nous-mêmes » sont des indices sûrs de l'identification du poète à la collectivité.

Enfin, au cours de la dernière étape de cette fresque historique, Jean Arceneaux entrevoit la réalisation de son rêve d'une nouvelle Cadie, une Acadie tropicale, pays aussi concret que mythique, lieu d'actualisation définitive de l'appartenance. Pour faire face à l'avenir et continuer de vivre dans le présent, il a dû remonter le temps pour y retrouver une « ancienne identité », cette « toison d'or » que le héros-poète devait rapporter pour que le pays reverdisse et que le peuple retrouve le bonheur et la paix. Comme finale de cette conquête, aucune apothéose ampoulée, mais une déclaration simple, claire et directe : « Je suis Cadien[29] », avec tout ce que cela comporte de réalisme et de fierté.

« *Louisiane bien-aimée* »

Le thème du pays revient constamment et l'attachement à la Louisiane est présenté comme un autre volet de l'identité. L'une des premières chansons du poète Zachary Richard célèbre fièrement le pays : « La Louisianne [*sic*], ma Louisianne, / Si belle en printemps, si chaude en été, / C'est frais en automne, c'est trempe en hiver, / Mais moi j'su'fier d'et' 'Cajin[30]. » Chez Jean Arceneaux, l'attachement à la « Louisiane bien-aimée » se révèle par des images concrètes confondant la femme, le pays et la nature : « beau soleil, un ciel bleu », « une belle si belle, / Qui fait briller la nuit comme le jour[31] ». L'enracinement dans le sol louisianais et l'appropriation de l'espace géographique et culturel se manifestent symboliquement, chez Jean Arceneaux, par l'image des pieds « transplantés sur quelques arpents » de la « chère terre ». Plus tard, Scott Cooper souhaitera à son tour prendre racine au milieu des « cannes à sucre vertes[32] », les pieds « enterrés » dans la « vieille boue noire » de sa Louisiane. Qu'il soit parvenu ou non à l'étape finale de la confirmation de son appartenance culturelle et ethnique, le poète cadien s'inspire, plus ou moins consciemment, de l'archétype de la terre mère et réactive certains mythes telluriques générateurs d'énergies sécurisantes : la rêverie poétique est féconde.

Des images récurrentes empruntées à la nature et aux saisons confirment l'attachement à la Louisiane comme composante identitaire. Earlene Broussard exprime dans un langage imagé les rapports entre son identité et les phénomènes éoliens: «Ce sont les petits vents du nord qui m'entourent d'une chaleur culturelle, qui renforcent en moi mon identité louisianaise dans ce pays du sud-ouest, qui me remplissent de vie et de force pour passer l'hiver, pour arriver au printemps[33].» Quant à Brenda Mounier, le poème d'amour qu'elle adresse au pays manifeste les effets bienfaisants de la découverte de l'identité: «Asteur que j'connais / qui t'es / et / qui j'suis, / on s'adonne / bien / hein, ma Louisiane?[34]» Sans nommer explicitement les rapports entre l'identité et les réalités louisianaises, Carol J. Doucet et David Lanclos[35] ont produit des textes poétiques et narratifs inspirés des traditions cadiennes. Dans l'ensemble, le langage empreint de naturel et de simplicité, d'humour et de belle humeur, traduit bien la «joie de vivre» et l'enthousiasme communicatifs qu'éprouvent le Cadien et la Cadienne lorsqu'ils se sentent enfin à l'aise, épanouis dans leur espace physique et culturel.

Personnages contemporains ou «Ein Cadjin, quoi c'est ça?»

Existe-t-il vraiment, comme le chantait jadis Johnny Jano, des Cadiens «cent pourcent, dans le sang, *Cajun pure*»? La dichotomie «vrais» et «faux» Cadiens contemporains surgit dès les débuts de la littérature cadienne, complexité qui ne se résout pas facilement, car les définitions et les distinctions sont rares. Le premier poème de Jean Arceneaux contient une explication à peine nuancée: «On commence à voir une différence / Entre le vrai monde et les autres. / Les vrais sont à peu près invisibles[36].» Les «vrais», moins scolarisés et plus nombreux, constituent la base de la société louisianaise francophone; alors que d'autres, «les Cadiens dorés», assimilés aux Créoles blancs, plus raffinés et moins nombreux, s'en distinguent. Les «vrais» Cadiens qui prennent vie dans la littérature exercent pour la plupart les métiers traditionnels reliés à l'agriculture, à la pêche et à la chasse, ou sont employés dans l'industrie du pétrole. On distingue parfois Cadiens de la prairie de Cadiens des mèches; il est aussi question de Marais-Bouleurs qui, tout en étant de grands travailleurs, sont reconnus pour la rudesse de leurs mœurs. Si Jean Arceneaux dénonce certaines images folkloriques stéréotypées d'une «race idyllique», peuple insouciant qui ne ferait rien d'autre que de «laisser le bon temps rouler», c'est qu'il y voit une déformation de la réalité.

L'identité ne pose pas de problèmes aux «vrais» Cadiens de la pièce de David Marcantel; ce sont les étrangers, c'est-à-dire les Américains qui demandent: «Ein Cadjin, quoi c'est ça?[37]» Le dialogue entre une «compteuse de monde» et un «piégeur» cadien qui se nomme Purphy est un savoureux morceau littéraire, unique en son genre, rempli de reparties spirituelles, d'effets comiques, mais aussi de grandes vérités. Puisqu'il n'appartient à aucun des groupes minoritaires officiellement reconnus, ce piégeur d'une cinquantaine d'années s'identifie clairement: «Madame, à Bayou St-Pierre, tout le monde est Cadjin, Acadien» (p. 301). Détail significatif, Purphy, qui projette l'entière responsabilité de ses «misères» sur les «Amaricains» dont il se sait différent, déclare l'«amaricain» comme langue «étrangère». Aucune insistance sur la frustration normalement ressentie par tout groupe social qui souffre de la domination d'une forte majorité; l'humour de Purphy et ses reparties dissimulent quelque peu son ressentiment.

Toutefois, ce «vrai» Cadien, personnage comique mais ferme, voire intransigeant, tient à son identité: «J'sus Cadjin jusqu'à dans les tripes» (p. 311). D'ailleurs, la définition imagée qu'il donne du Cadien est révélatrice de l'imaginaire et des valeurs qui caractérisent son peuple:

> Ein Cadjin est ein tas de forces mystérieuses et magiques. [...] Le Cadjin fait partie du soleil, des vents, des marées, des mèches, et des bayous et tout ça fait partie de lui. Y tire son existence même de ses traditions, de son langage, de sa musique d'accordéon et de son Djeu. Ein Cadjin, c'est comme ein chêne qui peut pas êt' déraciné[38].

Purphy partage les convictions de son père, pour qui l'identité cadienne est faite de fidélité aux coutumes, aux croyances et aux traditions populaires. Voyant un rapport entre langue, lignée et identité, ce grand-père se plaint: «Comment ça se fait que mes 'tits-enfants parlont pas ma langue? Comment ça se fait que les 'tits-enfants de mon sang sont pas de ma race, la race acadienne?» (p. 15). Les jongleries de ce vieux Cadien révèlent une perception de l'identité distincte de celle de ses descendants rapidement américanisés: ses enfants parlent encore cadien, mais la plupart de ses petits-enfants n'apprennent que la langue dominante aux États-Unis.

La vieille dame qui, dans le premier récit de Richard Guidry «*Hallo, Gramma's fine, an'y'all?*», parle un français cadien, naturel et savoureux, fait une distinction entre Cadiens et Américains. Elle ne se gêne pas pour dénoncer les travers des Américains, bien qu'elle se voie forcée d'admettre: «Ça que j'trouve encore plus trist' que ça, c'est que moi-même, j'ai des enfants qui croyont, eusses aussitte, qu'i' sont des Amaricains[39].» Ces Cadiens qui ont entre quarante et soixante ans et ont été marqués par l'ostracisme, peuvent-ils sincèrement se reconnaître à la fois Cadiens et Américains? Émigrés en ville ou dans les autres États, ils sont pour la plupart assimilés aux Américains ou tout au moins ils se sont adaptés à la réalité américaine. Le grand-père dans *Mille misères* présente ainsi sa fille Aline: «Asteur c'est ein avocat, c'est quèqu'un de bien. Mais elle est pus Cadjin. A s'a marié à un cou-rouge qu'elle a trouvé à Bâton-Rouge» (p. 309). Puisqu'elle a renoncé à sa culture populaire et s'est coupée de ses racines, l'avocate Aline refuse de se dire Cadienne. Pourtant, cette femme de quarante ans n'a pas totalement renié ses origines: elle a de l'affection pour les siens et se dit toujours «Acadienne» à cause des liens du sang. Pourtant elle parle le français normatif et, à son avis, la langue et la culture cadiennes ont peu de chance de se perpétuer en Louisiane. Son frère Purphy lui reproche avec véhémence de ne pas montrer le français à ses enfants: «On devrait jamais avoir honte de parler cadjin et d'êt' Cadjin » (p. 313). Il arrive que les membres d'une famille aient des perceptions divergentes de l'identité cadienne et des options culturelles et linguistiques antagonistes.

Il existe une autre catégorie de Cadiens qui ne s'identifient pas aux « vrais Cadiens » tels que Purphy et son père. S'agit-il alors de « faux » Cadiens ? Il n'est pas facile de clarifier la situation, et pourtant, selon l'avocate Aline, bon nombre de Cadiens ne parlent pas le « vrai langage cadjin » et ne jouent pas la « vraie musique cadjine ». Ailleurs, Émile DesMarais décrit le dilemme des « faux jetons » qui se démarquent des « vrais » Cadiens par une instruction supérieure et se distinguent des Cadiens assimilés par leur engagement dans la cause culturelle et la détermination de rester Français. Cette division à l'intérieur du peuple cadien inquiète Émile DesMarais, qui se dit lui-même un « faux jeton », bien que le lecteur le perçoive comme un Cadien « authentique », à cause de ses convictions et d'un profond désir de durer en tant que Français : « Nous, nous serons toujours là. Mais nous n'étions pas de vrais Cadjins quand même[40]. »

Le héros de *Mille misères* — l'unique jeune représenté dans la littérature cadienne —, celui qui tue le Djâb symbolisant la puissance américaine, est un garçon de quinze ans, fier de son héritage et de son identité. Le jeune Hibou représente un nouveau type de Louisianais : de jeunes Cadiens instruits, dynamiques et convaincus, ardents défenseurs de la langue et de la culture cadiennes et fondateurs d'un mouvement littéraire au cours des années 70. Issus de la base pour la plupart, ils se reconnaissent dans la culture cadienne ; c'est pourquoi l'appellation de Cadien ou Cadienne « authentique » semble appropriée pour désigner les auteurs cadiens. Pour eux, le mot d'ordre « sauver l'héritage » va au-delà du folklore et de la musique cadiennes ; l'enjeu concerne toute la culture et la langue, l'expression de leur être, de leur réalité et de leur devenir.

Les Créoles noirs et les autres...

Comme les textes littéraires cadiens forment un *corpus* limité quoique ouvert, il serait téméraire de penser que tous les groupes de Louisianais francophones y sont représentés. Il existe cependant une autre « qualité de monde » qui prend moins souvent la parole. Différent des autres Cadiens par son parler créole, le vieil homme qui se raconte dans le monologue « L'Espoir » de Richard Guidry présente sa véritable identité comme une énigme à résoudre. L'unique source d'information étant le texte écrit, le lecteur ne saisit pas d'emblée qui est cet homme. Graduellement, se révèlent les traits et les caractéristiques physiques de ce sympathique personnage, assez loquace sur ses origines raciales et familiales. Ce vieil homme déclare tenir le nom de Broussard de son grand-père, dont les ancêtres sont venus du Canada ; toutefois, il ne connaît pas davantage sa généalogie que l'histoire de l'Acadie. Il ajoute que sa grand-mère « c'été eine négresse », qui de plus avait du sang amérindien. Mi-sérieux, mi-moqueur, ce Broussard explique comment il se perçoit : « Ça s'trouve côme ça qué mo gain di blanc et di chauvage. Mais mo cônain mo toujou' ein nèg. In' a zen yé croit iche parce qué yé gain di blanc yé mié qu'les aut'. Quand même yé parait tout blanc, yé toujou' noi'[41]. » Serait-il un Cadien créole avec de surcroît une ascendance amérindienne ? Même s'il est un heureux mélange de trois races, ce vieux Louisianais se reconnaît d'abord comme un Noir.

Un des poèmes de Sybil Kein interpelle ainsi les Louisianais francophones : « Hé Cajun, / Et toi, Créole, / Cofaire to pélé to même / Blanc ou Noir ? Qui donnein toi noms-yé ? / Nous tous descendants des Français, Espagnols, / Africains, Indiens, Acadians, Haïtiens, / Et tout z'autres Gombo People qui té vinir à / La Louisiane. Epice-yé té fait le Gombo[42]. » Cette perception oblige le lecteur critique à tenir compte des divers peuples transplantés en Louisiane. Préoccupée du sort d'un groupe que les sociologues considèrent comme une sous-culture de la francophonie louisianaise, Debbie Clifton ne craint pas de signaler la discrimination dont certaines gens au sang mêlé sont la cible. Le personnage « Blackie Frugé » ne peut pas dissimuler ses origines et l'appartenance raciale que révèlent son parler et des traits visibles : la couleur de sa figure et sa démarche. Il s'attire le mépris d'autres groupes sociaux, en voie d'assimilation eux aussi, qui le dénigrent pourtant : « Nous-aut don't serve no green-eyed / White-assed, sauvage Red Frenchman / niggers icit... / pas dans honkey-tonk, oh no![43] » Celui qui dit « nous-autres » et parle un français farci de mots américains — ou est-ce l'inverse : de l'américain agrémenté de mots français ? — trahit lui aussi son appartenance à un groupe minoritaire et son inconscience ou son ignorance des menaces qui pèsent sur sa propre survivance. En somme, d'après les quelques textes en créole, il apparaît que les Noirs sont davantage marqués par le clivage social. Même s'il semble amusant, un petit conte de Debbie Clifton révèle la situation quasi tragique d'un « ti vieux nèg » qui ignore que sa race est méconnue : « Personne té jamais dit li encore, que li 'tait pas là, [...] Et l'américain 'tait pas là pour li montrer / que n'importe comment noir li était / c'est invisible li est pour vrai / Et li té crevé comme le dodobird[44]. » Quoique distinct des Cadiens, ce groupe ethnique n'en constitue pas moins une facette intéressante de la diversité française en Louisiane et des conséquences de la discrimination sur la perception de soi.

Personnages historiques : ancêtres cadiens déportés

Quelques écrivains cadiens désireux d'approfondir leur identité et de connaître leurs origines mettent en pratique la maxime populaire : « Si tu ne sais pas où tu vas, va donc voir d'où tu viens ! » L'histoire et la généalogie constituent alors des pistes de recherche fertiles et une source d'inspiration pour la création de personnages littéraires. Le désir de faire revivre ses ancêtres, d'imaginer leur quotidien et de les situer dans le contexte historique se concrétise, entre autres, dans les monologues narratifs « Évangéline qui ?[45] » de Jean Arceneaux et dans le court roman historique d'Antoine Bourque. Barry

Jean Ancelet et Carl Brasseaux, puisque c'est d'eux qu'il s'agit, s'inspirent de l'histoire de leurs propres ancêtres d'origine acadienne, les Arceneaux et les Brasseux.

Dès ses débuts en poésie, Jean Arceneaux avait dénoncé l'exploitation à des fins touristiques de récits « étrangers » accolés à l'histoire du peuple cadien. S'inspirant de polémiques autour des fictives héroïnes Évangéline Bellefontaine et Emmeline Labiche, Jean Arceneaux imagine les deux monologues narratifs que prononcent Louis Arceneaux et Mélonie Brasseux, personnages vraisemblables, amusants ou tragiques, mais toujours profondément humains. Avec la verve, la vivacité, le piquant et le sens de l'humour qui caractérisent le style et la pensée de Jean Arceneaux, l'ancêtre Louis Arceneaux transgresse les barrières du temps et de l'espace pour venir défendre sa cause, clarifier la situation. Il conteste le mythe d'Évangéline inventé par Longfellow et, en une sorte d'amusant plaidoyer à la défense de son honneur, il réfute catégoriquement la véracité de l'intrigue amoureuse entre lui et Emmeline Labiche, histoire qu'aurait inventée Félix Voorhies. Quant à Mélonie Brasseux, elle aurait été séparée de son amoureux comme beaucoup de fiancées acadiennes, mais son attitude face au destin n'a rien du romantisme d'une Évangéline, ce qui ne l'empêche pas d'affirmer sa prédilection pour les « histoires », qu'elles soient « jolies » ou « vraies ».

Les divergences et la complémentarité qui unifient l'histoire et la littérature, la vérité et la fiction, ou encore le rêve et la réalité sont matière à réflexion dans les discours de Louis Arceneaux et de Mélonie Brasseux. La forte personnalité de ces personnages d'anciens Acadiens, vivants et bien campés, démolit certains mythes étrangers accolés à leur histoire, et de nouvelles figures légendaires se créent sous la plume de Jean Arceneaux. Les monologues réactivent d'autres schèmes mythiques, plus valables et efficaces dans la quête de l'identité ethnique, puisque ces ancêtres surgissent directement du cœur d'un poète louisianais, de l'histoire et de l'imaginaire cadiens.

Dans un court roman historique[46] bien structuré, Antoine Bourque reconstitue sept épisodes de la vie de ses ancêtres Cosme et Elizabeth Brasseux, à partir de la déportation de Rivière-aux-Canards en 1755, jusqu'au départ du fils Blaise Brasseux pour les Opélousas avec la famille de Geneviève Janisse, en 1773, en passant par un séjour de douze ans au Maryland, l'arrivée en Louisiane et l'établissement le long du Mississippi près de Saint-Gabriel. Le cadre historique reconstitué est précis : les dates et les faits exacts. Fort de sa formation en histoire, le romancier s'appuie sur des documents authentiques dont il insère parfois des extraits en anglais dans le récit. Le lecteur y décèle, en plus du souci d'exactitude et de fidélité aux faits rapportés, une ferme intention de donner vie aux anciens Cadiens qui s'animent, résistent et s'affirment devant l'adversité. Le réalisme des personnages se dégage de leur force de caractère et de leur détermination. L'intensité des liens affectifs entre parents et voisins, ainsi que le naturel du dialogue en français cadien constituent quelques traits caractéristiques des ancêtres acadiens, autant chez les femmes que chez les hommes.

Malgré la trame tragique du récit, les personnages de Jean Arceneaux et d'Antoine Bourque montrent très peu d'aigreur, aucun *pathos*. Ces ancêtres, qu'il aurait été tentant de transformer en héros surhumains, piège que ces jeunes auteurs ont su éviter adroitement, possèdent une étonnante consistance psychologique. Dans ces récits inspirés du passé, la quête d'identité est liée à la famille et à la possession d'une terre où il est enfin possible de s'enraciner et de vivre en paix. Jean Arceneaux et Antoine Bourque n'ont pas voulu créer des personnages désincarnés, très romantiques ou épiques, sans doute pour mieux montrer les ressemblances entre les Cadiens de la fin du XXᵉ siècle et les ancêtres acadiens. Les personnages conservent une dimension humaine, une mentalité et un parler qui les rapprochent de la réalité contemporaine.

Conclusion

Un premier ensemble de textes retenus pour la présente étude transmet directement l'expérience d'auteurs qui, pour la plupart, écrivent à la première personne, le «je» laissant émerger leurs sentiments profonds et leurs préoccupations ethnoculturelles. Le processus psychologique qui s'actualise pour chacun comporte, grosso modo, les phases suivantes, plus ou moins successives : la prise de conscience de sa différence, des réactions viscérales, la découverte de la valeur de sa culture et de son héritage, la fierté et la reconnaissance de sa spécificité ethnique, l'intensification du sens d'appartenance à une collectivité, l'attachement à la Louisiane et, finalement, l'affirmation de l'identité cadienne. Quant aux personnages contemporains ou historiques, chacun représente l'une ou l'autre catégorie de Louisianais, tout en agissant comme porte-parole d'auteurs convaincus que, sans passé ni racines, il serait difficile de se construire un avenir. La littérature cadienne véhicule des représentations de l'identité à la fois variées, complexes, fortes et convaincantes. Il importe toutefois de ne pas confondre identité ethnique et nationalité américaine, dont il est rarement question dans les textes littéraires. Bien que les personnages plus âgés refusent de se dire Américains, les auteurs louisianais francophones et la plupart des Cadiens et Cadiennes fictifs ne nient pas la nationalité américaine : c'est de l'appartenance à un peuple, de la préservation de leur héritage dont ils se préoccupent.

Plusieurs composantes de l'identité ethnique paraissent dans la littérature cadienne, entre 1976 et 1995. L'identification précise du groupe ethnique étant primordiale, le choix de la désignation Cadien et Cadienne est désormais définitif, tout aussi irrécusable que la graphie et la prononciation des patronymes, ainsi que le recours à des pseudonymes français. De même, la langue littéraire est un fidèle reflet des variétés de français louisianais. Les divers groupes francophones représentés se distinguent toutefois par certains aspects telles la langue d'usage et les origines raciales. L'appartenance et l'assimilation au groupe majoritaire en Acadiana, c'est-à-dire aux Cadiens, se manifestent chez les divers groupes présents dans la littérature : soit les Cadiens et Cadiennes descendant d'Acadiens ou d'autres nationalités, les

Créoles noirs et les Amérindiens francophones, sans oublier la possibilité du mélange des races implantées en Louisiane.

La plupart des écrivains ont des ambitions et des projets littéraires qui se ressemblent. La thématique exploitée est strictement louisianaise : les auteurs parlent d'eux-mêmes et de leur réalité, dans une perspective cadienne et créole. Tous manifestent un grand attachement à la Louisiane, une grande fierté, une sensibilisation à la valeur de la culture et du patrimoine qui se sont transmis par le biais des traditions populaires, de l'histoire et de la généalogie, de la musique et des chansons, de la littérature orale, des coutumes et des croyances. La quête de l'identité ethnique s'explique par le besoin de se situer dans une collectivité, de reconnaître et d'afficher sa différence. S'appuyant sur un indéniable souci d'authenticité, un certain conservatisme culturel transparaît parfois dans l'opposition aux forces assimilatrices américaines, le refus de modifier la langue et la résistance à l'influence d'instances étrangères, fussent-elles d'expression française. À quelques exceptions près, l'influence de la religion catholique et l'appartenance à la francophonie ne sont pas très explicites dans la littérature.

Laissant à d'autres la tâche de vérifier cette identité en la confrontant à des recherches ethnologiques, sociologiques, psychologiques ou autres, nous avons tenté de montrer comment les textes littéraires récents présentent l'identité ethnique. Dans la présente étude, les principaux points de référence, les critères retenus s'appuient sur la seule liberté et sur la sincérité des auteurs, dont la sensibilité, l'intuition et l'imagination créatrice sont le lieu de convergence, rassemblant et exprimant de multiples facettes de la réalité louisianaise. Chez les nouveaux auteurs, le besoin d'affirmer l'identité ethnique semble encore urgent ; par contre, chez les écrivains fondateurs du mouvement littéraire des années 70, cette période est révolue. Toutefois, les premiers auteurs cadiens et créoles auront joué un rôle déterminant dans l'orientation de la littérature cadienne contemporaine. Les contenus et la langue littéraires ont évolué, d'autres thématiques ont été exploitées, ce qui aura permis à cette jeune littérature d'accéder à l'autonomie et de s'affirmer comme authentiquement louisianaise.

BIBLIOGRAPHIE DE LA LITTÉRATURE CADIENNE DE LOUISIANE 1976-1995

I. Œuvres

Acadie tropicale (collectif), sous la direction de Barry Jean Ancelet, Lafayette (La.), Éditions de la Nouvelle Acadie, Center for Loui-siana Studies, University of Southwestern Louisiana, 1983, 51 p.

Allain, Mathé et Barry Jean Ancelet, *Littérature française de la Louisiane. Anthologie*, Bedford (N.H.), National Materials Development Center for French, 1981, 360 p.

Ancelet, Barry Jean et Richard Guidry, *Jean l'Ours et la Fille du*

Roi, Lafayette (La.), University of Southwestern Louisiana, Center for Louisiana Studies, 1979.

Arceneaux, Jean [Barry Jean Ancelet], *Je suis Cadien*, Merrick (N.Y.), Cross-Cultural Communications, « Cajun Writers », Chapbook 2, 1994, 48 p.

Bourque, Antoine [Carl Brasseaux], *Trois saisons : contes, nouvelles et fables de Louisiane*, Lafayette (La.), Éditions de la Nouvelle Acadie, Center for Louisiana Studies, University of Southwestern Louisiana, 1988, 89 p.

Bourque, Darrell, *Plainsongs*, Merrick (N.Y.), Cross-Cultural Communications, « Cajun Writers », Chapbook 1, 1994, 48 p.

Castille, Jeanne, *Moi, Jeanne Castille, de Louisiane* (autobiographie), Montréal, Luneau-Ascot éditeurs, 1983, 222 p.

Cris sur le bayou : naissance d'une poésie acadienne en Louisiane (collectif), sous la direction de Barry Jean Ancelet, Montréal, Les Éditions Intermède, 1980, 143 p.

Crump, Elaine Carmichael, *Chinaberry Beads / Les Grains de l'arbre à chapelet*, traduit par Codofil, Gretna (La.), Pelican Publishing Co., 1978, 126 p.

Doucet, Carol J., *La Charrue*, Lafayette (La.), Éditions de la Nouvelle Acadie, Center for Louisiana Studies, University of Southwestern Louisiana, 1982, 25 p.

Éloizes (revue de l'Association des écrivains acadiens), numéro spécial sur *La Louisiane… paroles en éveil*, Moncton (N.-B.), n° 22, automne 1994.

Feux follets (revue littéraire des Éditions de la Nouvelle Acadie), Université du Sud-Ouest de la Louisiane, Lafayette (La.), n° 1 à 4, 1991 à 1994.

Guidry, Richard, *C'est p'us pareil*, Lafayette (La.), Éditions de la Nouvelle Acadie, Center for Louisiana Studies, University of Southwestern Louisiana, 1982, 25 p.

Landry, Monica et Julien Olivier, *Tantine : l'histoire de Lucille Augustine Gabrielle Landry racontée par elle-même à 82 ans*, Bedford (N.H.), National Materials Development Center for French and Creole, 1981, 45 p.

Louisiane, numéro spécial « French Writers in Louisiana / Le Français écrit en Louisiane », Media-Louisiane, Lafayette (La.), n° 78, mai-juin 1985, 20 p. (Publiée entre 1977 et 1985, la revue *Louisiane française*, renommée *Louisiane* en mars 1980, contient de nombreux textes littéraires en français cadien et créole.)

Reed, Revon, *Lâche pas la patate. Portrait des Acadiens de la Louisiane*, Montréal, Éditions Parti Pris, « Du Chien d'or », n° 6, 1976, 143 p.

Richard, Zachary, *Voyage de nuit. Cahier de poésie, 1975-79*, Lafayette (La.), Éditions de la Nouvelle Acadie, Center for Louisiana Studies, University of Southwestern Louisiana, 1987, 112 p.

Untel de Gravelles, Marc [David Marcantel], *Mille misères : laissant le bon temps rouler en Louisiane*, Québec, Département de géographie de l'Université Laval, « Document de travail n° 5 », mars 1979, X-31 p.

Waggoner, May, *La mer attendra* (poésie), Grenoble, CCL éditions, 1990, 67 p.

II. Études

Allain, Mathé, « Les éléments surréalistes dans la littérature louisianaise », Claude Le Goff (dir.), *Héritage francophone en Amérique du Nord*, Québec, Québec français, 1984, p. 83-94.

———, « L'invention de la Louisiane : historique littéraire », Jules Tessier et Pierre-Louis Vaillancourt (dir.), *Les Autres Littératures d'expression française en Amérique du Nord*, « Cahiers du CRCCF », n° 24, Ottawa, Éditions de l'Université d'Ottawa, 1987, p. 105-111.

———, « Littérature et mentalité populaire en Louisiane », *Vie française*, vol. 41, n° 1, 1989, p. 29-38.

———, « The French Literature of Louisiana », *The University of Colorado Occasional Papers*, Vol. 2, 1982, p. 83-113.

Allain, Mathé et Barry Jean Ancelet, « Feu de savane : A Literary Renaissance in French Louisiana », *Southern Exposure*, Vol. 9, No. 2, 1981, p. 4-11.

Allain, Mathé et Adèle Cornay St. Martin, « French Theater in Louisiana », Maxine Schwartz Seller, *Ethnic Theater in the United States*, Westport (Conn.), Greenwood Press, 1983, p. 139-174.

Ancelet, Barry Jean, « On va les embêter. L'éducation en question dans l'œuvre de Jean Arceneaux », *Louisiane*, n° 78, mai-juin 1985, p. 16-17.

———, « The Cajun who went to Harvard : de l'oral à l'écrit en Acadie tropicale », Jules Tessier et Pierre-Louis Vaillancourt (dir.), *Les Autres Littératures d'expression française en Amérique du Nord*, « Cahiers du CRCCF », n° 24, Ottawa, Éditions de l'Université d'Ottawa, 1987, p. 93-103.

Barry, A. David, « Ethnicité et humour : les Cadiens louisianais », *Francophonies d'Amérique*, PUO, n° 2, 1992, p. 183-191.

Beaulieu, Bertille, « Débuts de la littérature cadienne en Louisiane », *Revue de l'Université de Moncton* (en préparation).

Charpentier, Erik, « Portrait d'auteur : David Marcantel », *Francophonies d'Amérique*, PUO, n° 4, 1994, p. 145-154.

Cloutier, Françoise, « *Cris sur le bayou* : l'écriture à la rescousse de l'héritage », *Louisiane*, n° 49 à 52, 1981.

Dural, Carolyn, « Bibliographie des écrits louisianais français de 1900 jusqu'à nos jours [1984] », Jules Tessier et Pierre-Louis Vaillancourt (dir.), *Les Autres Littératures d'expression française en Amérique du Nord*, « Cahiers du CRCCF », n° 24, Ottawa, Éditions de l'Université d'Ottawa, 1987, p. 155-164.

Labarre Saint-Martin, Gérard, « La Louisiane francophone aujourd'hui », Claude Le Goff (dir.), *Héritage francophone en Amérique du Nord*, Québec, Québec français, 1984, p. 95-103.

Mauguière, Bénédicte, « Le Théâtre Cadien : de l'Acadie à la Louisiane », *Présence francophone*, n° 43, 1993, p. 75-84.

Têtu, Michel, *Voix de la Louisiane. Littérature du XX° siècle*, Québec, Université Laval, et Lafayette, Centre d'études louisianaises et CODOFIL, 1993, cassette vidéo, 28 min. (avec la participation de David Barry, de l'Université Southwestern Louisiana).

Waggoner, May, « À cœur ouvert », *La Gazette de Louisiane*, vol. 2, n° 17, février 1992, p. 5-6.

NOTES

1. Une bibliographie de la littérature cadienne, établie en collaboration avec Barry Jean Ancelet, de l'Université Southwestern Louisiana, à Lafayette, paraît à la suite de cet article.

2. Jean Arceneaux [Barry Jean Ancelet], «Réaction», *Cris sur le bayou*, Montréal, Intermède, 1980, p. 19.

3. La prononciation du mot *Cadien* se situerait, selon Richard Guidry, «quelque part entre le djable et le Bon Djeu». Voir «Opinions», dans *La Gazette de Louisiane*, Lafayette (La.), CODOFIL, vol. 1, nº 6, janvier 1991, p. 9. Le débat sur cette question aura conduit à la formation d'un Comité du français louisianais.

4. Voir l'article de Richard Guidry indiqué ci-dessus et Pascal Poirier, *Le Glossaire acadien*, édition critique établie par Pierre M. Gérin, Moncton, Éditions d'Acadie et Centre d'études acadiennes, 1994, p. 8-9. Ces distinctions étant faites, nous respecterons la graphie choisie par les auteurs dans les textes cités.

5. Richard Guidry et Amanda LaFleur, «Le français louisianais: un aperçu général», dans *Francophonies d'Amérique*, PUO, nº 4, 1994, p. 130. Ces deux linguistes reconnaissent aussi le parler créole ou «nègre».

6. Dégât, «Leçon de bon français», *Acadie tropicale*, Lafayette (La.), Éditions de la Nouvelle Acadie, Center for Louisiana Studies, University of Southwestern Louisiana, 1983, p. 28.

7. Frère Moreau, «Le bon français», *Acadie tropicale*, p. 49.

8. Debbie Clifton, «Voyageur», *Cris sur le bayou. Naissance d'une poésie acadienne en Louisiane*, Montréal, Les Éditions Intermède, 1980, p. 76.

9. Barry Ancelet, «On va les embêter: l'éducation en question dans l'œuvre de Jean Arceneaux», *Louisiane*, Lafayette (La.), Média-Louisiane, nº 78, mai-juin 1985, p. 16.

10. Mike Carencro, «Voir la France», *Louisiane*, Lafayette (La.), Média-Louisiane, nº 66, mai-juin 1983, p. 14.

11. Zénon Chéramy [David John Cheramie], «Souvenirs de sneaux», *Feux follets* (revue littéraire des Éditions de la Nouvelle Acadie), Lafayette (La.), nº 3, 1993, p. 1.

12. *Ibid.*

13. Pascal Poirier, *Le Glossaire acadien*, *op. cit.*, p. 278. Le mot «nation» hérité du normand s'emploie encore au sens «de famille, de race et de qualité». Les Cadiens parlent volontiers de «qualité de monde» dans le même sens.

14. Antoine Bourque [Carl Brasseaux], «Mon nom, c'est pas correct», *Acadie tropicale*, *op. cit.*, p. 14.

15. Louise Poitiers Gaudet, «Le français mutant», *Éloizes* (revue de l'Association des écrivains acadiens), Moncton (N.-B.), nº 22, 1994, p. 21.

16. Gwenn Laviolette, «Grandmère», *Feux follets*, nº 1, 1991, p. 14.

17. Jean Arceneaux, «Schizophrénie linguistique», *Cris sur le bayou*, *op. cit.*, p. 16-17.

18. *Ibid.*

19. Voir «C'est fou, le monde», dans *Louisiane française*, nº 24, mai 1979, p. 4.

20. Louise Poitiers Gaudet, «Laissez-moi seule», *Éloizes* (revue de l'Association des écrivains acadiens), Moncton (N.-B.), nº 22, 1994, p. 20.

21. Antoine Bourque [Carl Brasseaux], «Un Cajun renaît», d'abord paru dans *Louisiane* (nº 43, février 1981, p. 10), puis dans *Acadie tropicale*, *op. cit.*, sous le titre «Le Cajun renouveau», p. 10.

22. *Ibid.*

23. Émile DesMarais [David Émile Marcantel], «Apologie du peuple français de Louisiane», *Littérature française de la Louisiane. Anthologie*, sous la direction de Mathé Allain et Barry Ancelet, Bedford (N.H.), National Mate-

rials Development Center for French, 1981, p. 349.

24. *Ibid.*, p. 354.

25. Jean Arceneaux, *Je suis Cadien*, Merrick (N.Y.), Cross-Cultural Communications, 1994, p. 8.

26. *Ibid.*, p. 8.

27. *Ibid.*, p. 12.

28. *Ibid.*, p. 38.

29. *Ibid.*, p. 46.

30. Zachary Richard, «Ma Louisianne», dans *Mardi gras*, disque, Les Éditions du Marais Bouleur, PRO, CBS Disques, Canada Ltée, 1977.

31. Jean Arceneaux, *Je suis Cadien*, *op. cit.*, p. 26.

32. Scott Cooper, «Les terres chaudes», *Feux follets*, nº 4, 1994, p. 29.

33. Earlene Broussard, «Les petits vents du nord», *Feux follets*, nº 4, 1994, p. 31.

34. Brenda Mounier, «Le 4 octobre 1986», *Feux follets*, nº 1, 1991, p. 27.

35. Le recueil poétique *La Charrue* de Carol J. Doucet est bien connu (Lafayette (La.), Éditions de la Nouvelle Acadie, Center for Louisiana Studies, University of Southwestern Louisiana, 1982, 25 p.). Quant aux textes de David Lanclos, le périodique bilingue *Louisiane française* (1977 à 1985) contient une série de contes et de récits de cet auteur qui mériteraient certes d'être publiés en volume.

36. Jean Arceneaux, «Réaction», *Cris sur le bayou*, *op. cit.*, p. 19.

37. Émile DesMarais, «Mille misères: laissant le bon temps rouler en Louisiane», *Littérature française de Louisiane. Anthologie*, *op. cit.*, p. 300. À moins d'indication contraire, les citations sont tirées de cette version de la pièce.

38. Marc Untel de Gravelles [David Émile Marcantel], *Mille misères: laissant le bon temps rouler*, «Document de travail nº 5», Département de géographie de l'Université Laval, 1979, p. 19-20. D'abord parue dans le cadre du Projet Louisiane, reprise et abré-

gée, cette pièce paraît dans *Littérature de la Louisiane. Anthologie, op. cit.*, sous le nom d'Émile Des-Marais.

39. Richard Guidry, *C'est p'us pareil*, Lafayette (La.), Éditions de la Nouvelle Acadie, Center for Louisiana Studies, University of Southwestern Louisiana, 1982, p. 1.

40. Émile DesMarais, « Les Faux Jetons », *Cris sur le bayou, op. cit.*, p. 81.

41. Richard Guidry, *C'est p'us pareil, op. cit.*, p. 23.

42. Sybil Kein, « La chaudière pélé la gregue » (extrait de *Gombo People*), *Louisiane*, n° 57, mai 1982, p. 11.

43. Debbie Clifton, « Blackie Frugé », *Cris sur le bayou, op. cit.*, p. 68.

44. Debbie Clifton, « Ein de les aventures de Cocodrie et Tchoupoule », *Cris sur le bayou, op. cit.*, p. 71.

45. Jean Arceneaux, « Évangéline qui ? », *Feux follets*, n° 2, automne 1991, p. 51-54.

46. Antoine Bourque, « Les Déracinés », dans *Trois saisons : contes, nouvelles et fables de Louisiane*, Lafayette (La.), Éditions de la Nouvelle Acadie, Center for Louisiana Studies, University of Southwestern Louisiana, 1988, 89 p. Il s'agirait, à notre connaissance, du seul roman historique cadien publié en français cadien.

LOWELL — LE RÊVE ET LA RÉALITÉ

Claire Quintal
Institut français, Collège de l'Assomption
(Worcester, Mass.)

La ville de Lowell doit son statut quasi légendaire dans la littérature française et québécoise à l'écrivain breton, Louis Hémon. Son roman, *Maria Chapdelaine*, écrit en 1912, place son héroïne, Maria, devant la difficulté de choisir un prétendant. Après la mort de son fiancé, François Paradis, un voyageur du XXe siècle, bûcheron et trappeur, qui fait le troc avec les Amérindiens dans le nord de la province de Québec, Maria aura une autre chance de se marier. Deux hommes restent dans sa vie, chacun voulant l'épouser : Eutrope Gagnon, un défricheur-cultivateur comme le père de Maria, Samuel, qui se déplace constamment avec sa famille vers le nord, où il défriche de nouvelles terres pour la culture, et Lorenzo Surprenant, l'émigré qui a vendu sa terre au Québec pour s'en aller travailler dans les « manufactures[1] » de Lowell comme tant d'autres de ses compatriotes.

Ces trois personnages incarnent les trois types de l'homme canadien-français : le coureur de bois-voyageur est représenté par François Paradis, le défricheur-cultivateur par Eutrope Gagnon et l'émigré-ouvrier d'usine par Lorenzo Surprenant. L'auteur lui-même semble avoir préféré le voyageur-aventurier quand il choisit de le nommer François Paradis : François, qui reproduit l'orthographe ancienne de Français, et Paradis comme nom de famille. Dans le roman, celui-ci représente le ciel sur terre pour Maria, plus attirée, elle aussi, vers le coureur de bois que vers les types représentés par les deux autres soupirants. Hélas, François Paradis périra, « écarté… dans les grands brûlés, où la petite neige poudre terriblement et fait des falaises[2] », seul dans les vastes étendues des bois, ayant fait une tentative héroïque pour passer le temps des Fêtes avec Maria.

Maria, pour qui le mariage va de soi, aura donc alors à choisir entre le défricheur-cultivateur, Eutrope Gagnon, et Lorenzo Surprenant, l'ouvrier d'usine à Lowell. Gagnon sera finalement le gagnant une fois que Maria aura entendu ses « voix ». Car Maria écoutera « la voix du pays de Québec[3] » et elle restera dans son pays natal. Pour sa part, Lorenzo Surprenant rentrera sans doute à Lowell où il faut présumer qu'il épousera une jeune fille, émigrée comme lui-même.

Cependant, ce qui nous intéresse ici c'est l'image de Lowell gravée dans l'imagination naïve de Maria Chapdelaine par Lorenzo Surprenant dans sa tentative d'obtenir la main de la jeune fille. Maria se souviendra de tous les menus détails de la description faite par Lorenzo des merveilles de la vie à la ville, lorsqu'elle aura à choisir entre la vie urbaine de la femme d'un ouvrier dans une ville américaine et la vie conjugale, comme sa mère avant elle, sur une terre lointaine, près du village de Péribonka dans la région du lac Saint-Jean au Québec. Elle est particulièrement tentée de suivre Lorenzo, car il peint en rose la vie dans les villes américaines. Il parle de cette « vie magnifique des grandes cités, de la vie plaisante, sûre, et des belles rues droites, inondées de lumière le soir, pareilles à des merveilleux spectacles sans fin[4] ».

Lorenzo peint la ville de Lowell, et la vie des gens qui y habitent, de façon vive à son interlocutrice silencieuse, mais avide de détails :

> Vous ne pouvez pas vous imaginer... Rien qu'à vous promener sur les trottoirs des grandes rues, un soir, quand la journée de travail est finie — pas des petits trottoirs de planches comme à Roberval, mais de beaux trottoirs d'asphalte plats comme une table et larges comme une salle —, rien qu'à vous promener de même, avec les lumières, les chars électriques qui passent tout le temps, les magasins, le monde, vous verriez de quoi vous étonner pour des semaines. Et tous les plaisirs qu'on peut avoir ; le théâtre, les cirques, les gazettes avec des images, et dans toutes les rues des places où l'on peut entrer pour un nickel, cinq cents, et rester deux heures à pleurer et à rire ! Oh ! Maria ! Penser que vous ne savez même pas ce que c'est que les vues animées ![5]

Telle que décrite par Louis Hémon, la ville de Lowell devient un endroit de rêve, merveilleux et étonnant, un Eldorado, tout comme devaient se l'imaginer les habitants canadiens-français de cette époque qui se décidèrent à émigrer.

Camille Lessard-Bissonnette, dans son roman *Canuck*, raconte une réalité très différente de la ville de Lowell. Voici sa description de l'arrivée de la famille Labranche à Lowell, en 1900 :

> Vic [une jeune fille de 15 ans], ayant Maurice à ses côtés, fait le tour de la plate-forme, s'arrête sur le trottoir en avant de la gare, regarde la rue sale qui s'éveille, les maisons grises qui s'ébranlent, les vitres ternies dont les toiles se lèvent et il y a un froncement entre ses sourcils. Longeant la gare il y a une côte. La fillette la gravit avec Maurice et, rendue sur le sommet, elle contemple quelques instants les bâtisses à « tenements » qui semblent toutes pareilles, les « shops » poussiéreuses, les usines enfumées et, entre ses lèvres, passent ces mots : « C'est ça les États ! Et c'est ici que je vais vivre ! »[6]

Allons plus loin. Comparons maintenant la description d'un logement d'ouvrier chez Louis Hémon avec celle qu'en donne la romancière Lessard-Bissonnette. La vision d'un chez-soi à Lowell, d'après le premier, tranche nettement avec celle de la romancière. Voici la description de Louis Hémon : « un joli plain-pied dans une maison en briques, avec le gaz, l'eau chaude, toutes sortes d'affaires dont vous n'avez pas l'idée et qui vous épargnent du trouble et de la misère à chaque instant[7] ».

Et voici la description du logis que la jeune Vic habitera avec sa famille :

> Ce même soir de mars 1900, la famille Labranche se trouvait installée dans un « tenement » de quatre chambres, au 4e, dont le loyer était de 3,00 $ par mois. Leur logement, en avant, donnait sur la rue poussiéreuse tandis qu'en arrière coulait le canal des moulins, aux eaux boueuses, sur les bords duquel ne poussait ni un brin d'herbe, ni un arbuste car des travaux de maçonnerie en avaient dicté le cours. À l'intérieur comme à l'extérieur de ce bloc il y avait longtemps que toute trace de peinture était disparue. Le bois des portes et fenêtres était rongé aux bords, probablement en protestation pour s'être fait ouvrir et fermer trop souvent et trop violemment. Les vitres démastiquées branlaient et, à certaines, des morceaux manquaient. Le plâtre des plafonds et des murs était tombé en maints endroits laissant des cavités ressemblant à des trous de rats par où l'on apercevait les lattes de la fondation. Les planchers en bois mou avaient des nœuds et des aiguillades partout laissant prévoir que sur un palier sans tapis, les enfants nu-pieds et les laveuses de parquet devaient se remplir d'échardes, au moindre frottement[8].

Cette description est-elle réaliste ? Après tout, les récits de Hémon et de Lessard-Bissonnette sont fictifs. Hémon n'a jamais visité Lowell et Lessard-Bissonnette a vécu et travaillé à Lewiston, Maine, bien qu'elle ait choisi de situer son roman à Lowell. On comprend pourquoi Lorenzo Surprenant, qui voulait à tout prix épouser Maria, ait pu embellir la réalité. Il est tout aussi possible que Lessard-Bissonnette ait exagéré la laideur du logement qu'elle nous décrit afin de dramatiser la misère des personnages de son roman[9]. Nous n'avons qu'à lire l'étude de George Kenngott sur la ville de Lowell pour apprendre comment vivaient vraiment deux familles canadiennes-françaises en 1909, soit neuf ans après l'arrivée des Labranche à Lowell :

> Dans chacun de ces logis il y a un poêle pour faire à manger et sur lequel on compte aussi pour chauffer toute la maison. Quand il fait froid, la famille entière, aussi bien que les amis et les voisins qui rendent visite, sont entassés dans la cuisine chaude, empestée d'odeurs de cuisson et de buanderie. C'est ainsi que la cuisine est à la fois l'endroit où on fait la cuisine, la boulangerie, le lavage, [elle sert de] salle de bains (on utilise l'évier pour se laver), de salle à manger, de salle de séjour et de salon[10].

Afin d'associer une description réelle aux récits fictifs de Louis Hémon et de Lessard-Bissonnette, ainsi qu'à l'étude sociologique de George Kenngott, voyons les mémoires non publiés d'Arthur Milot, né à Lowell en 1907, qu'il a intitulé « Cahiers de souvenirs d'enfance » :

> Les logis n'avaient aucune prétention de luxe. Un seul robinet d'eau froide, chanceux si le logis avait ses privées. D'autres partageaient avec les voisins sur le palier de l'escalier sans lumière. Pas d'électricité, et encore moins de chauffage central. En arrivant du Canada, les immigrés s'y étaient entassés en attendant de trouver mieux ailleurs[11].

Il ressort de ce passage que les logis occupés par les Canadiens français, au début du XXe siècle, n'étaient pas des taudis, mais néanmoins des logis sans grand confort. Où se trouvaient ces logements dans la ville de Lowell ?

Selon Richard Santerre, une forte majorité des Canadiens français ont habité un quartier qui comprenait les rues Ward et Perkins aussi bien que les rues Cheever, Aiken et Tucker.

> Dans les premières années de l'immigration, les Franco-Américains vivaient surtout dans l'*Acre* au pourtour de Broadway. Mais avec l'augmentation de la population, ils se sont répandus ailleurs en s'éloignant du centre de la ville vers l'espace libre des terrains près des usines de l'autre côté du *Northern Canal* à l'ouest de l'usine Lawrence. Les propriétaires, *The Locks and Canals*, décidèrent de louer des lots de construction. En 1875, Samuel Marin bâtit dans la rue Aiken le premier *block* dans le « Petit Canada » comme on vint à appeler ce quartier. Tôt après, E.H. Duprez suivit son exemple, et en 1884, Félix Albert construisit le premier bâtiment entre les rues Ward et Perkins. Le Petit Canada incluait alors les rues Cheever, Aiken, Tucker et Ward. Toutefois, aussitôt qu'ils ont eu assez d'argent, les Franco-Américains ont traversé le canal et ont acheté des propriétés dans le quartier mieux construit le long de la rue Moody. Les deux tiers de la population française vivaient dans le Petit Canada[12].

Comment était ce quartier ? Dans ses « Cahiers de souvenirs d'enfance », Arthur Milot parle aussi du Petit Canada de Lowell :

> Pour aller porter les dîners à ceux qui travaillaient aux « moulins » (on appelait universellement ainsi les filatures et les bonneteries en bordure de la rivière), il fallait traverser le Petit Canada. On pouvait ainsi voir les rues de gros blocs gris contenant six, huit, douze « télémènes » (c'est-à-dire : logis). C'était plein d'enfants de tout âge. Tous les locataires étendaient le linge du lavage sur des cordes qui allaient d'un bloc à l'autre. On aurait dit des drapeaux excepté que ce n'était pas aussi joli [...]
>
> Le Petit Canada était le quartier le plus pauvre de la communauté canadienne. Ceux qui y restaient n'attendaient que des jours meilleurs pour aller loger ailleurs, en économisant les multiples paies des membres de la famille[13].

La thèse de doctorat de Brigitte Lane sur Lowell contient une description très détaillée du Petit Canada de Lowell, tel que présenté par Mme Yvonne Lagassé, née en 1906 :

> Où j'demeurais, la Perkins commençait au Pont d'la Pawtucket jusqu'aux manufactures de Lawrence Hosiery. Et dans le P'tit Canada c'était comme une p'tite ville ; des magasins, i' en avait d'toutes sortes : la viande, les groc'ries, les stores à meubles... des stores à bonbons, même le store à pianos d'Monsieur Délisle. J'vous dis qu'du bonheur dans l' P'tit Canada, i' en avait ! Étaient toutes sortes des grosses bâtisses de quinze, dix familles. Je crois, la plus p'tite bâtisse était de six familles. À part de t'ça, le monde s'aimait. Et du bonheur, y en avait, parce qu'i'y avait d'l'amour![14]

Cette même thèse comprend aussi la description d'Armand Morissette, o.m.i., qui est né dans le Petit Canada environ à la même époque :

> Il y avait des restaurants, des cafés, des épiceries, des charcuteries, des boulangeries, des magasins de variétés, petits et gros, des garages, les bicyclettes

Bellerose, les beignets Rousseau... C'était vraiment un P'tit Canada ici. Les gens vivaient les uns dessus les autres dans des — on appelait ça des « blocs »[15].

Contrairement à Vital Labranche dans *Canuck* qui, à son arrivée à Lowell en 1900, doit laisser sa famille à la gare pendant qu'il cherche un logement pour sa famille, Félix Albert, qui avait d'abord pensé aller à Fall River, raconte ainsi son arrivée à Lowell dans son autobiographie, *Histoire d'un enfant pauvre* :

> En arrivant à la gare [en 1881] je fis connaissance d'un M. Jules Tremblay. Il m'offrit d'aller rester chez lui pour quelques jours en attendant que je trouvasse un logis.
>
> Il avait lui-même une grosse famille [Albert, qui allait avoir 19 enfants, en avait déjà 9 en arrivant à Lowell] ce qui faisait avec nous une jolie bande dans un logement. On passa une couple de jours chez M. Tremblay. On trouva un logis. Je voulais me poster au petit Canada, et ce fut là qu'on se fixa dans ce qu'on appelle le Block double[16].

Pour sa part, Peter Blewett dans *Cotton Was King* reconstitue le Petit Canada de Lowell et ses *blocks* avec la précision de l'historien :

> [L]a compagnie des *Locks and Canals* [...] louait les terrains aux gens — généralement à des Canadiens français pour un bail de seize ans —, ceux-ci y bâtissaient puis louaient les logis. Cet arrangement économique semble avoir dicté un style de bâtiment qui pouvait loger plusieurs locataires sur un lot plutôt petit. Les propriétaires bâtissaient de grandes maisons à trois étages appelées « blocs » à Lowell — contenant normalement vingt-huit logis de quatre pièces. Chaque logis avait deux chambres avec fenêtres, deux sans [fenêtres], des toilettes, mais sans baignoire, et chacun était chauffé par un poêle de kérosène ou de charbon. Il n'y avait pas de salon, juste une cuisine et des chambres à coucher[17]...

Dans *Record of a City*, une étude sur la ville de Lowell parue en 1912, l'année où fut écrit le roman *Maria Chapdelaine*, George Kenngott cite le *Rapport* de 1880 du Service d'hygiène de l'État du Massachusetts. Ce *Rapport* présente ainsi le Petit Canada :

> Ses dimensions couvrent moins de deux *acres* ; sa population (selon le recensement qu'on vient de faire) compte 1 076 âmes qui habitent dans vingt-quatre bâtisses à logements. [...] Les bâtiments sont, pour la plupart, de trois étages ou moins de hauteur et sont si rapprochés les uns des autres qu'il est difficile de passer entre eux. [...] Un des bâtiments les plus récents dans le Petit Canada, un immense caravansérail mesurant 206 x 44 pieds contient une population de 396 personnes. Chaque logement de cet immeuble (normalement de quatre pièces, sauf pour ceux du fond) ont deux pièces sombres, illuminées par de petites fenêtres hautes dans la cuisine seulement ; et des pièces complètement sombres et sans air sont fréquentes à travers tout le district[18].

Deux ans plus tard, en 1882, le *Rapport* du Service d'hygiène de la ville de Lowell se lit comme suit :

> La moyenne d'air en pieds cubes pour chaque occupant ne dépassera pas de beaucoup 200 pieds, alors qu'on calcule qu'il faut de 500 à 600 pieds pour le maintien d'une bonne santé. Quand ces logements sont entièrement occupés, il n'y a pas de population plus dense aux États-Unis sauf dans le *Ward* Quatre de la ville de New York[19].

Le Petit Canada de Lowell n'était donc nullement le beau quartier que Lorenzo Surprenant faisait scintiller devant l'imagination crédule de Maria Chapdelaine et ceux parmi les Franco-Américains qui pouvaient en sortir ont déguerpi le plus vite possible de ces bâtiments horribles que nous montre Camille Lessard-Bissonnette dans son roman *Canuck* et qui sont peints de façon si révélatrice par les historiens, les sociologues et par les rapports d'hygiène de l'État et de la ville elle-même.

La vie au travail est aussi décrite de manière fort contrastée dans *Maria Chapdelaine* et dans *Canuck*. Pour obtenir la main de Maria, Lorenzo fait miroiter la possibilité de faire de bonnes gages et même de mener une vie douce et sans obligation de travailler : « Là-bas, dans les manufactures, fine et forte comme vous êtes, vous auriez vite fait de gagner quasiment autant que moi ; mais si vous étiez ma femme vous n'auriez pas besoin de travailler. Je gagne assez pour deux, et nous ferions une belle vie[20]. »

Pour la femme de Vital Labranche, la vérité est tout autre :

> Labranche et sa femme eurent chacun un « set » de métiers dans la même section, de sorte que Vital put pousser dans les reins de son épouse pour que son travail fût plus parfait, de façon à ce que les enveloppes de paye fussent plus gonflées ! Elle ne se révolta pas car sa vie c'était la vie des femmes paysannes de son pays. Elle allait comme l'animal sous le joug, sentant bien les coups de fouet du maître, mais ne faisant aucun effort pour s'y soustraire.
>
> On avait essayé de faire apprendre le tissage à Vic mais, à la deuxième journée, l'enfant avait perdu connaissance, s'effondrant sur un métier et se faisant labourer l'épaule par une navette avant qu'on eût pu arrêter les lourdes machines en mouvement[21].

Le travail des enfants était aussi, trop souvent hélas, une nécessité très courante pour ces familles pauvres. Nous apprenons dans *Canuck* que Maurice, « qui était gros et grand pour son âge, on allait le faire passer pour 15 ans et, au lieu de l'envoyer à l'école, on allait lui trouver du travail soit dans le département du cardage, soit dans celui du filage où ils avaient toujours besoin de jeunes garçons[22] ».

Dans son introduction à *Immigrant Odyssey*, Frances Early remarque que « Félix [Albert] trouva de l'emploi à l'usine pour plusieurs de ses enfants. Puisque l'aîné n'avait que quatorze ans, ajoute-t-elle, le plus jeune Albert au travail devait n'avoir que neuf ou dix ans[23]. » Le récit d'Albert n'indique ni surprise ni horreur devant cet état de choses. Pour lui, comme pour tant d'autres qui avaient dû se mettre au travail très jeunes pour aider leur famille à survivre sur une terre du Québec, le travail des enfants allait de soi.

Félix Albert ne travaillera jamais lui-même dans les usines. Il devint un petit commerçant à succès, pendant quelques années tout au moins, et propriétaire de bâtiments à louer. Il achètera par la suite une terre de 62 *acres* à Pelham, New Hampshire. Labranche aussi allait retourner à l'agriculture, mais sur sa propre terre au Québec.

Mais qu'en est-il du Lowell de l'écrivain *beat*, Jack Kerouac? Né en 1922, Kerouac décrit les conditions de vie à Lowell à une époque plus tardive que celle que nous venons de citer. Félix Albert arriva à Lowell en 1881. La description d'Arthur Milot commence en 1889 et se poursuit en 1896, année où sa maison neuve est bâtie. «Canuck» arriva à Lowell en 1900 et nous devons présumer que Louis Hémon décrit le Lowell de 1910-1912 par l'intermédiaire de Lorenzo Surprenant. George Kenngott, qui écrit, lui aussi, en 1912, affirme que les conditions de vie, en ce qui a trait aux logements, s'étaient grandement améliorées pour la population franco-américaine. Sa déclaration de 1912 contraste heureusement, mais non pas complètement, avec les rapports du Service d'hygiène de 1880 et de 1882 :

> Les conditions de logement pour les Franco-Américains sont bonnes de façon générale. Tandis que certaines des propriétés occupées par eux sont vieilles, sans commodités modernes, elles sont confortables. Le plus grand danger est l'entassement des familles dans les grandes maisons à logis au «Petit Canada»[24].

Dans les années 20, les conditions n'étaient plus insupportables. Arthur Milot présente l'année 1896 comme le point tournant de ce changement, pour sa famille à lui tout au moins, et l'année 1916 comme le début d'une époque nouvelle pour la famille Milot.

> L'aurore de jours meilleurs commença à poindre pour ces deux familles lorsqu'elles déménagèrent dans la maison neuve que mon père fit bâtir à Pawtucketville, nouveau quartier sur la rive gauche de la Merrimack. Le ménage de notre famille fut le premier à passer sur le pont neuf de la rue Moody, en 1896...

> La maison neuve que Papa fit bâtir en 1896 marqua une étape importante, mais il fallut quand même pendant encore vingt ans faire la cuisine sur le poêle à charbon, laver à la planche ou au moulin à bras, s'éclairer au gaz, vivre de plus en plus à l'étroit pour faire place aux enfants qui ne cessaient de se multiplier. Ce n'est qu'en 1916 que Maman put ouvrir pour la première fois le robinet d'eau chaude dans une vraie baignoire, appuyer sur le bouton d'éclairage électrique et vivre enfin dans une maison où il y avait place pour tout le monde[25].

Kerouac habita plusieurs logements à Lowell. Il mentionne, dans *Dr. Sax*, un de ses rêves sur son vieux quartier et le «logis situé sur le coin de goudron ridé, haut de quatre étages, avec une cour, des cordes à linge, des pinces à linge, les mouches bourdonnant au soleil[26] ». Dans *Maggie Cassidy*, Kerouac peint de la façon suivante les logis typiques d'alors :

> de vieux logements canadiens-français ordinaires de bois à deux étages avec des cordes à linge, des galeries [...] avec des lumières brunes dans la cuisine, des ombres sombres, la vue imprécise d'un calendrier religieux ou d'un paletot sur une porte de penderie quelque chose de triste et d'utile sans prétentions et pour les garçons qui ne savaient rien d'autre, le domicile de la vie véritable[27].

De façon curieuse, Kerouac utilise les mots « ombres », « sombres » et « triste » pour décrire les logis de ses amis ou le quartier. Lorsqu'il parle de son foyer à lui, tout s'éclaire, car c'est là où sa mère préparait des repas succulents. Les souvenirs du foyer de son enfance sont étroitement liés à la cuisine, son poêle et la nourriture abondante et délicieuse que Mme Kerouac y cuisinait.

> [...] ou comme quand une porte de cuisine est ouverte en hiver permettant à des glaçons d'air frais de s'immiscer dans le rideau chaud et gonflé de la chaleur odorante du poêle de cuisine... disons un pudding à la vanille... je suis le pudding, l'hiver la buée grise. Un frisson de joie a parcouru mon corps — quand j'ai lu de la tasse de thé de Proust — toutes ces soucoupes dans une miette — toute l'Histoire par le pouce — toute la ville dans une miette savoureuse — j'ai eu toute mon enfance dans des vagues de vanille d'hiver autour du poêle de la cuisine[28].

Il est intéressant de noter que Kerouac associe même sa naissance à l'heure du repas. Dans *Dr. Sax*, il écrit : « je suis né [...] dans la rue Lupine, en mars 1922, à 5 h de l'après-midi à l'heure rouge — partout du souper[29] ». Rentrant de la bibliothèque municipale avec sa sœur « Nin » un samedi de 1936, juste après la grande inondation de cette année-là, qui avait dévasté des quartiers de la ville, ils sentent tous les deux leur faim en passant devant les magasins remplis de bonnes choses et chacun de raconter à l'autre avec force détails son menu préféré. Le tout est raconté en français et transcrit, par Kerouac lui-même, de façon à imiter le français parlé par lui dans son enfance. « Nin » préfère « un bon ragout d'boullette ». Pour sa part, Jack espère que « pour déjeuner on arra des belles grosses crêpes avec du syro de rave, et des sousices ». Et pour son souper, il imagine avec une anticipation joyeuse « un gros plat de corton... — des bines chaudes... et avec toutes ça du bon jambon chaud qui tombe en morceau quand tu ma ta fourchette dedans — pour dessert je veu un beau gros cakes chaud a Maman avec des peach et du ju de la can et d'le whipcream — ça, ou bien le favorite a Papa, whip cream avec date pie ». Leur gourmandise leur a presque fait oublier l'inondation, ajoute Kerouac[30].

Même Lessard-Bissonnette décrit le retour de l'usine et le souper de la famille dans un style un peu plus léger :

> Pendant que Labranche et Maurice se débarbouillaient, à tour de rôle, dans un bassin placé dans l'évier, Vic et sa mère sortaient les marmites de viandes, de ragoûts, de fricassées, ou de soupes cuits la veille du soir...

Un pain presque entier était coupé en tranches épaisses, le réchauffage des marmites était versé dans des plats en granit... Après cela chacun était prêt à plonger la cuillère pour emplir son assiette et dévorer ses mets après une dure journée de travail[31].

L'étude sur la ville de Lowell de Kenngott contient des budgets de familles d'origines ethniques diverses pour l'année 1875, soit quelque 25 ans avant l'arrivée des Labranche fictifs et plus de 50 ans avant la jeunesse de Kerouac. Voici le budget qu'il rapporte pour une famille canadienne-française. On y trouve des détails sur les montants dépensés pour la nourriture :

OUVRIER D'USINE CANADIEN-FRANÇAIS
(Non spécialisé)

Salaire du père	420 $
Salaire de la fille, seize ans	334 $
	754 $

CONDITION — La famille compte cinq personnes, les parents et trois enfants de six à seize ans ; deux vont à l'école. Ils ont un logis de quatre pièces, dans un bon voisinage, mais les alentours sont pauvres et malsains. La maison est propre, mais meublée pauvrement. La famille est en bonne santé et s'habille assez bien.

NOURRITURE — *Petit déjeuner*, pain, beurre, viande froide, pain d'épice et café. *Dîner*, pain, beurre, viande, pommes de terre, légumes et tarte. *Souper*, pain, beurre, sauce, gâteau, thé. Soupe une fois par semaine.

COÛT DE LA VIE — 754,00 $. Loyer, 96,00 $; combustibles, 43,50 $; épiceries, 329,00 $; viande, 91,70 $; poisson, 11,80 $; lait, 27,50 $; bottes et chaussures, 23,25 $; vêtements, 61,00 $; tissus — mercerie, 18,75 $; journaux, 4,00 $; articles divers, 47,50 $[32].

Afin de compléter le tableau, voyons aussi ce que dit Arthur Milot de ce qu'on mangeait dans une famille franco-américaine pendant sa jeunesse. Né en 1907, Arthur Milot décrit la nourriture traditionnelle des Canadiens français des années 20 et leurs habitudes culinaires, qui ont duré jusque vers 1960 et même après dans les familles où habitait encore une grand-mère qui y faisait la cuisine. Les recettes sont maintenant prisées par les enfants et les petits-enfants devenus adultes, qui désirent faire revivre les goûts et les odeurs de leur enfance.

Nous avions aussi le vendredi... des pâtés au saumon en croûte. Encore meilleurs s'il y avait un peu de pommes purée avec la chair du saumon [...] le samedi soir c'était toujours le pot de « beans » (on dit *fèves au lard* au Canada). Maman ou Alice préparait les petits haricots blancs la veille en les triant soigneusement pour en retirer les petits cailloux qui cassent les dents, pour ensuite les faire tremper toute la nuit. De bon matin, le pot était préparé selon la recette classique : un gros morceau de lard salé, tranché, un oignon tout rond, tous les haricots, de la mélasse et de l'eau pour couvrir le tout...

Maman servait un excellent *roastbeef* le dimanche midi [...] Son secret c'était d'arroser la viande avec du vinaigre avant de la mettre au four. Ordinairement, le *roastbeef* était accompagné de pommes purée bien crémeuses, avec un petit goût d'oignon[33].

Les repas des Franco-Américains étaient-ils très différents de ceux de leurs compatriotes restés au Canada ? Pour le savoir, retournons à *Maria Chapdelaine*. Nous y trouverons une réponse authentique, quoique partielle :

La soupe aux pois fumait déjà dans les assiettes. Les cinq hommes s'attablèrent lentement, comme un peu étourdis par le dur travail ; mais à mesure qu'ils reprenaient leur souffle leur grande faim s'éveillait et bientôt ils commencèrent à manger avec avidité. Les deux femmes les servaient, remplissant les assiettes vides, apportant le grand plat de lard et de pommes de terre bouillies, versant le thé chaud dans les tasses. Quand la viande eut disparu, les dîneurs remplirent leurs soucoupes de sirop de sucre dans lequel ils trempèrent de gros morceaux de pain tendre[34].

À la fin, Maria Chapdelaine choisira de ne pas aller à Lowell ; Victoria Labranche s'y est rendue et y a travaillé, avant de rentrer au Québec ; Félix Albert s'y est installé, mais en est reparti, pas loin, mais ailleurs tout de même ; Arthur Milot quitta Lowell, lui aussi, pour vivre en Afrique et en Orient en sa qualité de représentant du gouvernement américain. Kerouac aussi en est parti, pour y revenir toutefois de temps à autre. On a néanmoins l'impression que Jack ne quitta jamais vraiment Lowell, puisque sa mère, qu'il ne quitta jamais vraiment, reconstituait constamment l'atmosphère canadienne-française de leur ville, y compris sa nourriture, partout où ils errèrent, souvent ensemble, à travers le pays.

Mais pour chaque personne qui n'y vint pas, comme Maria, ou qui y vint et en repartit, il y en eut des milliers qui s'y rendirent et qui y restèrent. Outre Lorenzo Surprenant et la famille Labranche, personnages fictifs de romans, il y eut des personnes réelles comme la famille Albert, la famille Milot, la famille Kerouac, en plus de tous ces ouvriers anonymes dont le mode de vie difficile est présenté par Kenngott dans son étude sur Lowell.

La population franco-américaine augmente progressivement dans la ville de Lowell. Selon Frances Early, les Canadiens français représentaient 6 % de la population de 41 000 habitants, en 1870[35]. Pour sa part, Kenngott écrit : « En 1875, la population de Lowell, tel que vérifié par le recensement d'État, était de 49 668 [...] Les Canadiens français [étaient au nombre] de 3 780 ou 7,2 pour cent[36]. » En 1881, quand Félix Albert arriva, ils étaient au nombre de 11 000, soit 18 % de la population de 60 000 habitants[37]. En 1902, la population franco-américaine se chiffrait à 24 800[38]. La mère Chapdelaine s'enquérant de la ville américaine où vit Lorenzo Surprenant, lui demande : « Et c'est-y une grosse place là où vous êtes ? » Et lui de répondre : « Quatre-vingt-dix mille[39] ». De son côté, Arthur Milot écrit : « On disait généralement [dans les années 30] que le groupe de Canadiens parlant français à Lowell comptait

25 000 âmes sur une population variant de 100 000 à 117 000[40]. » Les derniers recensements indiquent qu'environ 20 000 personnes à Lowell se définissent comme étant de souche franco-américaine. Leurs enfants et leurs petits-enfants essaimèrent vers la proche banlieue, plus attrayante, où ils élèvent aujourd'hui leur famille dans des maisons coquettes et confortables.

C'est pour ces derniers que le rêve d'une vie meilleure se concrétisa. D'abord âpres et impitoyables, les conditions de vie s'améliorèrent peu à peu. Le Petit Canada grouillant de vie n'est plus qu'un souvenir, vivace pour les uns, de plus en plus vague pour les autres. C'est donc grâce à la littérature, aussi bien qu'aux écrits des érudits, que nous sommes en mesure de reconstituer le mode de vie des immigrés afin d'essayer de comprendre les difficultés auxquelles ils firent face. Ces gens réussirent néanmoins à procurer à leurs descendants un bien-être matériel qu'ils n'ont eux-mêmes jamais connu ni même imaginé. Le rêve d'une vie meilleure de tout un peuple de migrants est enfin devenu une réalité.

NOTES

1. Louis Hémon, *Maria Chapdelaine. Récit du Canada français*, Paris, Bernard Grasset, 1924, p. 177.

2. *Ibid.*, p. 141.

3. *Ibid.*, p. 251.

4. *Ibid.*, p. 177.

5. *Ibid.*, p. 178.

6. Camille Lessard (nom de plume : Liane), *Canuck*, Lewiston, Maine, Éditions Le Messager, 1936, p. 10. Camille Lessard a épousé Napoléon-P. Bissonnette en 1943, à l'âge de 60 ans.

7. Louis Hémon, *Maria Chapdelaine, op. cit.*, p. 181.

8. Camille Lessard-Bissonnette, *Canuck, op. cit.*, p. 11.

9. Deux autres romans franco-américains sont situés à Lowell : *L'Innocente Victime* d'Adélard Lambert et *Bélanger ou l'Histoire d'un crime* de Georges Crépeau. Dans ce dernier livre, la ville de Lowell n'apparaît que comme cadre d'un crime passionnel causé par la jalousie. Il ne contient aucune description du Petit Canada ou de ses logements. *L'Innocente Victime* raconte l'histoire d'un jeune couple dont la décision d'émigrer

aura des conséquences tragiques. La conscription dans l'Armée du Nord pour lui, au moment de la guerre de Sécession, et, pour elle, la perte de son enfant, « adoptée » par des Américains, et même la perte de sa propre vie. Madame Legendre, comme son mari, est une « victime », victime surtout de la pauvreté, car c'est la pauvreté qui a déclenché le départ de Jean Legendre pour les États-Unis et le sien aussi, par la suite.

10. George F. Kenngott, *The Record of a City. A Social Survey of Lowell, Massachusetts*, New York, The Macmillan Co., 1912, p. 117.

11. Arthur Milot, « Cahiers de souvenirs d'enfance », inédit, 1985, p. 93.

12. Richard Santerre, *The Franco-Americans of Lowell, Massachusetts*, Lowell, The Franco-American Day Committee, 1972, sans pagination. Dans *Dr. Sax*, Jack Kerouac parle du « dépotoir et des cabanes d'ordures du Petit Canada, rue Aiken », p. 169. Ma traduction.

13. Arthur Milot, « Cahiers... », *op. cit.*, p. 92-94, 96.

14. Brigitte Lane, *Franco-American Folk Traditions and Popular Culture in a Former Milltown : Aspects of Ethnic Urban Folklore and the Dynamics of Folklore Change in Lowell, Massachusetts*, New York and London, Garland Publishing, 1990, p. 334.

15. *Ibid.*, p. 332-333.

16. Le *block* double était un immeuble de bois qui couvrait tout un pâté. Voir Félix Albert, *Immigrant Odyssey. A French-Canadian Habitant in New England*. A bilingual edition of *Histoire d'un enfant pauvre*, introduction de Frances-H. Early, traduit par Arthur-L. Eno, Jr., Orono, The University of Maine Press, 1991, p. 146.

17. Peter F. Blewett, « The New People : An Introduction to the Ethnic History of Lowell », *Cotton Was King*, Arthur-L. Eno, Jr., ed., Lowell, Lowell Historical Society, 1976, p. 208-209.

18. George Kenngott, *Record of a City, op. cit.*, p. 70.

19. *Ibid.*, p. 70-71.

20. Louis Hémon, *Maria Chapdelaine, op. cit.*, p. 181.

21. Camille Lessard-Bissonnette, *Canuck, op. cit.*, p. 13.

22. *Ibid.*

23. Frances Early, Introduction à *Immigrant Odyssey / Histoire d'un enfant pauvre, op. cit.*, p. 12.

24. George Kenngott, *Record of a City, op. cit.*, p. 52.

25. Arthur Milot, «Cahiers...», *op. cit.*, p. 53-54, 65-66.

26. Jack Kerouac, *Dr. Sax*, New York, Grove Press, 1977, p. 6.

27. Jack Kerouac, *Maggie Cassidy*, London, Quartet Books, 1975, p. 12-13.

28. Jack Kerouac, *Dr. Sax, op. cit*, p. 19.

29. *Ibid.*, p. 16-17.

30. *Ibid.*, p. 188-189.

31. Camille Lessard-Bissonnette, *Canuck, op. cit.*, p. 17-18.

32. George Kenngott, *Record of a City, op. cit.*, p. 134-135.

33. Arthur Milot, «Cahiers...», *op. cit.*, p. 158-159.

34. Louis Hémon, *Maria Chapdelaine, op. cit.*, p. 61.

35. Frances Early, Introduction à *Immigrant Odyssey/Histoire d'un enfant pauvre, op. cit.*, p. 11.

36. George Kenngott, *Record of a City, op. cit.*, p. 67.

37. Frances Early, Introduction à *Immigant Odyssey/Histoire d'un enfant pauvre, op. cit.*, p. 11.

38. Richard Santerre, *The Franco-Americans, op. cit.*, s.p.

39. Louis Hémon, *Maria Chapdelaine, op. cit.*, p. 80.

40. Arthur Milot, «Cahiers...», *op. cit.*, p. 50.

LE CHANT DU CYGNE DE LA LITTÉRATURE CRÉOLE EN LOUISIANE : *TANTE CYDETTE* DE GEORGE DESSOMMES

Ida Eve Heckenbach
Université Southwestern Louisiana (Lafayette)

En 1888, à l'Imprimerie du Franco-Louisianais, paraissait *Tante Cydette*, le seul texte associé aujourd'hui au nom de George Dessommes, bien que de son vivant il ait été connu comme poète. Né en Louisiane en 1855, élevé en France où il fit ses études au lycée Louis-le-Grand, puis revenu à la Nouvelle-Orléans en 1870, Dessommes commença sa carrière d'écrivain à 18 ans avec des poèmes publiés dans *Le Carillon*, un journal néo-orléanais. Entre 1873 et 1888, il continue à faire parvenir des poèmes aux journaux de sa ville natale, tout en gagnant sa vie comme employé de bureau et « échantillonneur » dans le commerce du coton. Dès sa fondation, il devient membre de l'Athénée louisianais, organisation créée pour préserver le français à la Nouvelle-Orléans ; il contribue aux *Comptes rendus* de l'association et fréquente beaucoup l'un de ses fondateurs, le docteur Alfred Mercier. C'est dans les *Comptes rendus* qu'il publie, en 1880, une étude du roman de Zola, *Nana*, où il révèle clairement son admiration pour l'écrivain et pour le naturalisme.

À l'époque où il publiait *Tante Cydette*, Dessommes n'habitait plus la Nouvelle-Orléans, mais y revenait régulièrement pendant ses vacances. Après la mort de son ami Mercier, en 1894, ses liens avec sa ville natale se relâchent et son activité littéraire se tarit. On ne connaît aucune œuvre de lui après le poème qu'il dédie « À la mémoire du Dr. Alfred Mercier ». Il meurt à Hollywood, en Californie, en 1929, n'ayant apparemment rien écrit pendant ses 35 dernières années, et sombre dans l'oubli.

En 1950, dans un article publié dans les *Comptes rendus* de l'Athénée louisianais, Andrée Fourcade Kail traite *Tante Cydette* « de "chant de cygne" littéraire » de la Louisiane et remarque que

> Georges [*sic*] Dessommes a le talent de peindre, d'une plume légère et moqueuse les réunions mondaines de la Nouvelle-Orléans de cette époque. L'observation est aiguë, railleuse [...] Il n'y a pas chez lui d'un côté les gens de bien et de l'autre ceux qui ne le sont pas, mais une humanité qui oscille entre de bonnes intentions et de mauvaises habitudes et qui d'ailleurs a tant d'occasions d'oublier le sérieux des problèmes de la vie [...][1]

Cette appréciation du roman en tant qu'œuvre littéraire sera longtemps la seule, car les travaux de George Reineke utilisent *Tante Cydette* surtout comme document sur la vie créole au XIXe siècle. Cependant *Tante Cydette*, probablement le premier roman naturaliste écrit en Amérique du Nord, mérite une lecture attentive en tant que texte littéraire. Dessommes appartient à ce groupe d'auteurs louisianais qui s'inspirent de la doctrine naturaliste, doctrine qui avait des raisons de plaire aux écrivains créoles. Car l'insistance des naturalistes sur le rôle prépondérant joué par l'hérédité sur la destinée humaine correspondait au sentiment d'impuissance qui animait les Créoles à la fin du XIXe siècle : leur langue disparaissait, leur pouvoir politique s'amenuisait et leur culture s'américanisait.

La Louisiane avait émergé de la guerre de Sécession avec la moitié de sa richesse d'autrefois et, conséquemment, une génération d'hommes *self-made* était apparue, pour qui le chemin de la réussite passait par l'apprentissage de l'anglais et l'adoption d'attitudes américaines, donc par la renonciation à la culture créole. Dans *Tante Cydette*, le personnage de monsieur Waldeck, un « *business man* » qui saupoudre sa conversation de phrases anglaises et qui n'apprécie pas les « françaillons », personnifie cette américanisation. D'autres la repoussaient. Comme le constate Joseph Tregle :

> *It was inevitable that the Latin Creole should rapidly react toward these newcomers with feelings of envy, jealousy, and an overwhelming sense of inferiority [...] He knew full well his own limitation in this struggle for supremacy, and he finally in desperation sought help from those who were closer to him in blood, language and heritage — the foreign French — though those too he hated and feared for their superiority and their condescending manner*[2].

Cette ambivalence envers les Français est reflétée dans l'œuvre de Dessommes. D'un côté, le personnage de Cydette pourchasse de Fallex, un *foreign French*, pour le marier avec sa nièce, tandis que de l'autre, Waldeck, l'« Américanisé », dénigre de Fallex comme « un mauvais petit Français, trèspédant sans doute et fort peu *practical*[3] ».

D'autres personnages dans le roman se font l'écho du déclin du monde créole. Ainsi, la jolie et riche Ermence Waldeck « ne songeait qu'à avoir du "fun" comme elle le disait naïvement, et son jeune cousin [Amédée], tout aussi insouciant qu'elle, n'avait pas non plus d'autre but dans la vie, malgré ses vingt ans » (p. 93). Ces deux personnages incarnent un monde décadent qui ne songe « qu'aux amusements de la vie ; bals, théâtres, concerts, promenades, régattes [*sic*], courses... » (p. 33). Alors que la littérature créole fait entendre son chant du cygne, ces enfants s'amusent, sans avoir conscience qu'ils sont les derniers d'un monde « entré dans le domaine du passé[4] ».

Il est donc peu surprenant que les écrivains louisianais se soient peu à peu détachés du romantisme qui régnait dans des romans comme *La Nouvelle Atala* de Dominique Rouquette ou *Le Fou de Palerme* d'Alfred Mercier, et se soient tournés vers le naturalisme qui leur offrait une doctrine littéraire plus en rapport avec leur sentiment d'impuissance et leur pessimisme.

Les naturalistes n'aimaient pas le terme « roman », trop contraignant, trop chargé de tradition. Ils lui préféraient des termes tels « étude humaine » ou

« observation » et souvent avaient recours au sous-titre qui « permet de suggérer le lieu, le temps, le types de héros que leur œuvre allait traiter[5] ». Ainsi, Dessommes ajoute-t-il le sous-titre « nouvelle louisianaise », qui indique un « récit ethnographique [qui] est une orientation presque inévitable du naturalisme[6] ». Le naturalisme appliquait à l'art les « méthodes de la science positive, [qui] visait à reproduire la réalité avec une objectivité parfaite et dans tous ses aspects, même les plus vulgaires[7] ». Comme le note George Reineke, Dessommes tenait particulièrement à dépeindre sa ville natale telle qu'il l'avait vue de ses propres yeux et la société créole telle qu'il l'avait connue. Ainsi, la présentation d'une comédie de salon par des amateurs, présentation qui joue un rôle central dans le roman, est une coutume qui s'est maintenue jusqu'au début du XXe siècle ; Dessommes lui-même avait souvent participé à ce genre de représentation. L'habitude de prendre l'air sur le perron, le soir, résultat du climat chaud, ne disparut qu'avec l'avènement de la climatisation. L'installation des jeunes mariés chez les parents de l'un des conjoints reflète la tradition créole où il était habituel de vivre avec la « vieille génération[8] ». L'exactitude de la description des lieux saute aux yeux de ceux qui connaissent la ville : les rues ne sont guère mieux pavées aujourd'hui que l'étaient celles où roulaient les voitures dans *Tante Cydette*, et une bonne partie de la rue des Remparts ressemble encore à celle où Dessommes fait habiter les cousines Ermence et Louise.

Le romancier naturaliste, dit Pagès, est aussi celui qui « réfléchit aux techniques de l'écriture », celui pour qui, « la peinture constitue […] la référence essentielle : comme peintre, il placera ses personnages, composera ses tableaux, cherchera à varier les points de vue, à alterner premiers plans et arrière-plans[9]. » Chez Dessommes, l'influence de l'art, surtout la peinture impressionniste et post-impressionniste, est visible dès les premières lignes : « C'était le dimanche de Pâques : dans l'église pleine de monde s'engouffrait par les vitraux ouverts un flot de lumière prenant des teintes de kaléidoscope parmi cet océan de chapeaux multicolores et de toilettes pimpantes, fraîches, et légères » (p. 5). Les « teintes de kaléidoscope » rappellent les touches de couleur de la peinture pointilliste, ces touches qui frémissent dans « un flot de lumière ». Quand il continue : « Les nœuds de rubans bleus et roses, sur les chapeaux et dans les corsages faisaient comme des battements d'ailes de papillons extravagants au milieu d'un mélange disparate de plantes exotiques ; et les jupes printanières, ramenées prudemment près du banc, étaient les fleurs gigantesques de ce parterre » (p. 6), ces couleurs bleues et roses, « les jupes printanières » comparées à des « fleurs gigantesques » suggèrent certains Monet, comme « Les Femmes au jardin » ou des Renoir, comme « Le Déjeuner des canotiers ». Il ne faut pas oublier que Dessommes brossait des marines qui lui avaient valu l'admiration de Mercier et qu'il avait participé à l'exposition annuelle des artistes néo-orléanais. Il est peu probable que quelqu'un, suivant de près l'actualité littéraire parisienne et, en particulier, les écrits de Zola, n'ait pas été au courant du scandale de l'« Olympia » et des expositions impressionnistes.

Mais surtout, le romancier naturaliste fait «l'étude des tempéraments et des modifications profondes de l'organisme sous la pression des milieux et des circonstances[10]». Cette étude suit certaines lois: «la loi de l'influence des milieux [...], les lois qui affirment l'origine purement physiologique des sentiments et des émotions [...] et les lois de l'hérédité, au sens le plus ordinaire et le moins exact du mot[11]». C'est là que l'influence du naturalisme sur Dessommes se révèle le plus clairement. L'influence du milieu et l'influence physiologique s'exercent sur les personnages de Fallex, de Louise et, en particulier, de Tante Cydette, dont le caractère a été forgé par le climat et la nature:

> En Europe, dans les climats tempérés ou froids, la vieille fille finit toujours par prendre son parti et accepter plus ou moins gaîment sa destinée solitaire; il n'est pas de même dans nos pays brûlants où la nature a tant de prise sur les caractères, pour les amollir et dissoudre les énergies les plus tenaces. Quand une jeune fille arrive à l'âge de trente ans sans dénicher [...] un mari [...] il se fait une révolution dans son esprit, dans son système tout entier. (p. 21)

Cydalise est aussi sujette à l'influence du milieu. Ne s'étant pas mariée, elle ne se fit pas religieuse, mais «se souvint qu'elle se nommait Waldeck, que son grand oncle avait été ambassadeur à la cour de ***» (p. 23). Elle se résigna donc à son sort. Continuellement décrite comme «méchante», Cydalise tombe dans des «crises d'impuissante extase» (p. 21). Son refoulement sexuel, décrit sans complaisance, l'aigrit et elle déchire «à belles dents sa pauvre nièce [Louise]» (p. 54) pour mieux faire valoir son autre nièce, Ermence.

La vieille fille était un personnage bien connu dans la société créole. Après la guerre de Sécession, il devint difficile pour une Créole de se marier avec quelqu'un de son monde qui eût une fortune adéquate. Aussi, Amédée se moque-t-il d'«une jeune personne de leur connaissance» qui a épousé «un affreux petit monsieur deux fois plus âgé qu'elle, mais extrêmement riche» (p. 43). Cydalise riposte qu'un mari «craquelin sans le sou, sans position» ne vaut guère mieux. La jeune fille créole de l'époque se trouvait souvent piégée entre deux choix également inacceptables: mariage à un Créole sans argent ou à un homme financièrement stable, mais américain. Elle restait donc fréquemment sans mari et certaines vieilles filles devenaient de secondes mères pour leurs innombrables neveux et nièces, d'autres devenaient acariâtres et haineuses comme Tante Cydette, l'acmé de la méchanceté. Cette description résume le personnage de Tante Cydette. Dessommes l'appelle «la fée Carabosse[12]», d'après la fée laide, méchante et bossue qui, dans les contes, distribuait les dons néfastes et troublait fêtes et célébrations. Dessommes souligne sans indulgence les traits de la fée Carabosse: il utilise 23 fois le mot «méchant» ou une de ses variantes et insiste sur la laideur de Cydette:

> [...] une longue face jaune et osseuse, dominant le remous général, et surmonté d'un chapeau trop coquettement orné qui ridiculise d'autant cette

figure de vieille mal conservée ; un nez long et mince, en bec de vautour, rejoignant grincheusement le menton ; de petits yeux très-enfoncés sous l'arcade sourcillière, dardant un regard pointu, d'un éclat désagréable et froid comme le cuivre. (p. 13)

L'auteur adopte ainsi un autre aspect du roman naturaliste, « la vraie fureur de montrer la nature et l'homme dans ce qu'ils ont de plus vulgaire et honteux[13] ».

Louise, la nièce pauvre et sentimentale, est la victime privilégiée de la méchanceté de sa tante. Ainsi, un soir, Cydette s'étant « bien échauffé la bile », avait « déblatéré toute la soirée contre Louise, sa pauvreté, ses idées stupides et tous les ridicules plus ou moins prouvés de sa malheureuse nièce » (p. 99). Un autre soir, Cydette « s'apitoyait sur la malheureuse Louise qu'elle humiliait tout en lui brisant le cœur […] laissant sa colère se fondre dans un hypocrite attendrissement » (p. 118). Bien qu'elle sache que Louise aime de Fallex et que le Français est attiré par la jeune fille, Cydette manœuvre tant et si bien qu'il se détourne de Louise, s'éprend d'Ermence et en est agréé. Les machinations de Cydette réussissent, et elle bâcle le mariage en quelques jours (p. 153). Ce mariage est le coup de grâce qu'elle administre à Louise :

> Rancunière jusqu'à la cruauté, elle voulait se venger de toutes les terreurs que l'amour malencontreux de Louise lui avait inspirées si souvent ; et elle jouissait d'avance du dépit que la jeune fille éprouverait en conduisant sa cousine à l'autel au bras de celui dont elle s'était flattée de conquérir la tendresse. Tante Cydette appelait cela du dépit. Elle ne se doutait pas, dans sa sécheresse de cœur, que ce pût être aussi de la douleur, de la vraie douleur, la plus sainte et la plus terrible qu'éprouve jamais un cœur de jeune fille. (p. 153-154)

L'auteur présente Louise, la cible de Tante Cydette, comme un agneau devant le loup. Son caractère n'est aucunement de taille à résister à Cydalise, et c'est ainsi qu'elle perd de Fallex.

« Livrée très jeune à elle-même, et aucunement dirigée par sa mère malade, [Louise] s'était plongée dans des lectures romanesques très dangereuses pour une âme vierge, sans soutien, ni conseiller » (p. 29). Cette mauvaise éducation lui cause des souffrances inavouées. Elle se considère « martyre d'amour » et, malgré sa peine, jouit de « la poésie d'une passion incomprise, et d'une souffrance mortelle, savourée dans le profond de son cœur brisé » (p. 65), comme Madame Bovary qui reste « brisée, haletante, inerte, sanglotant à voix basse et avec des larmes qui coulaient[14] » lorsqu'elle perd Léon. Louise n'avoue jamais son amour et, comme Madame Bovary, perd son amant.

Mais sa perte n'est pas due uniquement aux machinations de la tante. Henry de Fallex réfléchit à la question familiale de Louise sur laquelle la « chère » tante a attiré son attention :

> […] s'il fallait choisir une femme dans cette société de capiteuses créoles, on en pouvait rencontrer de plus charmantes […] se coller une famille entière

sur le dos, ce n'était guère drôle ; posséder une petite femme charmante et sentimentale, ce serait très-joli, mais une traînée de petites belles-sœurs mal élevées, c'était une queue un peu trop assommante à porter après soi… Et quel tableau de misère noire ! (p. 59)

Car la « pauvre Louise » est réellement pauvre. L'influence du milieu s'exerce sur elle par cette pauvreté ; celle de l'hérédité par les tares morales transmises par un père disparu dans des circonstances telles que « personne n'osa chercher la cause de cette fin soudaine » (p. 27) et par une mère faible et passive qui est « minée chaque jour par le travail et les sombres pensées » (p. 27). Quant à l'influence de la physiologie, elle se manifeste dans des réflexions qui, « dans ses longues journées de solitude oisive », l'amènent aux « pensées d'avenir sombre pour elle et ses jeunes sœurs » (p. 27). Ainsi que le résume Dessommes, « tout avait contribué à énerver son caractère, d'indécision mélancolique et malsaine » (p. 29-30). Finalement, les machinations de Cydette conjuguées à ces influences puissantes produisent une autre vieille fille, Louise.

Le Français Henry de Fallex est lui aussi soumis à l'influence du milieu dans lequel il s'est fourvoyé. Il découvre qu'« en Louisiane, sous l'influence du climat, et surtout aux premières chaleurs du printemps, les fibres morales se détendent, l'énergie cède à l'accablement physique, et on éprouve un bien-être indicible à se laisser aller à cette mollesse, à cette voluptueuse langueur » (p. 56). Le climat et l'ambiance expliquent comment un homme qui « avait reçu une éducation toute positive qui ne laissait guère de place aux rêves vagues ni aux poétiques idéalités dans son esprit » (p. 56) s'écrie soudainement : « Le diable m'emporte… Je crois que cette petite m'a ensorcelé !… Ma foi ! » (p. 89). La nature louisianaise a imposé sur lui « l'oppression de cette lourde chaleur nocturne… » et tout le monde sait qu'« on n'est pas impunément, pendant des jours et des semaines, un jeune homme sage et rangé sous l'ardent soleil de la Louisiane, au milieu de son printemps luxuriant et de sa cajolante société de jeunes filles » (p. 88). Henry n'a aucune chance face aux forces conjuguées de la nature, d'Ermence et de Cydette. Infailliblement, de Fallex « en arrivait à songer à Ermence » (p. 60) et il capitule finalement, comme la tante l'avait prévu, en l'épousant.

Le dénouement de *Tante Cydette* souligne le dysfonctionnement de la société créole et cette préoccupation au sujet de la mort qui présage la fin d'une société. Le roman s'ouvre sur une scène d'église, pendant la messe de Pâques. Pâques, saison de résurrection, est travestie par la superficialité de la foule des fidèles qui ne pense aucunement aux saints mystères et que Dessommes compare à « une coulée de boue » (p. 11) lorsqu'elle se précipite hors de l'église. Cette caricature se perpétue tout au long du texte, soulignant l'incapacité de la société créole à se recréer. Le mariage à l'église boucle l'intrigue, rapprochant le premier et le dernier chapitre. Mais, à nouveau, l'image du mariage, normalement associée à des connotations de vie et de joie, se trouve déformée par le message funèbre du texte.

La fin du récit présage l'assimilation de la culture créole. Pendant que le bal des noces se déroule, sur « les accents folâtres d'une polka » (p. 176), Louise veille sa mère mourante. Cette dernière scène traduit le pressentiment de la fin d'un monde. Ce que Dessommes décrit, c'est son univers en voie de disparition, l'univers qu'il quittera définitivement quelques années plus tard et dont il prendra congé dans un poème écrit en 1891 :

> Pendant plus de vingt ans, j'ai vécu dans un rêve,
> Un rêve d'idéal faux et fuligineux ;
> Et de mon pauvre cœur l'essor vertigineux
> N'a pu fournir, hélas ! qu'une carrière brève[15].

NOTES

1. Andrée Fourcade Kail, « Les romanciers de langue française en Louisiane de 1870-1890 », *Comptes rendus de l'Athénée louisianais*, novembre 1950, p. 12-13.

2. Joseph Tregle, « Early New Orleans Society : A Reappraisal », *Journal of Southern History*, Vol. 18, 1952, p. 29-30.

3. George Dessommes, *Tante Cydette*, New Orleans, Imprimerie du Franco-Louisianais, 1888, p. 91.

4. Andrée Kail, *op. cit.*, p. 14.

5. Yves Chevrel, *Le Naturalisme*, Paris, PUF, 1982, p. 79.

6. *Ibid.*, p. 153.

7. *Dictionnaire Larousse*, 1987, p. 672.

8. George Reineke, « Creole Traits in Two Louisiana French Novels of the 19th Century », *Perspectives on Ethnicity in New Orleans*, John Cooke et Mackie J.-V. Blanton, eds., New Orleans, Committee on Ethnicity in New Orleans, 1981, p. 31.

9. Alain Pagès, *Le Naturalisme*, Paris, PUF, 1989, p. 32.

10. Pierre Martino, *Le Naturalisme français*, Paris, Armand Colin, 1960, p. 28.

11. *Ibid.*, p. 38.

12. George Dessommes, *op cit.*, p. 160. Voir aussi : George Reineke, « Tante Cydette by George Dessommes », *Louisiana Literature*, Spring 1985, p. 20.

13. Pierre Martino, *op. cit.*, p. 6.

14. Gustave Flaubert, *Madame Bovary*, Paris, Librairie générale française, 1972, p. 130.

15. George Dessommes, « Sonnets calins : à Kali », *Comptes rendus de l'Athénée louisianais*, mai 1891, p. 326.

DE NANTES À LA LOUISIANE :
L'HISTOIRE DE L'ACADIE, L'ODYSSÉE D'UN PEUPLE EXILÉ
de GÉRARD-MARC BRAUD
(Nantes, Ouest éditions, 1994, 159 p.)

Damien Rouet
Université de Moncton

Gérard-Marc Braud, président de l'Association Bretagne-Acadie, fournit dans cet ouvrage un mauvais exemple de vulgarisation de l'histoire acadienne. Certes, l'auteur n'est pas historien de profession, et nous lui aurions volontiers, de ce point de vue, pardonné quelques erreurs. Mais ce sont les principes mêmes de l'écriture, et de son respect, qui sont ici bafoués.

Le premier chapitre du livre, intitulé « Origine et fondation de l'Acadie » (p. 15-30), est un plagiat honteux d'un ouvrage de Bona Arsenault[1]. Ce n'est pas seulement l'esprit, la pensée de l'auteur qui y sont repris, mais son texte, presque mot pour mot. Certes, M. Braud a dû ajouter à son ouvrage, après publication, un avertissement dans lequel il prévient que « le chapitre I, consacré à l'origine et à la fondation de l'Acadie, emprunte très largement à l'*Histoire des Acadiens* de Bona Arsenault... ». Mais enfin, il ne s'agit pas seulement d'emprunts, mais de la copie de pages, de paragraphes ou de phrases que l'auteur s'attribue. Plagiat d'autant plus intempestif qu'il reprend sans mot dire les erreurs de Bona Arsenault. Ainsi lit-on à la page 38 du livre de ce dernier, au sujet du décès de Razilly : « Ses restes, d'abord inhumés à la Hève, furent transportés à Louisbourg en 1749 ». Ce passage est fidèlement repris par M. Braud à la page 23 de son ouvrage : « ses restes d'abord inhumés à la Hève, seront transportés à Louisbourg en 1749 ». Malheureusement, Bona Arsenault avait fait une erreur et il s'agissait en fait de Jean Baptiste Frédéric de La Rochefoucauld de Roye, marquis de Roucy et duc d'Anville, décédé le 27 septembre 1746 et inhumé à l'île Georges dans le port d'Halifax, dont les restes furent transportés à Louisbourg, puis en France[2].

Passé ce premier chapitre (à ne pas lire), la deuxième partie de cet ouvrage nous offre une étude sur la déportation des Acadiens en Europe (p. 31-64). Sans nul doute, l'auteur s'y sent plus à l'aise. Mais là encore, M. Braud s'appuie sur une bibliographie bien trop modeste pour que ses propos échappent à la critique. Ainsi, s'agissant de l'établissement acadien en Poitou, il note que « c'est finalement par ordonnance royale du 26 août 1783 que les lettres patentes attendues depuis 10 ans donnent, aux familles acadiennes restantes, les assurances qu'elles espéraient pour se fixer définitivement en

Poitou » (p. 64). Cette erreur de jugement, attribuable dans un premier temps à Ernest Martin[3], a depuis longtemps été corrigée par Pierre Massé dans un article important intitulé « Le statut de la Colonie acadienne du Poitou[4] ». La lecture de cet article aurait permis à M. Braud de s'apercevoir que les prétendues lettres patentes ne furent jamais enregistrées par le parlement de Paris et que leur mention est donc caduque. Bien plus, on peut estimer que près d'un tiers des Acadiens présents en Poitou quittèrent cette colonie pour Nantes entre 1783 et la fin du printemps 1785.

Seul le dernier chapitre, « De Nantes à la Louisiane » (p. 65-108), apporte quelques éléments nouveaux sur la connaissance de ces réfugiés (conditions de vie, structure quantitative du groupe). Mais tout compte fait, il ne s'agit que de l'étude succincte de sources pour la plupart déjà publiées. Là également, les emprunts ne sont pas dûment signalés par l'auteur. Ainsi peut-on lire des extraits tirés indubitablement d'un ouvrage de Michel Poirier[5].

En somme, il s'agit d'un ouvrage à ne pas lire, sinon comme un livre d'images pour observer l'iconographie intéressante qui y est insérée. Le texte, outre le plagiat évident, est truffé d'erreurs.

Nous reprocherons enfin à Gérard-Marc Braud la dramatisation constante du sort de ces réfugiés acadiens en France, qui alourdit constamment son texte. Certes, leurs conditions de vie furent pénibles, mais pas plus difficiles sinon parfois meilleures que celles de la grande majorité de la population française. Cette dramatisation va de pair avec de nombreux silences. Silence, par exemple, sur les désaccords au sein de la communauté des Acadiens, sur les heurts parfois physiques entre ses membres. On ne peut se lamenter sur le sort de ces réfugiés sans comprendre une chose essentielle : si, en 1785, il y a des Acadiens à Nantes et si 1 600 d'entre eux s'embarquent pour la Louisiane, c'est que l'essentiel de cette communauté n'a jamais voulu s'installer en France.

NOTES

1. Bona Arsenault, *Histoire des Acadiens*, Montréal, Fides, 1994, 395 p.

2. Étienne Taillemite, « La Rochefoucauld de Roye, Jean-Baptiste-Louis-Frédéric de, marquis de Roucy, duc d'Anville », *Dictionnaire biographique du Canada*, vol. 3, Presses de l'Université Laval, 1974, p. 384.

3. Ernest Martin, *Les Exilés acadiens en France au XVIIIe siècle, et leur établissement en Poitou*, Poitiers, Brissaud, 1979 (1re éd., 1936), 333 p.

4. Pierre Massé, « Le statut de la Colonie acadienne du Poitou », *Bulletin de la Société des antiquaires de l'Ouest*, tome VII, 4e série, 1963, p. 49-71.

5. Michel Poirier, *Les Acadiens aux îles Saint-Pierre et Miquelon, 1758-1828 : trois déportations, trente années d'exil*, Moncton, Éditions d'Acadie, Malakoff, Distique, 1984, 527 p. On peut ainsi comparer les pages 56-57 (Poirier) et 72 (Braud) ; 59 (Poirier) et 86 (Braud) ; 164 (Poirier, notes) et 93 (Braud, encadré), etc.

LA FEMME FRANCO-AMÉRICAINE /
THE FRANCO-AMERICAN WOMAN

de CLAIRE QUINTAL (dir.)
(Worcester (Mass.), Assumption College,
Institut français, 1994, 216 p.)

Béatrice Craig
Université d'Ottawa

Ce volume rassemble les textes d'un colloque qui s'est tenu à l'Institut français du Collège de l'Assomption sur la femme franco-américaine. Les colloques de l'Institut français réunissent universitaires et « amateurs » autour d'un thème donné concernant la vie franco-américaine. Celui-ci ne fait pas exception : les textes regroupés dans cet ouvrage reflètent la variété des approches des participants.

Les trois premières communications, écrites par des historiens universitaires, se penchent sur les migrations qui amenèrent des femmes de France au Canada, puis en Nouvelle-Angleterre. Cet arrière-plan historique est suivi par des portraits individuels ou collectifs de Franco-Américaines, par l'étude de deux organisations de femmes relativement récentes, et par une communication à caractère franchement littéraire. Le panorama est fort varié, mais raisonnablement bien équilibré, compte tenu du nombre limité de pages.

Le volume débute avec les textes de Leslie Choquette et d'Yves Landry, lesquels examinent les circonstances qui ont amené des femmes de France en Amérique du Nord. Leslie Choquette se penche sur l'émigration féminine des XVIIe et XVIIIe siècles dans son ensemble, alors qu'Yves Landry se concentre sur le groupe le plus célèbre : celui des jeunes filles à marier dont les coûts de passage furent payés par Louis XIV — les « Filles du Roi ». Les deux auteurs posent les mêmes questions concernant ces femmes. Combien furent-elles ? Quelles étaient leurs origines sociales, géographiques, religieuses ? Qu'est-ce qui les a incitées à venir ? Landry se demande en plus quel fut leur sort au Canada.

Les conclusions se recoupent. Selon Choquette, la plupart des émigrantes venaient du nord de la France et, en majorité, des villes. Toutes les classes sociales étaient représentées. Ces femmes étaient, pour la plupart, célibataires ou veuves : la participation des familles aux mouvements migratoires vers le Canada était l'exception et non la règle. Quelques-unes de ces femmes étaient de religion protestante. Les Filles du Roi présentent les mêmes caractéristiques, mais plus accentuées. Elles étaient en majorité originaires de la région parisienne. Quoique issues de différentes classes de la société, elles étaient pauvres : le tiers des Filles du Roi étaient pensionnaires de l'Hôpital général de Paris, qui accueillait les femmes sans ressources, en plus des malades et des infirmes. Dans la majorité des cas, ces femmes pauvres, même « bien nées », étaient orphelines. Comme les autres Françaises qui se rendirent au Canada, les Filles du Roi n'émigrèrent pas en famille et, sitôt arrivées, se marièrent. Selon Landry, elles s'adaptèrent très vite à leur nouveau milieu, vécurent beaucoup plus longtemps que leurs contemporaines restées en France, et eurent plus d'enfants qu'elles. La raison derrière l'émigration des Françaises, Filles du Roi ou autres, était économique, et, le mariage étant l'état matériellement le plus avantageux pour les femmes aux XVIIe et XVIIIe siècles, ces émigrantes atteignirent leur but.

Quelque 150 ans plus tard, leurs descendantes se remirent en route et allèrent s'installer chez le grand voisin du Sud : ce mouvement est le sujet du texte d'Yves Roby. Comme leurs aïeules françaises, ces émigrantes canadiennes étaient poussées par des raisons économiques, dont les causes se trouvent, cette fois, dans l'endettement rural consécutif à de mauvaises récoltes, la misère du système agro-forestier, le manque d'emplois dans les villes du Québec. Elles étaient aussi attirées par les salaires plus élevés offerts par l'industrie américaine. Les ressemblances toutefois s'arrêtent là. Ces émigrants n'avaient pas au départ l'intention de s'établir aux États-Unis, mais d'y séjourner assez longtemps pour se procurer un pécule avant de revenir au pays. Les migrations vers les États-Unis se faisaient en famille, et c'étaient des membres de la famille ou de la paroisse déjà installés de l'autre côté de la frontière qui fournissaient information, accueil et aide à l'embauche. Rendus aux « États », tous les membres de la famille travaillaient, sauf la mère, gardienne du foyer, de la langue et de la religion. Les enfants étaient envoyés très tôt en usine ; assez vite, les garçons se trouvaient du travail dans la métallurgie ou les travaux publics, laissant à leurs sœurs les emplois dans le textile, emplois qu'elles quittaient lorsqu'elles se mariaient. La main-d'œuvre féminine était donc très jeune, célibataire, de passage, et peu mobilisable. Le travail ne lui donnait aucune indépendance, puisque la travailleuse remettait son salaire à ses parents. Au XXe siècle toutefois, le portrait se modifie. L'ouvrière canadienne-française est plus âgée, et même quelquefois mariée, mieux payée et plus militante. Les familles ne sont pas retournées au Canada, mais se sont enracinées et ont même eu accès à la propriété. La migration des Canadiens français en Nouvelle-Angleterre atteignit son but — l'amélioration du niveau de vie —, mais non de la manière envisagée.

Les biographies individuelles ou collectives de femmes franco-américaines qui suivent ces trois premiers textes, précisent et nuancent ce portrait d'ensemble — en rappelant qu'aucun groupe n'est monolithique ni statique. Le texte de Paul Leblanc, par exemple, attire l'attention sur le fait que les Franco-Américaines pouvaient venir des Maritimes tout autant que du Québec. Paul Leblanc, Marcelle Chenard, Élisabeth Aubé et Janet Shideler décrivent des femmes immigrantes fortes, ayant le sens de l'initiative, recherchant et trouvant une certaine indépendance dans le pays d'accueil, et s'opposant au besoin au pouvoir masculin et à l'idéologie conservatrice officielle. Leurs migrations vers les « États » pouvaient faire partie d'une migration familiale, conséquence de difficultés économiques, ou être individuelles et motivées par un désir d'indépendance ou même par l'envie de changer d'air. Chenard et Shideler présentent l'émigration aux États-Unis comme une expérience qui transforma et libéra les femmes : les sœurs Gagnon, objet du texte de Chenard, encouragèrent filles et nièces à faire des études ; pour sa part, Camille Lessard-Bissonnette, qu'étudie Janet Shideler, s'engagea dans la lutte pour le suffrage féminin. Son roman, *Canuck*, affirme, contrairement à la pensée officielle, qu'émigrer et travailler au lieu de se marier, et s'engager dans l'action politique, ne mèneront pas à la désintégration de la société. Ces émigrantes n'étaient donc ni dociles ni soumises à l'autorité masculine, et ne subordonnaient pas toutes leurs aspirations aux besoins de la famille. Elles ne correspondaient ni au portrait de l'idéologie officielle ni à la description brossée par Yves Roby. Le passage du temps explique en partie ce décalage : le texte de Roby met l'accent sur le XIXᵉ siècle. Roby admet que les Franco-Américaines de l'entre-deux-guerres étaient bien moins effacées que leurs mères. Aubé suggère que la femme subordonnée était une construction du discours officiel plus qu'un reflet de la réalité, discours que les femmes répétaient mais n'intériorisaient pas. Le message transmis verbalement de femme à femme (dans ce cas-ci d'une grand-mère à sa petite-fille au cours d'une série d'entrevues) était tout autre.

Les Franco-Américaines nées en Nouvelle-Angleterre se révélèrent aussi entreprenantes et indépendantes que leurs mères et grands-mères, et aussi disposées à s'adapter à leur milieu. Les biographies de sœur Madeleine de Jésus, fondatrice du Collège Rivier au New Hampshire, et celle de Corinne Rocheleau-Rouleau, femme de lettres, sont celles de femmes hors du commun. Sœur Madeleine de Jésus obtint un doctorat de l'Université catholique à Washington en 1931, à une époque où très peu de femmes obtenaient ce diplôme, puis fonda le Collège Rivier dans le but de former des enseignantes bilingues pour les écoles paroissiales et d'offrir aux jeunes filles franco-américaines la possibilité d'obtenir une formation égale à celle que recevaient leurs frères au Collège de l'Assomption. Corinne Rocheleau-Rouleau, rendue sourde à l'âge de neuf ans par une maladie, est éduquée à l'Institut des sourdes-muettes de Montréal. Elle devient journaliste, auteure couronnée par l'Académie française, et s'implique dans l'éducation des personnes handicapées. L'autobiographie de Barbara Garneau qui clôt le volume révèle une femme aussi tenace et énergique que les deux précédentes, quoique moins « visible ».

Deux courts textes de Charlotte Bordes Leblanc, accompagnés de nombreux documents sur la Fédération féminine franco-américaine et sur la Jeunesse étudiante catholique, jettent la lumière sur une autre forme d'initiative féminine au XXᵉ siècle — la vie associative. Finalement, le romancier Normand

Beaupré nous dépeint deux femmes fictives, mais tirées de l'histoire de sa famille, qui elles aussi définissent leurs sphères d'intérêt indépendamment de l'opinion officielle. La mère est grande liseuse de romans, genre littéraire suspect et généralement condamné au XIXe siècle. La fille, elle, rejette le message souvent moralisateur, qu'elle juge misogyne, de cette littérature. La culture féminine, en marge de l'idéologie officielle qu'esquisse Normand Beaupré, fait écho à celle qu'Élisabeth Aubé détecte chez sa grand-mère, et qui semble bien avoir modelé le comportement des femmes qui traversent les pages de cet ouvrage : cette culture est empreinte d'un sens de l'initiative, d'une capacité de se fixer des buts et de les atteindre, d'une valorisation de l'éducation, de la distanciation envers le discours officiel, et d'un attachement à une vision de la culture et de la religion qui leur était propre.

Le livre est donc très intéressant, par son sujet jusqu'ici négligé, et par l'information qu'il contient. Cela ne veut pas dire qu'il soit sans problème. En premier lieu, les liens entre les différents textes ne sont explicités nulle part. Les actes de colloques, collections *a priori* disparates, ont besoin, plus encore que d'autres recueils de textes, d'une introduction qui fasse très clairement ressortir les grands thèmes communs à toutes les contributions. Trois pages de louanges envers l'objet d'étude ne sont tout simplement pas suffisantes. En second lieu, certains textes laissent les lecteurs vraiment trop sur leur faim. Par exemple, la biographie de Corinne Rocheleau-Rouleau mentionne son rôle dans la promotion de l'enseignement pour personnes handicapées, mais sans jamais indiquer la nature de son action. L'impact de cette femme journaliste, auteure et éducatrice est complètement ignoré. La biographie de sœur Madeleine de Jésus est encore moins satisfaisante. Le texte est mal organisé, ce qui n'arrange rien. Le Collège Rivier est fondé depuis trois pages avant que l'on ne découvre pourquoi, et le rôle de sœur Madeleine dans cette fondation n'est pas décrit. Immédiatement après la Seconde Guerre mondiale, sœur Madeleine est impliquée dans une controverse concernant la place du français dans un collège franco-américain, mais la nature de cette controverse et, surtout, son impact sur la société franco-américaine restent obscurs. L'auteure, qui avoue trouver l'affaire confuse, a perdu de vue le véritable problème. Un collège comme Rivier devait-il être d'abord une institution veillant à la formation de jeunes Américaines d'ascendance canadienne, ou un bastion de la culture canadienne-française en terre américaine ? Pourquoi sœur Madeleine a-t-elle adopté la première position ? Pourquoi ses opposants ont-ils réussi à l'éliminer en dépit du fait que l'histoire lui eût très vite donné raison ?

L'ouvrage constitue donc un point de départ utile. Il ouvre de nombreuses avenues de recherche, et il est à souhaiter qu'elles seront empruntées dans l'avenir.

LA PATRIE ET SON NOM.
ESSAI SUR CE QUE VEUT DIRE LE « CANADA FRANÇAIS[1] »

Claude Denis
Faculté Saint-Jean
Université de l'Alberta (Edmonton)

L'analyse du discours et le sens des mots

L'objet du présent essai est de débroussailler quelque peu le terrain discursif sur lequel on trouve le vocable « Canada français ». Car si un changement de vocabulaire national a de toute évidence eu lieu autour de la Révolution tranquille et de la montée du mouvement indépendantiste québécois, on ne doit pas penser que le sens de ce changement est évident lui aussi. Contrairement aux idées reçues, en fait, la langue n'est pas transparente, c'est-à-dire que, si les mots nomment des choses, il ne suit pas que le mot nous informe directement sur la chose nommée. La constitution américaine, par exemple, affirmait dès la fin du XVIIIe siècle que « tous les hommes sont égaux », mais il était clair que cela ne concernait nullement les esclaves venus d'Afrique : les Noirs n'étaient pas inclus dans la catégorie cognitive « hommes ». Sans parler des femmes. Dans un tel contexte, l'une des tâches des sciences sociales est d'étudier les rapports que les mots et leur(s) sens entretiennent avec les enjeux de la société. C'est ce à quoi s'emploie l'analyse du discours.

Regardons plus près de nous : Qu'est-ce que le « Canada anglais » ? Comment doit-on comprendre ce terme ? Désigne-t-il le Canada hors Québec — ce qui fait grincer des dents de nombreux francophones hors Québec, anglophones du Québec et anglophones d'origine autre qu'anglaise ? Ou bien s'agit-il de la population anglophone ou anglaise, d'un bout à l'autre du Canada, y inclus celle du Québec ? Chacun sait, pour commencer, que « Canada anglais » ne fait pas référence aujourd'hui à une appartenance « ethnique[2] » anglaise, mais bien à l'usage dominant de la langue anglaise, que ce soit par un groupe donné (les anglophones d'origines diverses) ou sur un territoire donné (l'ensemble du Canada à l'exception du Québec, sans égard à l'Acadie et à la francophonie) ; certains ajouteront que, plus généralement, la culture anglo-saxonne est hégémonique dans ce qu'on nomme justement le Canada anglais. Voyons maintenant comment le vocable a fonctionné, comment il a été utilisé, pendant les débats constitutionnels inaugurés par l'Accord du lac Meech, alors qu'un des enjeux était de chercher à nommer l'Autre du Québec. Bien qu'aucun consensus ne soit apparu sur le vocable le plus approprié, plusieurs termes ont fonctionné comme synonymes : le Canada hors Québec, le « reste du Canada », le Canada anglais et le Canada anglophone. Sans qu'il y ait là de nécessité naturelle, la pratique discursive a fait que le terme « Canada anglais » demeure l'une des manières principales de nommer cet Autre du Québec. Selon cet usage dominant, les Acadiens et les francophones hors Québec habitent le Canada anglais, mais pas les anglophones du Québec.

On voit combien le sens littéral d'un terme peut être surdéterminé par un contexte politique, et plus spécifiquement par la lutte d'intérêts des groupes sociaux pour qui un avantage peut être obtenu de la définition même des enjeux et des catégories de pensée. C'est pourquoi en théorie du discours on dira que les catégories de pensée sont aussi des expressions et des codifications de rapports de pouvoir — c'est ce complexe savoir/pouvoir rendu célèbre par Michel Foucault[3]. Puisque les définitions elles-mêmes sont impliquées dans les luttes et que les agents en présence sont rarement de force égale, on doit s'attendre à ce que plusieurs définitions possibles d'un même terme (« Canada anglais », par exemple) soient présentes dans le champ discursif — chacune plus ou moins associée à des agents particuliers — et que l'une d'elles ait tendance à dominer, à être généralement admise malgré les protestations d'agents qui ne s'y reconnaissent pas.

Ces Franco-Albertains, par exemple, qui grimacent en entendant l'expression « Canada anglais » ne font pas qu'exprimer leur dédain face à des termes inexacts : dans ce choix des mots, c'est la visibilité politique de la francophonie canadienne qui est en jeu, sa capacité à faire valoir ses revendications politiques, jusqu'à son existence même. Et nonobstant les protestations constantes d'Acadiens, de Franco-Albertains, de Franco-Manitobains, etc., on continue de façon hégémonique à parler du Canada hors Québec comme du « Canada anglais ». En fait, le vocabulaire politique canadien est truffé de ces termes qui ne font pas que désigner de façon transparente une réalité indépendante d'eux[4].

Qu'en est-il du « Canada français » ?

Le territoire québécois et le sens de « Canada français »

Jusqu'à la Révolution tranquille, on parlait de la nation canadienne-française, du nationalisme canadien-français, du Canada français ; depuis, on parle de la nation québécoise[5], du nationalisme québécois, du Québec. Le sens commun voudrait que l'allégeance des Québécois francophones soit passée, autour de 1960, de l'appartenance ethnique à un « Canada français » s'étendant d'un océan à l'autre, à l'appartenance civique au territoire du Québec. C'est ce portrait que l'on trouve aussi sous la plume des sociologues et politologues[6].

Reportons-nous pourtant à l'époque du «Canada français». Comment ce terme était-il utilisé lorsqu'il ne faisait pas problème face à un «État du Québec» et à un nationalisme «québécois», c'est-à-dire avant les années 60[7]? Une vaste recherche serait nécessaire pour répondre à cette question d'une manière un peu définitive. Je ne propose ici qu'une hypothèse de recherche et la logique sur laquelle elle s'appuie, le tout fondé, d'une part, sur un scepticisme de principe quant à la transparence de la langue et, d'autre part, et surtout, sur un certain nombre de cas troublants pour le sens commun de «Canada français».

Voici mon hypothèse : dans l'usage ordinaire des Canadiens français du Québec, pour la période allant (au moins) du début du XXe siècle jusqu'à la Révolution tranquille et surtout au développement du mouvement indépendantiste, l'expression «Canada français» désignait essentiellement le territoire du Québec, c'est-à-dire qu'on parlait du Canada français d'une manière similaire à l'usage actuel de «Canada anglais» comme synonyme du Canada hors Québec. Le sens commun d'aujourd'hui serait donc tout à fait décalé par rapport à la réalité (discursive) historique. Pourquoi ce décalage? Parce que, d'une part, «à la différence de la mémoire individuelle, les collectivités oublient instantanément leur passé, sauf si un volontarisme ou une institution en conserve ou en élabore quelque bribe choisie, destinée à un usage intéressé[8]»; ce qui nous amène, d'autre part, à une rationalité politique : cela faisait l'affaire tant des indépendantistes que des fédéralistes de mal comprendre ce passé, d'y projeter une fiction servant des projets actuels. Il devient alors important de distinguer, en termes conceptuels, l'usage ordinaire de l'usage militant du vocabulaire. J'y reviendrai. Notons pour l'instant que la querelle d'apparence ésotérique que je cherche aux idées reçues sur le Canada français d'hier n'est pas sans rapport avec la façon dont on comprend le Canada et le Québec d'aujourd'hui. Sont posées, entre autres choses, la question du caractère ethniciste du nationalisme québécois («pure laine», «vieille souche», fédéralisme massif des non-francophones, etc.), et celle du statut au Canada des minorités francophones (composantes d'un peuple fondateur, diaspora, minorités nationales, etc.). Car, comme le souligne l'historien Paul Veyne, on se souvient du passé collectif dans la mesure où (et de la manière dont) c'est utile à des projets actuels.

Les «cas troublants» évoqués plus haut ont capté mon attention dans le cadre de mes travaux et lectures sur le Canada et ses traditions sociologiques : une dissonance est venue s'installer dans ma compréhension spontanée de «Canada français» pendant que je travaillais sur des enjeux autres. C'est alors que la catégorie cognitive «Canada français» a perdu pour moi son caractère d'évidence et qu'elle est devenue problématique. Voici donc quelques-uns de ces cas, ces sources de dissonance, dans l'ordre chronologique des moments de l'histoire canadienne-française / québécoise auxquels ils se réfèrent.

1. Des études récentes sur les manuels scolaires, dans les disciplines du français et de l'histoire[9], et de la géographie[10], présentent un portrait inattendu du « Canada français » tel qu'il s'est constitué comme objet de connaissance depuis le début du XIXe siècle. Le travail de Marc Brosseau montre ainsi qu'à l'époque du nationalisme canadien-français, le territoire national présenté aux élèves, celui de la patrie, de « chez soi », correspondait à la province de Québec ; et lorsque les manuels parlaient des Canadiens français de Saint-Boniface, par exemple, ils soulignaient la capacité de ces Canadiens français de réussir sur le territoire de l'Autre[11]. La recherche de Laurent Godbout, pour sa part, montre que, lorsque des exemples géographiques étaient utilisés dans les manuels de français pour illustrer des règles de grammaire, ils se rapportaient là aussi massivement au territoire du Québec. De même, le livre d'histoire du Canada des Frères des Écoles chrétiennes analysé par Godbout établit un lien quasi total entre les Canadiens français et le territoire du Québec.

De telles recherches sont importantes dans l'étude sociologique des nations et des nationalismes parce qu'elles mettent en lumière le paysage mental inculqué aux enfants à l'école. C'est en grande partie là que les catégories de pensée sont apprises, puis rapidement oubliées en ce sens qu'elles deviennent une part constitutive de la subjectivité des individus — qu'elles sont perçues comme des faits naturels, plutôt que socialement déterminés. L'école, à ce titre, était et demeure l'un des principaux creusets de la nation. Or, dans ces manuels du XIXe et de la première moitié du XXe siècle, il ne fait pas de doute que le territoire national des Canadiens français, c'est « la province de Québec ».

2. L'un des premiers grands classiques de la sociologie canadienne est l'ouvrage de Everett C. Hughes, *French Canada in Transition* (1943). Quiconque a lu ce volume se souviendra — mais aura rarement fait le lien avec le titre — que l'objet de l'analyse de Hughes est le Québec, en tant qu'espace socio-économique multi-culturel en cours de « modernisation » rapide depuis la fin du XIXe siècle. (Et notons en passant que, pour Hughes, cette « modernisation » n'a pas eu à attendre la Révolution tranquille.) Ce sont les relations entre Canadiens français, Canadiens anglais, Américains et Anglais récemment arrivés, en contexte d'industrialisation, que Hughes cherche à comprendre. Et c'est en rapport à Montréal comme métropole, Québec comme capitale et la campagne environnante comme arrière-pays, que l'industrialisation de « Cantonville » (c'est-à-dire Drummondville) est analysée. Il n'y a pas l'ombre d'une place, ici, pour un regard sur l'Acadie, l'Ontario français, Saint-Boniface ou les Canadiens français de Rivière-la-Paix. Et c'est bien du *French Canada* dont parle Hughes.

3. Vingt ans après Hughes, Marcel Rioux et Yves Martin reconduisent cette même conception du Canada français dans leur introduction à cet autre

classique qu'est *La Société canadienne-française* (1964 ; réédité en 1971). Rioux et Martin y écrivent que la société à laquelle le titre réfère ne correspond ni au groupe ethnique canadien-français, ni à l'ensemble du territoire sur lequel on retrouve des Canadiens français ; au contraire, l'objet étudié, « la société canadienne-française », est le Québec, déjà conçu comme société globale.

4. Pourtant, à la fin des années 60, Marcel Rioux écrit : « Si l'on parle du Canada français… il s'agit de Canadiens qui parlent français et qui vivent dans toutes les parties du Canada[12]. » C'est, pour l'essentiel, la conception qui a cours encore aujourd'hui.

Entre le Rioux de *La Société canadienne-française* et celui de *La Question du Québec*, cinq ans plus tard, il y a contradiction : le sens commun s'est déplacé. Car si ces quatre cas sont représentatifs de l'usage dominant à leur époque respective, on doit effectivement conclure que le sens de « Canada français » a changé. Que s'est-il passé ?

Notons d'abord que le milieu des années 60 voit la Révolution tranquille développer une branche radicale, avec la montée du mouvement indépendantiste, en même temps que Pierre Trudeau prend la route d'Ottawa pour contrebalancer l'importance grandissante que prend l'espace politique proprement québécois. Trudeau à Ottawa se fera alors le porte-parole d'une thèse déjà ancienne (mais minoritaire) qui a à la fois un air d'évidence et de syllogisme : puisqu'il y a des Canadiens français partout au Canada, alors on doit définir le Canada français comme ethnique pancanadien. Conséquemment, seul le gouvernement fédéral peut parler au nom du Canada français, alors que le statut du Québec est celui d'une province sur dix. C'est la logique qui a mené, entre autres choses, à l'adoption de la loi sur les langues officielles. Marcel Rioux, dans le cadre de son adhésion à l'indépendantisme, pourra alors se rallier à cet usage du « Canada français », distinguant celui-ci du Québec comme espace politique voué à l'indépendance.

Supposons que l'hypothèse soit fondée. Quelle importance ? De toute évidence, un travail de relecture du passé canadien-français serait nécessaire. Mais aussi, et cela me semble plus pratiquement important, des enjeux politiques actuels sont éclairés d'un jour nouveau du fait de la réinterprétation du passé. Dans ce qui suit, je veux souligner deux catégories d'enjeux, la première se rattachant au Québec et la seconde au rapport entre le Québec et la francophonie canadienne.

Au Québec, un nationalisme spatio-culturel

Les quatre énoncés ci-dessus sur le sens de « Canada français » montrent que le remplacement de « Canada français » par « Québec », n'est pas spontanément compréhensible du fait d'un quelconque sens littéral des mots, selon lequel on passerait d'une nation ethnique à une nation territoriale/étatique. La nation change de nom, alors que le vocable « Canada français » change de sens, s'ethnicise. Et si le premier changement est immédiatement visible, le second tend à passer inaperçu. Tous deux demandent une explication, qui ne peut émerger que dans le cadre d'une analyse de la dynamique socio-politique dans laquelle ils se produisent.

L'analyse qui montrerait le *sens du changement de nom* de la nation existe déjà (bien qu'elle soit généralement prisonnière du sens ethniciste de «Canada français»): elle explique d'abord que la Révolution tranquille représente l'adoption par les Québécois d'une stratégie collective fortement étatiste, et l'abandon de l'Église catholique comme véhicule de développement collectif; elle articule ensuite le développement de l'indépendantisme à cet étatisme des années 60[13]. La nation devient donc «québécoise» dans le contexte où le Premier ministre Lesage référera constamment à l'«État du Québec», suivi à très court terme par l'apparition du RIN, la menace «égalité ou indépendance» de Daniel Johnson (père, évidemment), puis la fondation par René Lévesque du Mouvement souveraineté-association. Étant donné que le Québec est d'abord et avant tout un espace géographique étatique, le centrage du discours et des visées politiques sur l'«État québécois» implique quasi nécessairement un accroissement de la *valorisation explicite du territoire* national aux dépens de la référence ethno-linguistique canadienne-française qui jusque-là avait été privilégiée.

Reste à comprendre le changement de sens de «Canada français»: Pourquoi cesse-t-il de fonctionner comme synonyme de «Québec» et devient-il ethnicisé? Comme on l'a déjà souligné, c'est dans le contexte politique de la lutte du gouvernement Trudeau contre le nationalisme québécois que «Canada français» acquiert un sens *dominant* pancanadien et strictement ethniciste. Cette opération sémantique par laquelle «Canada français» s'ethnicise a été facilitée par la présence dans le champ discursif d'un sens mineur (par opposition au sens dominant, celui de l'usage courant) du Canada français comme espace ethnique. En effet, il avait toujours été dans l'intérêt des Canadiens français établis ailleurs qu'au Québec de construire discursivement le Canada français en termes ethniques: ils pouvaient ainsi affirmer, à des fins tant politiques qu'existentielles, qu'ils vivaient bien au Canada français, tout en étant entourés d'une majorité anglophone. De plus, diverses organisations nationalistes — sociétés Saint-Jean-Baptiste, l'Ordre de Jacques-Cartier, le Conseil de la vie française en Amérique, etc.[14] — mettaient aussi de l'avant un sens ethno-religieux du Canada français, méfiant à l'égard des institutions étatiques et d'une trop grande identification à elles.

Le langage ordinaire au Québec et le langage nationaliste/politique ne parlaient donc pas de la même chose lorsqu'ils disaient «Canada français». La différence pouvait passer inaperçue tant que le discours revendicateur s'adressait à des enjeux québécois, mais lorsqu'il débordait sur le territoire hors Québec les problèmes se multipliaient, d'où la réticence récurrente des Canadiens français du Québec à s'engager d'une façon concrète envers les Canadiens français hors Québec (et les Acadiens), de même que la frustration des organisations nationalistes et de l'Église face à cette apathie des Canadiens français ordinaires.

C'est ce sens mineur (des Canadiens français hors Québec et des organisations nationalistes) qui sera élevé au sens dominant dans le contexte de la montée du mouvement indépendantiste québécois et de la contre-attaque trudeauienne — une ironie considérable, puisque c'est alors même qu'on les dit orphelins de leur nation (canadienne-française) que les francophones hors Québec voient leur définition du Canada français adoptée au Québec, tant par les fédéralistes que par les indépendantistes. Nous nous trouvons donc devant le tableau suivant, dans lequel le changement de sens de «Canada français» peut être perçu en fonction de trois moments :

a) Avant les années 60, lorsque, dans la langue ordinaire au Québec, on parle du Canada français, on pense au territoire du Québec et aux Canadiens français qui y forment la majorité de la population. Disons que c'est un sens spatio-culturel et, dans la mesure où c'est à lui que se réfèrent la plupart des locuteurs dans la plupart des situations, il est dominant. Mais dans la langue militante des organisations nationalistes et dans la langue ordinaire hors Québec, c'est l'ethnicité et la religion qui prennent toute la place ; c'est un sens ethniciste, mineur ou minoritaire.

b) À partir des années 60, lorsqu'on parle du Canada français, on pense à l'ensemble des Canadiens français, partout au Canada — l'Acadie ayant un statut cognitif instable — et dans certains cas jusqu'aux États-Unis. Le sens ethniciste, de mineur qu'il était, devient dominant.

c) À partir du moment où le sens ethniciste s'impose, on interprétera le passé comme si «Canada français» avait toujours eu un sens ethniciste — on importe dans la lecture du passé des significations actuelles, ce qui induit de manière systématique des interprétations faussées, rendant invisible le sens que les Canadiens français d'hier donnaient aux mots. C'est donc de manière anachronique, à partir des années 60 que la catégorie de pensée «Canada français» a acquis un caractère strictement ethniciste. Eu égard à la recherche socio-historique, il semble bien que l'on ait pris la partie politique du vocabulaire pour le tout : on a étudié les textes des organisations nationalistes, par exemple, et on a supposé que le sens de «Canada français» qu'on y trouvait était, d'évidence, le sens ordinaire.

Dans la perspective trudeauienne, l'efficace politique de cette opération sémantique (sur le présent et sur le passé) était indéniable : s'il était impossible de faire disparaître la question nationale du champ discursif, il était cependant possible de chercher à en faire un enjeu transcanadien, neutralisant ainsi le Québec comme espace politique national. Comme on sait, l'objectif était de prendre à contre-pied la tentative des nationalistes québécois de consolider vers le seul Québec les allégeances politiques de la population, en affirmant plutôt que les solidarités des Québécois francophones devaient englober l'ensemble des francophones du Canada — qu'elles devaient, donc, être foncièrement ethniques. C'est là un ethnicisme paradoxal si l'on considère le manque de goût souvent exprimé par Pierre Trudeau pour le «tribalisme», c'est-à-dire le nationalisme ethnique. Ce qu'il faut bien voir, par ailleurs, c'est que la stratégie discursive fédéraliste d'ethniciser la catégorie « Canada français » faisait aussi l'affaire du mouvement indépendantiste. En effet, on vient de noter que, pour le nationalisme québécois, la présence dans le champ discursif d'un « Canada français » strictement ethnique fait œuvre utile : tout d'abord, elle dit la distance qui sépare le nouveau nationalisme, québécois, de l'ethnicisme des ancêtres et aide ainsi à se réclamer du nationalisme civique ; de plus, il eut été cognitivement (et politiquement) embarrassant pour les indépendantistes de vouloir quitter le Canada tout en conservant l'appellation « Canada français » pour désigner le Québec. Tout le monde au Québec trouve donc son compte à faire glisser le sens de « Canada français » d'un référent spatio-culturel à un autre, strictement ethnique celui-là.

Cela ne veut pas dire pour autant que la référence ethniciste disparaît du paysage nationaliste québécois : les controverses référendaires le montrent bien — qu'il s'agisse des Québécois comme « race blanche » de Lucien Bouchard, ou des « votes ethniques » de Jacques Parizeau ; qu'il s'agisse encore de Pierre Bourgault qui appelle les Québécois francophones à voter « ethnique » puisque, selon lui, les Juifs, les Italiens et les Grecs le font déjà[15] ; ou du politologue Daniel Latouche et de Peter Blaikie, ex-président d'Alliance Québec, qui prétendent que le nationalisme québécois est de moins en moins ethnique, de plus en plus civique[16]. Le référendum du 30 octobre 1995 a donc prouvé, comme si cela était nécessaire, que rien n'est réglé dans le nationalisme québécois entre l'ethnique et le civique... nonobstant les démentis du discours nationaliste, selon lequel l'ethnicisme serait à proscrire (d'autant plus qu'on l'associe beaucoup depuis quelque temps à la folie ex-yougoslave et, plus particulièrement, serbe) et appartiendrait effectivement au passé de la « nation canadienne-française » — un raisonnement pas très généreux envers les ancêtres, mais typique de la manière dont le Québec d'aujourd'hui se valorise en opposition à un passé canadien-français misérable.

Ainsi, la nation qui se disait « canadienne-française » et la nation qui se dit « québécoise » ont toutes deux une composante ethniciste et une composante territoriale ; dans les deux cas l'identité ethnique réfère au groupe francophone, et le territoire est celui du Québec. Il y a donc plus de continuité qu'on pourrait croire entre l'avant-Révolution tranquille et aujourd'hui, ne serait-ce que dans la conception de la nation française d'Amérique. On doit alors considérer la possibilité que le passé du Québec n'est pas aussi sombre que le discours de la Révolution tranquille et sa suite l'ont fait croire. Il faut aussi, de manière réciproque, remettre en cause la tendance (présente surtout chez les nationalistes) dans les débats actuels à minimiser la composante ethniciste de la question nationale. Il ne s'agit pas de revendiquer une composante ethniciste au nationalisme, mais bien plutôt de reconnaître qu'elle est présente et qu'elle pose problème. Mais rien ne serait résolu par une simple adoption complète du modèle civique. En effet, c'est la dichotomie civique/ ethnique elle-même qui fait problème, et qui conforte l'ethnicisme.

Comme la dichotomie entre droits collectifs et droits individuels, l'opposition entre les nationalismes ethnique et civique sert souvent à classer les mouvements politiques, les sentiments d'appartenance collective, les politiques des États. Or, de tels classements sont rarement exempts de jugements de valeur : le nationalisme ethnique, c'est mauvais, comme l'est un trop grand intérêt pour les droits collectifs. Ainsi, dans les rapports actuels entre le Québec et le Canada anglais, le Québec est souvent dépeint comme trop préoccupé des droits collectifs de son groupe « ethnique » principal. La réponse du nationalisme québécois, on l'a vu, est typiquement d'accepter le bien-fondé de la dichotomie et d'ajouter : il est vrai que, lorsque nous étions Canadiens français, notre nationalisme était ethnique, MAIS nous avons maintenant dépassé cette étape historique, nous sommes maintenant Québécois ; notre nationalisme est civique, et nous respectons les droits individuels. Ces dichotomies des droits et des nationalismes sont très problématiques[17].

En ce qui concerne les nationalismes, comme le montre Éric Schwimmer, les États du monde actuel sont en très grande majorité constitués d'un « noyau culturel » principal, autour duquel le nationalisme se formule. Or, dans ces mêmes États, deux idéologies cohabitent : l'idéologie civique, « officielle et grossièrement rationnelle », et ce qu'on pourrait appeler l'idéologie culturelle, « très forte, mais plutôt souterraine », qui affirme l'importance de la dominance du groupe culturel majoritaire ; cette deuxième idéologie, écrit Schwimmer, « n'est pas forcément xénophobe ; elle peut même être très tolérante[18] ». Le nationalisme, dans tous ces cas, est donc spatio-culturel et — par son caractère territorial — implique automatiquement une dimension civique. Dans le cas de la nation canadienne-française comme toute autre, n'est-il pas absurde, en fait, de considérer que la nation n'avait aucun attachement à un territoire ? La question que l'on doit se poser au sujet du nationalisme canadien-français, alors, est celle-ci : Quel était le territoire auquel on associait, de façon dominante et de façon(s) mineure(s), le terme « Canada français » ? C'est à elle que l'hypothèse du présent essai s'adresse.

La dichotomie civique/ethnique, de toute manière, s'écroule ; et le nationalisme québécois (et canadien-français) se met à ressembler à bien d'autres. Ni ange ni démon, il cesse de prêter le flanc à la critique d'ethnicisme que lui assène un Canada anglais qui cherche à le délégitimer… et il cesse de se valoriser en dénigrant son propre passé.

Hors Québec, la francophonie comme minorité nationale ?

À première vue, la lecture du « Canada français » proposée ici ne peut que susciter l'hostilité au sein de la francophonie canadienne : cette lecture de l'histoire, qui valorise l'appartenance de longue date à un territoire national québécois, ne met-elle pas en péril les droits des minorités francophones ? N'apporte-t-elle pas de l'eau au moulin des indépendantistes autant que des Réformistes entichés du « bilinguisme territorial » ? N'enlève-t-elle pas à la francophonie son statut de peuple fondateur ?

Rappelons tout d'abord que, du fait au droit, il n'y a pas de rapport obligé et univoque. C'est ainsi qu'à la question : « pourquoi les minorités francophones auraient-elles des droits particuliers ? », il y a plusieurs réponses possibles. La réponse à laquelle on est habitué réfère typiquement au pacte entre deux nations, à deux peuples fondateurs, etc. Et c'est une réponse aussi universellement acceptée chez les francophones qu'elle est contestée chez les anglophones — un fait à ne pas négliger, qui souligne la légitimité problématique des droits reconnus aux francophones dans le Canada contemporain. En effet, ces droits existent maintenant, bien que le principe des deux peuples fondateurs soit fortement remis en question au Canada anglais. Une autre argumentation sur les droits des minorités s'est développée au Québec, et ce en continuité avec le droit international. Si elle brise avec le trudeauisme maintenant institutionnalisé, elle n'est pas moins cohérente ni moins porteuse d'avenir pour la francophonie canadienne — que le Québec devienne souverain ou pas. Selon cette autre argumentation, les francophones hors Québec et les anglophones du Québec constituent des *minorités nationales*, chacune installée sur le territoire de l'autre nation ; et les droits de chaque minorité peuvent être garantis sur la simple base de la réciprocité, sans avoir besoin d'un narratif historique fondateur qui passe mal dans des populations composées d'une forte proportion d'immigrants. Si l'hypothèse de recherche que j'ai proposée ici est fondée, un tel programme de réciprocité aurait en plus la vertu de mieux s'accorder avec l'expérience que nos prédécesseurs avaient du Canada en général et du « Canada français » en particulier.

Pourquoi la francophonie résisterait-elle à une telle idée ? Notons d'abord que la question est beaucoup moins problématique pour le nationalisme acadien que pour la vision d'elles-mêmes qu'ont les communautés francophones : ayant de toute façon un rapport d'extériorité à une hypothétique nation canadienne-française, l'Acadie voit son statut lié à sa reconnaissance comme *nation minoritaire* au Canada, peu importe ce qu'il advient du Québec et de la minorité nationale francophone[19]. Revenons à la francophonie, hors Acadie. Au niveau identitaire, c'est toute une conception de soi-même qu'il faudrait abandonner. Il faudrait reconnaître que : 1) puisque le Québec a toujours été le territoire de la « nation canadienne-française », la francophonie hors Québec a toujours été une diaspora ou une minorité nationale, vivant sur le territoire national de l'Autre ; et 2) le discours selon lequel la nation canadienne-française s'est étendue d'un océan à l'autre est un anachronisme (en plus d'une occultation de l'Acadie), une illusion d'optique s'expliquant par des projets politiques (locaux et trudeauien) et une sorte de naïveté sémantique selon laquelle la langue serait transparente[20].

Aussi, on l'a vu quand le Québec a proposé des accords de réciprocité aux autres provinces, les minorités francophones sont loin de pouvoir compter sur les gouvernements provinciaux — on le savait déjà. Ce qui suggère que la francophonie aurait besoin d'une réciprocité entre *nations*, institutionnalisée au niveau du gouvernement fédéral et du Québec. Dans le Canada d'aujourd'hui, un tel programme semble tout à fait irréalisable — non pas par principe, mais en fonction de considérations purement politiques du même ordre que celles qui font que la majorité des gouvernements provinciaux sont hostiles à la francophonie. Tôt ou tard, par contre, le Québec pourrait opter pour la souveraineté ; des négociations d'État-nation à État-nation deviendraient alors nécessaires, et le traitement réciproque des minorités nationales serait un enjeu de taille, en même temps que le meilleur espoir de la francophonie canadienne — et tout cela en accord avec le droit international. Il n'est pas interdit de souhaiter, par ailleurs, que le Canada anglais accepte un programme de réciprocité, avec ou sans indépendance du Québec, simplement parce que cela permettrait des rapports plus francs et plus justes entre communautés nationales au Canada. Si cela semble improbable, il faut alors bien identifier les responsables de cet état de choses, c'est-à-dire ces éléments au Canada anglais qui sont hostiles aux droits des francophones de toute manière.

Il faut bien reconnaître, aussi, que la situation actuelle n'est pas du tout idéale pour la francophonie canadienne. En effet, la victoire discursive de son sens (ethniciste) de « Canada français » a été et demeure à double tranchant. D'une part, elle a eu son rôle à jouer dans la mise en place de la *Loi sur les langues officielles*, de même que sur les sections linguistiques de la Charte canadienne des droits et libertés — deux gains capitaux pour les minorités francophones. D'autre part, étant donné que le discours national québécois s'est solidement établi (et que le référendum de l'automne 1995 n'a fait que renforcir), la francophonie se retrouve effectivement sans majorité nationale (canadienne-française) à laquelle se rattacher. Sa légitimité se trouve toujours sujette à des remises en question sur la base du multiculturalisme, ou encore du nationalisme *Canadian* conservateur d'un Reform Party. De plus, cette dynamique discursive a eu pour effet l'établissement explicite d'un rapport d'extériorité des minorités francophones envers le Québec et d'antagonisme envers le nationalisme québécois. Remises en cause d'une manière systémique au Canada anglais et souvent perçues en ennemies par le nationalisme québécois, les minorités francophones se trouvent dans une position discursive précaire — en plus des difficultés démographiques et politiques familières. Ces difficultés discursives sont directement redevables du fait que le sens ethniciste de « Canada français » est devenu dominant précisément parce que le Québec s'est (partiellement) détaché de l'ensemble canadien en termes identitaires : le trudeauisme ethnicise « Canada français » en réaction au québécentrisme explicite de la Révolution tranquille et du mouvement indépendantiste, lequel s'accommode parfaitement bien de l'opération. Le sens ethnique l'emporte, d'une certaine manière, parce que les Québécois abandonnent le terrain du Canada français de toute façon, laissant les minorités francophones seules à l'occuper. Une victoire amère pour les minorités...

Se pose enfin le problème des responsabilités de l'intellectuel — quoique j'eusse tout aussi bien pu commencer cette dernière section par là. Devrait-on s'empêcher de formuler des programmes de recherche qui peuvent déstabiliser certaines assises politiques d'un groupe auquel on s'identifie ou qui cherche à s'assurer notre loyauté ? Ou n'est-ce pas plutôt en refusant d'être enrégimenté, en remettant en question les idées reçues, d'où qu'elles viennent, que l'intellectuel peut le mieux apporter une contribution à son milieu ? Ainsi, on sait bien que la situation de la francophonie canadienne demeurera difficile, que ce soit dans la formation discursive actuelle ou dans une autre, recomposée sur la base d'une réciprocité Québec-Canada ; mais j'ai essayé de suggérer que son avenir est ouvert, en ce sens que plusieurs discours légitimants sont possibles, tant dans un Canada avec le Québec que dans un Canada sans le Québec. Pour la francophonie canadienne, il peut être dangereux, en fait, de s'enferrer dans un seul discours dont la légitimité (toujours contestée) tient en grande partie à la présence du Québec dans le Canada. On remarquera d'ailleurs qu'en déstabilisant les idées reçues sur le « Canada français », ce sont tant les programmes politiques souverainiste que fédéraliste que l'analyse interpelle. Or, c'est en questionnant les catégories les plus fondamentales d'un discours donné que l'on est le plus à même de voir des portes s'ouvrir sur d'autres possibles[21]. Car, pour finir, qui peut dire que c'est mal servir le Québec ou la francophonie canadienne que de leur suggérer d'arrêter de jeter un regard misérabiliste sur leur passé ?

BIBLIOGRAPHIE

Balthazar, Louis, *Bilan du nationalisme québécois*, Montréal, L'Hexagone, 1986.

Behiels, Michael, *Prelude to Quebec's Quiet Revolution. Liberalism and Neo-Nationalism, 1945-1960*, Kingston et Montréal, Mc-Gill-Queen's University Press, 1985.

Bourque, Gilles, « Traditional Society, Political Society and Quebec Sociology: 1945-1980 », *The Canadian Review of Sociology and Anthropology*, Vol. 26, No. 3, 1989, p. 394-425.

Brosseau, Marc, « La géographie et le nationalisme canadien-français », *Recherches sociographiques*, vol. 33, nᵒ 3, 1992, p. 407-428.

Coleman, William D., *The Independence Movement in Quebec, 1945-1980*, Toronto, University of Toronto Press, 1984.

Dion, Léon, *Nationalismes et politique au Québec*, Montréal, Hurtubise-HMH, 1975.

Dumont, Fernand, *Raisons communes*, Montréal, Boréal, coll. « Papiers collés », 1995.

Foucault, Michel, *L'Ordre du discours*, Paris, Gallimard, 1971.

———, « Le sujet et le pouvoir », dans *Dits et écrits 1954-1988*, vol. 4, Paris, Gallimard, 1994, p. 222-243. Traduit de l'américain, publication originale en 1982.

Godbout, Laurent, « L'enracinement historique et littéraire acquis dans le milieu scolaire et l'"identité narrative" franco-albertaine », *La Production culturelle en milieu minoritaire : les actes du treizième colloque du Centre d'études franco-canadiennes de l'Ouest tenu au Collège universitaire de Saint-Boniface les 14, 15 et 16 octo-*

bre 1993, André Fauchon (dir.), Saint-Boniface, Presses universitaires de Saint-Boniface, 1994, p. 111-131.

Hughes, Everett C., *French Canada in Transition*, Chicago, University of Chicago Press, 1943.

Jenson, Jane, « Naming Nations: Making Nationalist Claims in Canadian Public Discourse », *The Canadian Review of Sociology and Anthropology*, Vol. 30, No. 3, 1993, p. 337-358.

Laurin-Frenette, Nicole, *Production de l'État et formes de la nation*, Montréal, Nouvelle Optique, 1978.

Olivier, Lawrence, *Michel Foucault. Penser au temps du nihilisme*, Montréal, Liber, 1995.

Renaud, Gilbert, *À l'ombre du rationalisme. La société québécoise de sa dépendance à sa quotidienneté*, Montréal, Saint-Martin, 1984.

Rioux, Marcel, *La Question du Québec*, Paris, Seghers, 1969.

Rioux, Marcel et Yves Martin (Études choisies et présentées par), *La Société canadienne-française*, Montréal, Hurtubise-HMH, 1971. Publication originale en 1964.

Schwimmer, Éric (avec Michel Chartier), *Le Syndrome des Plaines d'Abraham*, Montréal, Boréal, 1995.

Simard, Jean-Jacques, *La Longue Marche des technocrates*, Laval, Éditions coopératives Albert Saint-Martin, 1979.

Veyne, Paul, «Éloge de la curiosité. Inventaire et intellection en histoire», dans *Philosophie et histoire*, Paris, Éditions du Centre Georges Pompidou, Espace international Philosophie, 1987.

NOTES

1. Plusieurs collègues ont lu le manuscrit et fait des commentaires qui m'ont été très utiles. Je suis seul responsable, évidemment, des interprétations qu'il contient et des erreurs qui auraient pu s'y glisser. Merci à Gratien Allaire, Paul Bernard, Claude Couture, Linda Cardinal, Jules Tessier et aux évaluateurs anonymes de *Francophonies d'Amérique*.

2. J'inscris des guillemets autour du mot «ethnique» pour signifier la fragilité de ce que ce terme dénote : alors qu'on a tendance à penser que l'ethnicité est quelque chose de permanent et d'hérité, les études actuelles dans ce domaine montrent à quel point elle est plastique. En ce sens, puisque l'ethnicité est toujours socialement imaginée, on peut dire que l'ethnicité n'existe pas «en soi», comme un inévitable auquel les individus et les groupes appartiennent nécessairement et pour toujours. Mais la notion a une telle prégnance dans la société qu'elle est difficile à éviter. Dans les pages qui suivent, je vais tenter de négocier le problème de deux manières : j'emploierai les mots «ethnicité» et «ethnique» seulement lorsqu'ils paraphraseront des agents sociaux qui définissent des situations en termes ethniques. J'utiliserai, par ailleurs, les termes «ethnicistes», «ethniciser», pour référer au projet social de fabrication de «l'ethnicité».

3. Michel Foucault, *L'Ordre du discours*, Paris, Gallimard, 1971 ; et «Le sujet et le pouvoir», *Dits et écrits 1954-1988*, vol. 4, Paris, Gallimard, 1994, p. 222-243. Traduit de l'américain, publication originale en 1982.

4. La francophonie canadienne, ainsi, inclut-elle le Québec ou non ? Et que penser de la Fédération des communautés francophones et acadienne ?

5. Fernand Dumont, dans *Raisons communes* (Montréal, Boréal, coll. «Papiers collés», 1995), écrit pourtant que la nation québécoise n'existe pas : la nation *française* d'Amérique serait ethno-linguistique et ne saurait s'identifier strictement aux frontières du Québec tout en y étant majoritaire (voir p. 55, 63-64). Il y aurait, réciproquement, une «nation anglaise» au Québec (p. 66). Il va sans dire que ce raisonnement de Dumont est en désaccord avec l'usage québécois actuel, alors même qu'il rejoint les thèses de chefs de file de la francophonie canadienne. Je ne m'intéresse ici qu'à l'usage dominant actuel, et ne me poserai pas le problème de savoir si Dumont a raison ou non, en termes sociologiques.

6. Voir, par exemple : Louis Balthazar, *Bilan du nationalisme québécois*, Montréal, L'Hexagone, 1986 ; Gilles Bourque, «Traditional Society, Political Society and Quebec Sociology : 1945-1980 », *The Canadian Review of Sociology and Anthropology*, Vol. 26, No. 3, 1989, p. 394-425 ; Léon Dion, *Nationalismes et politique au Québec*, Montréal, Hurtubise-HMH, 1975 ; et Jane Jenson, «Naming Nations : Making Nationalist Claims in Canadian Public Discourse», *The Canadian Review of Sociology and Anthropology*, Vol. 30, No. 3, 1993, p. 337-358.

7. Qu'en était-il de l'Acadie ? Faisait-elle partie ou non de ce Canada français ? La réponse à cette question n'est pas plus évidente que l'autre. Encore une fois, tout dépend de qui parle : si on peut s'attendre à ce que les Acadiens aient considéré l'Acadie comme distincte du Canada français, la pratique d'institutions comme le Conseil de la vie française en Amérique (CVFA) au milieu du siècle fait douter que cet usage ait fait l'unanimité. Sur le CVFA, voir la thèse de doctorat de Marcel Martel, «La Fin du Canada français ? Les relations entre le Québec et la francophonie canadienne au vingtième siècle», Department of History, York University, 1994.

8. Paul Veyne, «Éloge de la curiosité. Inventaire et intellection en histoire», *Philosophie et histoire*, Paris, Éditions du Centre Georges Pompidou, Espace international Philosophie, 1987, p. 15.

9. Laurent Godbout, «L'enracinement historique et littéraire acquis dans le milieu scolaire et l'"identité narrative" franco-albertaine», *La Production culturelle en milieu minoritaire : les actes du treizième colloque du Centre d'études franco-canadiennes de l'Ouest tenu au Collège universitaire de Saint-Boniface les 14, 15 et 16 octobre 1993*, André Fauchon (dir.), Saint-Boniface, Presses universitaires de Saint-Boniface, 1994, p. 111-131.

10. Marc Brosseau, «La géographie et le nationalisme canadien-français», *Recherches sociographiques*, vol. 33, n° 3, 1992, p. 407-428.

11. Dans son traitement du nationalisme, Brosseau s'en remet aux travaux des politologues et, en particulier, de Louis Balthazar (*Bilan du nationalisme québécois*, Montréal, L'Hexagone, 1986), pour distinguer entre nationalismes traditionnel et moderne — le nationalisme traditionnel étant principalement ethnique et religieux, et peu territorial. Tout en admettant le caractère secondaire du territoire dans le nationalisme (traditionnel) canadien-français, Brosseau ajoute : « Mais cela évacue un peu trop rapidement tout rapport à une territorialité privilégiée qui ne serait pas nécessairement inscrite dans un projet politique d'affirmation ou de revendication » (p. 408). Il aurait pu aller plus loin et remettre en question la dichotomie tradition/modernité, ce qui aurait eu pour effet d'inviter une articulation entre territoire et ethnicité/religion, plutôt qu'une exclusion de l'un par l'autre. De toute manière, il semble inévitable que tout nationalisme soit inscrit, ne serait-ce qu'implicitement, dans une « territorialité privilégiée ». On peut alors voir que le messianisme canadien-français avait pour référent territorial *fantasmé* l'ensemble de l'Amérique du Nord tout en étant inscrit *concrètement* dans l'espace québécois.

12. Marcel Rioux, *La Question du Québec*, Paris, Seghers, 1969, p. 149.

13. Voir, par exemple, Michael Behiels, *Prelude to Quebec's Quiet Revolution. Liberalism and Neo-Nationalism, 1945-1960*, Kingston et Montréal, McGill-Queen's University Press, 1985 ; Gilles Bourque, « Traditional Society, Political Society and Quebec Sociology : 1945-1980 », *The Canadian Review of Sociology and Anthropology*, Vol. 26, No. 3, 1989, p. 394-425 ; William D. Coleman, *The Independence Movement in Quebec, 1945-1980*, Toronto, University of Toronto Press, 1984 ; Nicole Laurin-Frenette, *Production de l'État et formes de la nation*, Montréal, Nouvelle Optique, 1978 ; Gilbert Renaud, *À l'ombre du rationalisme. La société québécoise de sa dépendance à sa quotidienneté*, Saint-Martin, 1984 ; Jean-Jacques Simard, *La Longue Marche des technocrates*, Laval, Éditions coopératives Albert Saint-Martin, 1979.

14. Sur l'idéologie ethniciste de ces organisations, voir Martel, « La fin du Canada français ? », *op. cit.*

15. Jean-Maurice Duddin, « Selon Bourgault, la souveraineté se fera grâce à un vote ethnique », *Le Journal de Montréal*, 30 novembre 1995, p. 12.

16. Yann Pineau, « Le nationalisme québécois est de plus en plus civique et de moins en moins ethnique », *La Presse*, 4 décembre 1995, p. A5.

17. Je me dois de mettre de côté la question des droits dans ce qui suit, car son traitement m'entraînerait trop loin de mon propos. Notons cependant qu'un droit individuel n'existe pour autant que l'individu concerné soit membre d'une collectivité quelconque et que celle-ci ait la capacité de garantir des droits à ses membres. Dans l'état actuel des choses, par exemple, les animaux n'ont pas de droits individuels parce que : a) ils n'appartiennent pas à cette collectivité qu'est l'humanité ; et b) la collectivité à laquelle ils appartiennent, celle des animaux, ou des chiens, ou des chimpanzés de laboratoire, n'a pas la capacité de leur garantir des droits. Or cette capacité collective peut être définie comme droit : celui d'une collectivité à se gouverner. Les droits collectifs et individuels, donc, sont inséparables.

18. Éric Schwimmer (avec Michel Chartier), *Le Syndrome des Plaines d'Abraham*, Montréal, Boréal, 1995, p. 24.

19. Soulignons la différence entre *minorité nationale*, laquelle renvoie à une nation majoritaire sur un autre territoire, et *nation minoritaire*, dont l'ensemble des membres occupe un territoire sur lequel ils sont minoritaires.

20. Et qui ferait que le passage de la « nation canadienne-française » à la « nation québécoise » corresponde automatiquement, par définition, au remplacement d'une nation ethnique pancanadienne par une nation territoriale dans les frontières du Québec.

21. L'œuvre de Michel Foucault est, à ce titre, exemplaire. Voir Lawrence Olivier, *Michel Foucault. Penser au temps du nihilisme*, Montréal, Liber, 1995.

JEAN ÉTHIER-BLAIS (1925-1995)

Robert Vigneault
Université d'Ottawa

Mardi, 12 décembre 1995, vers 18 h 45, Jean Éthier-Blais s'est effondré dans la mort, mort nette, brutale, sans fioritures. Nous ne nous voyions plus que rarement; la vie nous avait séparés, et ma retraite outaouaise. Je l'ai revu en octobre 1994, au colloque sur les fondateurs de l'Académie des lettres du Québec, où, après un éloge de Lionel Groulx, cet écrivain de l'histoire qu'il admirait tant, il répondit très longuement, avec cette verve élégante et malicieuse dont il avait le secret, à l'inévitable question sotte sur « le racisme de l'abbé Groulx » : il était intarissable, l'auditoire en restait médusé, on aurait pu l'écouter pendant des heures...

Au-delà des repères biographiques ou encore de ce qu'on appelle, dans le langage de la boursouflure, la « carrière » (diplomate, de 1953 à 1960; professeur d'université, de 1960 à 1990; enfin *écrivain* surtout, depuis toujours et pour l'éternité), il est d'autres réalités, moins voyantes mais non moins essentielles, sur lesquelles Jean s'est penché avec prédilection dans l'autobiographie inachevée, *Fragments d'une enfance* et *Le Seuil des vingt ans* : entre autres, les grandes amitiés de la jeunesse, ce quatuor définitif formé par Jean Éthier-Blais, Guy Lafond, Raymond Tremblay et moi-même, à l'époque du cours classique au collège des Jésuites de Sudbury. Jean est toujours resté étonnamment fidèle à ses amitiés, en dépit des séparations inévitables et même, en ce qui me concerne, de certains désaccords intellectuels. C'est au collège du Sacré-Cœur que j'ai connu Jean Éthier-Blais tel qu'il n'a jamais changé. On a eu tendance parfois à vilipender le cours classique de cette époque : il n'est que de lire les essayistes québécois des années 50 et 60 qui ressassent leur adolescence collégienne avec rictus et grincements de dents. Mais le collège de la rue Notre-Dame fut pour nous le lieu de l'esprit; la disparition de cette institution a porté un rude coup à la vie française de Sudbury. Quand j'ai connu Jean Éthier-Blais, le collège venait d'entrer en ébullition. Nous avons vécu deux années dans le sillage d'un homme extraordinaire : François Hertel. Hertel fut à la fois notre Borduas et notre Bachelard. On n'a pas idée de l'éveilleur qu'il pouvait être et de la passion de la lecture qu'il nous inculqua. Avec l'amour des livres, celui de la grande musique, que nous écoutions avec quelle ferveur, devinrent le sceau de notre amitié.

Il y a eu tout de même, entre Jean et moi, certaines divergences d'opinion. En littérature, sans jamais renier ma formation humaniste, au contraire, je suis devenu aussi un passionné de la théorie littéraire, c'est-à-dire de la réflexion sur les formes littéraires, laquelle, quoi qu'en disent les historiens purs et durs, nous aura appris à parler des œuvres avec une certaine rigueur. Subodorant quelque gauchisme dans l'effervescence méthodologique des années 70 et 80, Jean Éthier-Blais, comme bien d'autres, s'est piégé dans un prétendu refus du «jargon», qui entraîne à mes yeux un refus plus grave, celui de l'approfondissement de la pensée critique. Homme de droite, iné-branlablement, il a préféré s'en remettre à l'intuition (chez lui souveraine, en effet), au goût, à l'humeur et à l'histoire littéraire.

Mais ce désaccord n'était pas radical. J'ai étudié à maintes reprises en classe un bel essai de Jean intitulé «Des mots» (*Signets I*), qui pouvait servir d'illustration à l'approche contemporaine de la littérature. Peut-être ce pur intuitif répugnait-il à s'embarrasser de concepts. De toute manière, n'étions-nous pas profondément d'accord sur l'essentiel, sans que j'aie eu l'occasion de le lui dire! Car, avec son immense culture historique et littéraire, à l'image de celle de Hertel, ce n'est pourtant pas en érudit mais avant tout en esthète que Jean Éthier-Blais parlait des œuvres aussi bien dans ses livres et dans ses articles que dans les innombrables feuilletons publiés au *Devoir* pendant près d'un quart de siècle. À une époque où, à l'université du moins, la littérature tend à redevenir la proie d'une certaine science historique et sociologique, cet homme est resté un des trop rares témoins d'une forme littéraire essentielle: l'essai critique. Non seulement il a lu beaucoup, énormément, mais il a témoigné de son expérience existentielle et esthétique des livres, et dans une forme elle-même d'une beauté achevée. Bref, il a su vivre sa propre vie à tra-vers les œuvres des autres, essayiste plutôt qu'érudit, écrivain irremplaçable parmi les savants chercheurs du domaine littéraire. Si le ciel, tel que le rêvait Bachelard, n'est qu'une immense bibliothèque, quel paradis sera le sien!

LA QUALITÉ DE LA LANGUE AU QUÉBEC

de HÉLÈNE CAJOLET-LAGANIÈRE et PIERRE MARTEL
(Québec, Institut québécois de recherche sur la culture,
« Diagnostic », n° 18, 1995, 167 p.)

et

LANGUE, ESPACE, SOCIÉTÉ :
LES VARIÉTÉS DU FRANÇAIS EN AMÉRIQUE DU NORD

de CLAUDE POIRIER (dir.)
(Sainte-Foy, Presses de l'Université Laval, CEFAN,
« Culture française d'Amérique », 1994, 508 p.)

Jean-Paul Vinay
Université de Victoria

I. La Qualité de la langue au Québec

D'une présentation très soignée, sous une sobre couverture signée Gilles Caron, ce volume se réclame dès l'abord de l'opinion flatteuse de Félix-Antoine Savard sur le français du Québec, et se fait l'écho des recherches récentes en sociolinguistique, particulièrement celles provenant de l'« École du Québec ». Cette dernière constatation ne se veut nullement critique ; elle souligne seulement l'approche des auteurs envers les jugements de valeur émis au cours des ans dans le domaine franco-québécois, particulièrement depuis 1980. La bibliographie compte, en effet, sur 127 titres, 69 édités à Québec, et 84 couvrant la période 1980-1995.

L'Introduction de l'ouvrage nous rappelle que « la question de la langue au Québec a toujours été au cœur des préoccupations de la population ». Elle a fait l'objet, à partir de 1969, d'un plan d'aménagement destiné à assurer la promotion du français dans un contexte nord-américain essentiellement francophone. Mais, disent les auteurs, s'il est bon d'assurer la survie de la langue, encore faut-il prendre en considération sa « qualité », concept québécois exploré pour la première fois par Jean-Denis Gendron vers 1960. Ils vont donc se pencher sur cette notion qu'ils rattachent à la *norme* qu'on voudrait voir adoptée au Québec. Point essentiel, mais ambigu, qui revient presque à chaque page : cette norme québécoise n'est pas celle du français de France. C'est pourtant à cette dernière qu'on se réfère constamment : quand on nous parle de divergences et surtout d'améliorations, il faut lire « par rapport au français international », cher à Grevisse et au *Petit Robert*.

Pour poser le problème, on présente d'abord l'opinion publique sur la qualité de la langue (chap. 1), opinion qui semble passer lentement d'une condamnation sans nuances à une perception moins négative des écarts entre le « français de France » et le « français du Québec ». On relève encore, cependant, de nombreuses confusions au sein de cette opinion publique, qui varie d'ailleurs selon les domaines langagiers.

Le chapitre 2 retrace les grands traits de l'histoire de la langue au Québec. On insiste particulièrement — et à juste titre — sur la variété des « patois » régionaux en Nouvelle-France, qui finissent par aboutir à une « langue commune laurentienne », fortement marquée par des traits en provenance du nord et du nord-ouest de la France. Les auteurs soulignent qu'ils ne traiteront pas des aires linguistiques différentes de celles du Québec, comme l'acadien, ce qui justifie à leurs yeux le rejet de l'expression « français canadien ».

Beaucoup plus original est le chapitre 3, qui offre des remarques neuves et précieuses sur la « qualité » de la langue québécoise actuelle. On rappelle l'action de l'administration et du gouvernement dans ce domaine : la Charte de la langue française, les lois 22 et 101, la création de l'Office de la langue française et de ses huit commissions de terminologie, les interventions fréquentes de plusieurs associations des usagers de la langue française, telles que l'Association des usagers de la langue française (ASULF), et nous aimerions ajouter la Ligue internationale des scientifiques pour la langue française (LISULF). Passant alors à des domaines plus quotidiens, les auteurs examinent très finement la qualité de la langue de la publicité et de l'affichage, celle de la presse écrite et de la presse électronique. On y relève les conceptions différentes de Radio-Canada et de Radio-Québec, qui dirigent avec des succès divers une politique langagière dont la qualité « [aurait] baissé à la suite du développement de la technologie » (p. 89).

Les pages consacrées à la langue des entreprises terminent ce chapitre en soulignant que les problèmes langagiers sont ici d'un autre ordre : il s'agit à la fois de créer des vocabulaires spécialisés et d'en exiger l'emploi à tous les niveaux d'application, tout en assurant la communication entre travailleurs et employeurs, encore souvent anglophones. De plus, les nouvelles technologies ont parfois modifié la nature même du travail, exigeant de nouvelles qualités chez les travailleurs. Les auteurs citent à ce propos des textes très intéressants provenant du Centre de linguistique de l'entreprise (CLE).

Le chapitre 4 termine l'exposé en imputant la responsabilité des faiblesses langagières aux enseignants et aux programmes officiels, « trop souvent subordonnés aux conceptions idéologiques en présence » (p. 135). L'éventail des critiques permet de se faire une idée de l'importance du problème de l'analphabétisme, problème connu également en France, et de la nature des remèdes à apporter. Une série de tableaux illustre « la pauvreté du vocabulaire, la déficience de la grammaire… et pour certains étudiants l'incapacité d'exprimer logiquement leur pensée » (p. 141).

La conclusion confirme l'impression générale qui ressort de la lecture du livre : les qualités fondamentales de la langue au Québec restent floues. Cette langue, estiment les auteurs, tend à se modeler «non sur le français [standard],

mais sur un français québécois », dont le modèle n'est décrit nulle part
(p. 158). Dans ces conditions, quelle norme doit-on suivre et enseigner ?
Quels écarts par rapport au français standard peut-on reconnaître comme
appartenant au « bon usage » du Québec ? À tous ces problèmes envisagés
plus haut, les auteurs n'apportent pas de réponse, mais ils annoncent que
« les questions de fond touchant la norme, la reconnaissance du français québécois [...] et de son officialisation dans des ouvrages dictionnairiques [?]
reconnus » seront traitées dans un second ouvrage intitulé dès maintenant
L'Aménagement linguistique au Québec, sans précision de date. Nul doute que
ce second volume sera à la hauteur du premier, car celui-ci constitue une
mise au point claire et intelligente de la question de la langue, vitale pour
l'avenir du Québec.

II. Langue, espace et société

La collection, « Culture française d'Amérique[1] », publiée sous l'égide de la
Chaire pour le développement de la recherche sur la culture d'expression
française en Amérique du Nord (CEFAN), comprend déjà cinq ouvrages
importants sur le Québec et la Nouvelle-Angleterre ; le présent recueil, dont
le sous-titre est *Les variétés du français en Amérique du Nord*[2], regroupe les actes
d'un colloque multidisciplinaire tenu à Québec en 1991, qui a donné son titre
à l'ouvrage. L'organisation de ce colloque avait été confiée à l'équipe du
Trésor de la langue française au Québec (TLFQ), qui prépare actuellement un
Dictionnaire du français québécois dont la publication est envisagée pour 1997.
Claude Poirier, qui signe la Présentation, rappelle avec raison que les problèmes soulevés par l'étude des divers groupes francophones d'A.N. étaient
mieux perçus au début du XXe siècle que de nos jours ; citant les congrès de
1912, 1937 et 1952, organisés par la Société du parler français au Canada et,
pour le troisième, par le futur Conseil de la vie française en Amérique, il note
l'ampleur de leur retentissement et l'importance de leur contenu.

Les sujets traités dans le présent volume se répartissent autour de cinq
thèmes, qui seront rappelés ici succinctement et qui s'abritent un peu artifi-
ciellement sous les trois concepts de *langue*, *espace* et *société*.

La première partie, « Caractéristiques du français d'A. », examine le thème
de la *langue* selon les variantes géographiques du français en A.N., sujet qui
déborde évidemment sur le thème *espace*, qui va du Québec à l'Acadie, aux
« îles » francophones hors Québec et aux « îlots » franco-américains, en Louisiane notamment. Cette étude adopte une perspective très large, sociolinguistique et culturelle. Le thème de la *société* permet d'explorer l'origine et
l'histoire des différents groupes et l'avenir de la francophonie en A. Comme
le fait remarquer Claude Poirier, ce chevauchement des thèmes permet une
lecture de l'ouvrage « au gré de l'impulsion du moment » et selon les intérêts
des lecteurs.

Ce chapitre s'ouvre avec un long article d'Albert Valdman sur la restructu-
ration, le fonds dialectal commun et l'étiolement linguistique dans les parlers

vernaculaires d'A.N. On examine ensuite l'interférence de l'anglais à la lumière de la sociolinguistique (Raymond Mougeon) ; le substrat poitevin en Acadie (Jean-Michel Charpentier) et on présente un exposé très fouillé de Claude Poirier sur les causes de la variation géolinguistique du français en A.N.

Un sous-groupe d'articles sur les « Productions culturelles » étudie la chanson francophone en A. (André Gaulin) ; le rôle des universités américaines dans la diffusion de la culture francophone en A.N. (Robert Schwartzwald) ; la diffusion du patrimoine oral (Jean-Pierre Pichette) ; et le rôle du journalisme et la création romanesque en Nouvelle-Angleterre francophone (André Senécal).

Dans l'« Historique de la francophonie N.A. », on examine l'origine des pionniers de la vallée du Saint-Laurent (Hubert Charbonneau et André Guillemette) ; la diffusion géohistorique de la francophonie N.A. (Dean Lauder, Cécyle Trépanier et Eric Waddell), avec plusieurs cartes ; l'éclatement des « îles » francophones en A.N. (Eric Waddell) et un panorama de la toponymie française en A. (André Lapierre).

Parmi les « "Défis" de la francophonie N.A. au seuil du XXIe siècle », Angéline Martel retrace l'évolution des services et des droits éducatifs à la disposition des minorités francophones du Canada ; Charles Castonguay précise le processus récent d'assimilation linguistique au Canada ; Christian Dufour examine le « mal canadien » à la croisée des chemins, après l'échec de l'Accord du lac Meech ; Roger Bernard enchaîne avec une description du comportement linguistique des jeunes Canadiens français et Philippe Falardeau examine le pluralisme des francophones hors Québec.

« Les recherches en cours » rappellent, en guise de conclusion, des travaux qui portent en fait sur des points déjà examinés sous un autre angle dans les chapitres précédents. Ce sont : l'apport des français d'A. à l'étude de la langue française, vue depuis Nancy (Pierre Rézeau) ; le phonétisme du franco-ontarien (Pierre R. Léon, Toronto) ; l'éclairage réciproque de la sociolinguistique et de la dialectologie (Karin Flikeid, Université Saint Mary's) ; les tendances phonétiques du français parlé en Alberta (Bernard Rochet) et la constitution et l'utilisation possible d'une base de données textuelles du français québécois (Terence Russon Wooldridge, Toronto).

* * *

L'une des préoccupations de ces pages, nourries d'exemples, est la répartition géographique des variétés du français d'A.N. Plusieurs auteurs soulignent les raisons historiques qui expliquent la présence de ces « îles » francophones, leurs caractéristiques lexicales, grammaticales ou phonétiques, leurs thèmes culturels tels qu'ils se révèlent dans leurs écrits et leurs chansons. Même si c'est là un domaine déjà bien exploré (comme le montrent les 23 annexes bibliographiques qui suivent chacun des chapitres, particulièrement riches pour la période 1970-1990), l'ouvrage nous offre des aperçus nouveaux intéressants, notamment sur la perception qu'ont d'eux-mêmes les divers groupes francophones. Un cas extrême semble bien être celui des Franco-Américains qui, « contrairement aux Italo-Américains, ne peuvent se rattacher à une grande culture historique, dans la mesure où leur mère patrie est le Canada, pays où le français n'est pas la langue première » (Schwartzwald, p. 111-126). Ce manque de points de repère est très certainement senti en Colombie-Britannique, où les élèves francophones hésitent entre le français enseigné en « immersion » et celui que l'on parle encore en famille. Comme le fait remarquer Castonguay, « dans beaucoup de provinces, la majorité des francophones [...] n'ont [*sic*] plus en fait le français que comme langue seconde » (p. 308).

À ce thème se joint tout naturellement le souci évident pour la pérennité de ces groupes. L'anglais semble posséder un tel pouvoir d'assimilation qu'il tend à s'imposer dans la vie familiale même. Castonguay considère cette assimilation sous trois formes : individuelle, intergénérationnelle et collective, « dont seule la deuxième a évolué de manière favorable... au Québec et au Nouveau-Brunswick », provinces où nombre de mères anglicisées savent transmettre à leurs enfants une connaissance « maternelle » du français. Mais, plusieurs auteurs y reviennent constamment, la rapide baisse de la fécondité des couples francophones entraîne statistiquement le non-renouvellement des locuteurs français. De telles préoccupations poussent Christian Dufour (p. 317-318) à envisager les différents concepts qui sous-tendent une société québécoise distincte. Dans le contexte N.A. et canadien, la marque la plus distinctive du Québec moderne est le fait qu'il est la seule société majoritairement de langue française ; cela, dit l'auteur, soulève deux questions essentielles, d'ordre sociolinguistique : comment s'assurer de la prédominance du français au Québec, en concurrence internationale avec l'anglais, et quelle reconnaissance donner à la variété particulière du français parlé au Québec ? Ces deux questions, sans réponse ici, transparaissent en filigrane dans la plupart des autres chapitres.

Pour analyser l'économie de cette diaspora francophone, qui intéresse à des titres divers la grande majorité des auteurs, on a fait appel à plusieurs disciplines : histoire, sociolinguistique, géolinguistique, mouvements de population, influence de l'anglais — dont les données s'éclairent mutuellement, comme le montrent éloquemment Waddell (p. 203-226) et Poirier (p. 69-98). Ce dernier, faisant d'abord appel à la lexicologie, souligne que la distribution de certains éléments du lexique comme *hameçon*, *tombereau* et *canard* caractérise l'ouest du Québec, alors que *haim*, *banneau* et *bombe* le font pour l'Est. Plus nouvelle est la démarche phonétique : Poirier se sert du trait d'assibilation [t+i=tsi ; d+y=dzy] pour préciser les mouvements de population en français d'A.

Un autre thème important revient en leitmotiv presque à chaque page de l'ouvrage : celui de l'interférence de l'anglais et sa conséquence peut-être inéluctable, l'assimilation linguistique (voir notamment les articles de Mougeon, Poirier, Castonguay et Léon). On en traite sous l'étiquette d'*anglicisme*, notion qu'analyse particulièrement Mougeon (p. 25-39), remettant en cause les conclusions de certains linguistes français. Qui dit « anglicisme » dit *interférence*, que Mougeon définit comme « une forme particulière de transfert [...] qui équivaut à un changement dans la distribution ou le sens d'un élément du français et qui a sa source dans la structure de l'anglais ». Or, certains faits généralement classés comme anglicismes existaient de longue date en français N.A. Pour que le transfert se fasse et se stabilise, il faut évidemment un contact constant avec l'anglais, ce qui explique que beaucoup des exemples cités ne s'entendent pas en France. Il faut donc distinguer soigneusement le parcours des transferts et les conditions sociolinguistiques qui les informent. L'influence de l'anglais est évidemment très différente selon les endroits (et selon les époques), ce qui oblige à beaucoup de prudence dans la description des interférences linguistiques.

Et puisque nous parlons d'anglicismes, qu'on me permette de souligner qu'en dépit de M. Servan-Schreiber, *défi* au sens de *challenge*, qui se trouve dans ce volume, est un anglicisme inutile, gênant en tout cas. Le grand Meillet parlait de « difficultés » à résoudre ; pour lui, l'étymologie d'un mot n'était pas un défi, mais « faisait difficulté ». On voit que le concept d'anglicisme a encore besoin d'être affiné ; comme le prédit Poirier (p. 90), il fera sans nul doute couler encore beaucoup d'encre.

Il n'est pas possible d'entrer dans le détail de tous les articles, pourtant intéressants, notamment ceux sur l'historique de la francophonie en A. (p. 157-238) et sur les recherches en cours (p. 361-433). Ils font preuve de l'activité des chercheurs dans ces domaines et bien souvent apportent des lumières nouvelles. On est heureux d'accueillir dans cette publication québécoise les réflexions de chercheurs français (Charpentier, Rézeau) et américains (Valdman, Schwartzwald, Senécal). Je voudrais pourtant souligner, pour terminer ce coup d'œil sur un excellent ouvrage, la contribution de T.R. Wooldridge, le directeur du *Centre for Computing in the Humanities* (University of Toronto), qui a mis sur pied une base de données textuelles du français québécois, à l'instar des équipes du TLF de Nancy et du TLFQ de Québec. Cette mécanisation de la recherche permettra enfin d'étudier dans le détail le lexique, la syntaxe et la thématique de la littérature écrite francophone d'Amérique du Nord[3].

NOTES

1. On lira A. (d')Amérique ; A.N. (d')Amérique du Nord ; N.A. nord-américain.

2. Comme toujours, on constate un flottement dans la dénomination des variétés du français d'A.

Le terme *canadien français*, longtemps le seul à être employé, ne se retrouve pas ici ; mais on relève *société canadienne-française* (p. XIV), *français canadien* (p. 7), *langue canadienne* (p. 116), *français d'A.N.* (le titre et *passim*), *français canadien standard, français canadien populaire* (p. 30), *parler français* (p. 49, en citant Rivard, 1930). Mêmes hésitations sur l'emploi de *français standard* (*passim*), *français académique* (p. 80), *français métropolitain* (p. 19). Par contre, le terme *québécois*, n.m., d'un exclusif parfois irritant, ne domine pas cette terminologie, sauf à titre d'adjectif : *usage, domaine, territoire, français québécois* (p. 73, 77, 78 et *passim*). L'acadien, lui, est l'acadien.

3. La qualité de l'impression est excellente, ainsi que la reliure qui permet d'ouvrir facilement le livre à l'endroit désiré. Dans l'ensemble, les caractères phonétiques de API (articles de Léon, Charpentier, Rochet) sont bien rendus, sauf pour ce qui est des voyelles relâchées [ɪ, ʊ, ʏ], qui apparaissent comme des majuscules [I,U,Y]. Ceci brise de façon regrettable le rythme des transcriptions : [pʊrʏnʃouz, fasIlIt], etc. Cette erreur est très fréquente chez les éditeurs francophones, qui devraient, une fois pour toutes, se procurer les polices phonétiques correctes.

L'EXPÉRIENCE CANADIENNE : DES ORIGINES À NOS JOURS

de JACQUES PAUL COUTURIER
avec la collaboration de RÉJEAN OUELLETTE
(Moncton, Éditions d'Acadie, 1994, 468 p.)

Jean-François Cardin
Université de Montréal

Ce manuel d'histoire du Canada, publié par les Éditions d'Acadie, est destiné aux étudiants francophones du Nouveau-Brunswick, plus spécifiquement à ceux de la fin du secondaire. L'auteur en est le professeur Jacques Paul Couturier, qui enseigne l'histoire à l'Université de Moncton, au campus Saint-Louis-Maillet d'Edmundston. Réjean Ouellette, chargé de projet aux Éditions d'Acadie, a également collaboré à la rédaction du texte. Dans les pages liminaires, on apprend que l'ouvrage a obtenu le soutien du ministère de l'Éducation du Nouveau-Brunswick. De même, comme c'est le cas habituellement pour un projet de ce type, des professeurs d'histoire ont été impliqués dans l'évaluation pédagogique de l'ouvrage. Enfin, plusieurs spécialistes ont relu et commenté le manuscrit. Parmi ceux-ci, on trouve Gratien Allaire (Université Laurentienne), Claude Couture (Université de l'Alberta), René Durocher et Denyse Baillargeon (Université de Montréal), Phyllis E. LeBlanc (Université de Moncton), et bien d'autres, qui ont donné leur caution au projet.

Cet ouvrage fait l'envie autant par la qualité de sa facture matérielle que par la rigueur de son contenu, surtout lorsqu'on sait que la rédaction d'un manuel qui doit satisfaire une multitude d'intervenants de différents milieux n'est pas une mince tâche. Dans un premier temps, on est frappé par l'ampleur des moyens mis à la disposition de l'auteur : l'ouvrage, imprimé en pleine couleur, regorge de cartes, d'illustrations, de tableaux, de graphiques et d'éléments visuels de toutes sortes, dont le choix est, dans l'ensemble, fort pertinent. Les cartes sont particulièrement lisibles et bien faites (bien que je les eusse dotées d'un cadre fermé !) et l'iconographie s'avère souvent originale. Bref, l'éditeur a particulièrement soigné la présentation matérielle du livre, dont il faut souligner l'élégante mise en pages.

Au plan du contenu, le manuel de Jacques Paul Couturier ne cède en rien à la rigueur historique. En effet, vulgariser et synthétiser pour des élèves de niveau secondaire des concepts et des réalités historiques souvent complexes ne signifie pas simplification ou édulcoration. De nos jours, les programmes d'histoire sont fort ambitieux. Il ne suffit plus de « raconter » l'histoire, de narrer les faits et gestes de nos ancêtres, en particulier ceux des célébrités militaires et politiques. Les cours d'histoire ont suivi l'historiographie des vingt dernières années en ce qu'ils tentent d'expliquer l'interrelation des facteurs économiques, sociaux, politiques et culturels, sans oublier le contexte international. Il faut également restituer l'apport des groupes traditionnellement oubliés : les femmes, les autochtones, les immigrants et les communautés culturelles. Tous ces éléments trouvent leur place dans *L'Expérience canadienne*, comme l'explique bien l'avant-propos :

> Avant tout, *L'Expérience canadienne* est un ouvrage d'histoire nationale. Il cherche à mettre au jour les fondements collectifs de l'expérience historique canadienne. Car si chaque groupe, chaque région du pays a son histoire, les Canadiens et les Canadiennes ont aussi une histoire collective, faite de moments durs et de moments plus agréables, de succès et d'échecs…*L'Expérience canadienne* tente aussi de faire la synthèse des préoccupations de la discipline historique au Canada. Ainsi, le livre reprend les grandes divisions chronologiques traditionnelles de l'histoire du Canada et traite des questions politiques et constitutionnelles. Mais il intègre aussi dans la trame principale de l'histoire canadienne les thèmes d'histoire sociale privilégiés par les historiens et les historiennes durant les dernières décennies. Les gens ordinaires, les femmes, les travailleurs et les travailleuses, les autochtones, les Acadiens et les Acadiennes, les francophones vivant à l'extérieur du Québec, les minorités visibles sont autant de « faiseurs d'histoire » qui se retrouvent dans les pages de ce livre. (p. VII)

On ne peut qu'applaudir au choix des auteurs d'avoir misé sur la narration explicative pour transmettre tout ce savoir, plutôt que d'aller vers la facilité des textes succincts, rédigés comme de simples aide-mémoire en style télégraphique et schématique. À cet égard, je dirais que le texte de Jacques Paul Couturier a le défaut de sa qualité : il est parfois très dense et touffu, et il me semble que certains phénomènes auraient pu bénéficier d'explications moins détaillées (par exemple, la question de la frontière de l'Alaska, p. 264). Le style est toujours élégant et précis, parfois teinté d'humour, bien que le niveau de langage me semble parfois un tantinet trop élevé. Si, pour reprendre la formule consacrée, « nos élèves ne savent plus lire », on ne pourra en imputer la cause à des ouvrages comme celui-ci où l'acquisition des connaissances doit passer par une lecture attentive de paragraphes entiers ; aux enseignants et aux enseignantes de doser la lecture du manuel avec leurs propres explications en classe.

Comme dans la plupart des manuels d'histoire, on retrouve dans *L'Expérience canadienne*, outre le texte narratif de base, toute une panoplie de textes complémentaires : tableaux statistiques, légendes d'illustrations, encadrés divers, sans oublier le texte des schémas et des cartes. On y retrouve également des tableaux-synthèses, ces précieux éléments qui permettent de résumer et d'organiser plus schématiquement beaucoup d'information en peu d'espace. Le texte étant disposé sur une colonne, les marges sont assez larges pour accueillir la définition des termes ou des concepts nouveaux, de même que des compléments d'information sur des thèmes les plus divers. L'encadré « Dans les archives » permet de mettre l'élève-lecteur en contact avec des documents de source première ; ces documents, jamais trop longs, sont introduits par une courte présentation et encadrés par des activités. Mentionnons enfin qu'au début de chaque module, on trouve un axe temporel situant les principaux événements internationaux et nationaux de la période ; cela permet de bien situer le développement canadien dans son contexte occidental, un aspect que les auteurs ont privilégié. Suit un portrait géographique et statistique du Canada au début de la période abordée, où des cartes et des graphiques permettent de visualiser les grands indicateurs démographiques et économiques.

Au plan pédagogique, la démarche reste relativement classique et évite les écueils des démarches trop avant-gardistes, intéressantes certes pour les pédagogues et les didacticiens, mais souvent difficiles à appliquer dans la réalité concrète de la classe. L'introduction de chaque unité se termine par des questions structurantes qui mettent le doigt sur les problèmes de fond qui seront abordés. Ces questions peuvent servir à l'enseignante ou à l'enseignant pour amorcer en classe une discussion sur la période qui débute, notamment autour d'hypothèses que peuvent formuler les élèves. Par ailleurs, le texte est émaillé de questions et d'activités plus élaborées qui exploitent les informations du manuel et permettent de faire développer chez l'élève la fameuse trilogie des savoirs : le « savoir », c'est-à-dire les connaissances telles que les dates et les faits historiques ; le « savoir-faire », soit les différentes habiletés propres à l'histoire et aux sciences humaines en général (savoir lire des cartes et des histogrammes, dégager les idées principales d'un texte, etc.) ; le « savoir-être », c'est-à-dire la capacité de développer des opinions personnelles à partir de la matière historique et de discuter des valeurs et des stéréotypes sociaux.

Disons un mot du *Manuel de l'enseignant ou de l'enseignante.* Pour cet ouvrage, qui doit accompagner la publication du manuel de l'élève, M. Couturier a profité, en plus de la collaboration de Réjean Ouellette, de celle de Wendy Johnston, qui a également participé à la recherche pour le manuel de l'élève. Beaucoup de professeurs, surtout ceux qui ont une certaine expérience, s'empressent de mettre un tel document sur les tablettes. Pourtant, il recèle des éléments intéressants, voire essentiels à une utilisation optimale de leur outil pédagogique. On y trouve non seulement les réponses aux questions et aux activités du manuel, mais également une explication plus détaillée de sa philosophie — tant au plan de l'histoire que de la pédagogie —, des pistes bibliographiques pour l'enrichissement, des suggestions d'utilisation par ceux-là mêmes qui ont conçu le manuel, des renseignements historiques supplémentaires, etc. Bien sûr, dans sa classe, chaque enseignant est libre d'utiliser le matériel à sa guise, mais je ne saurais trop inciter les enseignantes et les enseignants à puiser au maximum parmi les activités et autres suggestions pédagogiques qui y sont offertes, quitte, bien sûr, à les adapter et à les modifier pour les intégrer harmonieusement à leur enseignement. Le guide du maître de *L'Expérience canadienne* comporte ces éléments, dans une présentation pratique et commode, puisque chaque page du manuel de l'élève y est reproduite accompagnée de ses notes pédagogiques.

En terminant, je ne saurais trop recommander la lecture d'un ouvrage comme celui de Couturier et de son équipe à un plus large public. Trop de manuels restent inconnus du grand public parce qu'ils sont étiquetés « livres scolaires ». Pourtant, ils constituent par définition d'excellentes synthèses d'histoire et la lecture n'en est pas nécessairement ennuyeuse à cause de leur enrobage pédagogique, bien au contraire. Parce qu'ils sont en partie subventionnés et qu'ils profitent d'un tirage relativement élevé, les manuels scolaires destinés à la fin du secondaire offrent à un coût raisonnable un texte solide et « scientifique », tout en proposant de nombreux éléments visuels qui en agrémentent et en complètent la lecture. En ces temps politiquement et économiquement troublés, où des choix de société éclairés passent nécessairement par une bonne connaissance du passé, il n'y aura jamais trop d'ouvrages d'histoire nationale comme celui-ci en circulation dans nos librairies.

LE CENTRE DE RECHERCHE EN CIVILISATION CANADIENNE-FRANÇAISE DE L'UNIVERSITÉ D'OTTAWA

145, rue Jean-Jacques-Lussier
Pavillon Lamoureux, pièce 271
C.P. 450, succ. A
Ottawa (Ontario)
K1N 6N5

téléphone : (613) 562-5877
télécopieur : (613) 562-5143

Le conseil d'administration

Le conseil scientifique du Centre est composé de sept professeurs de l'Université d'Ottawa, rattachés à cinq facultés où se poursuivent des études et des travaux sur le Canada français. Il s'agit de Yolande Grisé, directrice (Faculté des arts, Département des lettres françaises), Yves Poirier (Faculté d'éducation), François-Pierre Gingras (Faculté des sciences sociales, Département de science politique), Anne Gilbert (Faculté des arts, Département de géographie), Denis Bachand (Faculté des arts, Département de communication), Guy Claveau (Faculté d'administration), Michel Morin (Faculté de droit).

Les activités accomplies en 1994-1995

Les communautés archivistiques québécoise et ontarienne ont souligné cette année le travail accompli par le Centre, en matière d'acquisition, d'évaluation, de conservation et de mise en valeur d'archives non institutionnelles.

Lors du congrès annuel de l'Association des archivistes du Québec tenu à Montréal, le jury des prix annuels de l'AAQ décernait, le 8 juin 1995, au Centre de recherche en civilisation canadienne-française de l'Université d'Ottawa le prix annuel 1995 destiné à un *organisme public* ayant contribué au développement de l'archivistique et de la gestion des documents. Le jury était sous la présidence de Ginette Noël, directrice de la Division des archives de la ville de Québec. Avec ce prix, l'Association souligne l'expertise acquise par le Centre dans le domaine des archives depuis sa fondation en 1958, le grand nombre d'instruments de recherche de qualité réalisés au Centre, le rôle important joué par le Centre à l'égard de la conservation des archives de la communauté franco-ontarienne et des organismes francophones pancanadiens.

Par ailleurs, lors de son congrès annuel tenu à London (Ontario) du 24 au 27 mai 1995, l'Association des archives de l'Ontario / Archives Association of Ontario honorait la responsable des archives du Centre, Lucie Pagé, en lui attribuant le prix Alexander Fraser. Ce prix est remis annuellement à une personne qui a contribué de façon significative au développement de la communauté archivistique de l'Ontario. Le comité des prix de l'Association était présidé par la regrettée Shirley Spragge. Le prix a été remis officiellement à la récipiendaire par le président de l'AAO, Mark Schofield, au cours d'une cérémonie qui a eu lieu à Ottawa, le 12 septembre 1995.

Les publications parrainées par le Centre

Actes des États généraux de la recherche sur la francophonie à l'extérieur du Québec (textes réunis par Yolande Grisé, Ottawa, Presses de l'Université d'Ottawa, « Actexpress », 283 p.) : cet ouvrage fait suite au colloque des « États généraux de la recherche sur la francophonie à l'extérieur du Québec » qui avait eu lieu les 24, 25 et 26 mars 1994, à Ottawa. Il comprend 33 textes regroupés en cinq parties, selon l'ordre des séances du colloque : 1) les conditions de la recherche depuis 1980 : témoignages ; 2) les pratiques actuelles de la recherche : observations ; 3) les besoins et les priorités de la recherche en 1995-2000 : analyses ; 4) le financement de la recherche : politiques ; 5) table ronde sur de nouvelles collaborations possibles entre les chercheurs de tous les milieux : solutions.

Répertoire numérique du Fonds François-Xavier-Garneau, du Fonds Alfred-Garneau, de la Collection Alfred-Garneau et du Fonds Hector-Garneau (Jean-Marc Barrette, CRCCF, « Documents de travail du CRCCF », n° 37, 135 p.) : cet instrument de recherche a été réalisé à l'occasion du 150ᵉ anniversaire de la parution de *L'Histoire du Canada depuis sa découverte jusqu'à nos jours* de F.-X. Garneau, afin de faciliter l'accès et la consultation rapide à l'ensemble des archives de la famille Garneau conservées au CRCCF.

Les Textes poétiques du Canada français, vol. 8, *1860* (sous la direction de Yolande Grisé et Jeanne d'Arc Lortie, s.c.o., avec la collaboration de Pierre Savard et Paul Wyczynski, Montréal, Fides, « Les Textes poétiques du Canada français, 1606-1867. Édition intégrale ») : l'ouvrage contient 198 poèmes de longueur variée (de 4 à 944 vers), réunissant 14 800 vers. Une grande partie des thèmes traités s'inscrit dans le prolongement des sujets exploités à la fin de la décennie 1850 : l'actualité politique sur la scène nationale ou internationale ; la recherche d'une identité nationale ; l'affirmation de la poésie ; les retombées du progrès et la morale ; la condition humaine.

À venir

En 1995-1996, le Centre prévoit faire paraître les publications suivantes : *Répertoire numérique du Fonds Association des scouts du Canada, Fédération des scouts de l'Ontario, district d'Ottawa et Scogestion*, par Lucie Pagé, « Documents de travail du CRCCF », n° 38 ; *Répertoire numérique du Fonds Gaston-Vincent*, par Colette Michaud, « Documents de travail du CRCCF », n° 39 ; *La Nouvelle au Québec*, sous la direction de François Gallays et Robert Vigneault, Fides, « Archives des lettres canadiennes », tome 9 ; *Au pays des lambas blancs. Documents pour servir à l'histoire du missionnariat québécois dans la première moitié du XXe siècle*, Présentation, choix de textes et commentaires de Michel Carle, CRCCF ; *L'Avenir du livre. Conférence de Derrick de Kerckhove et table ronde présentées dans le cadre du Festival du livre des Outaouais*, CRCCF ; *Les Textes poétiques du Canada français*, vol. 9, 1861-1862, Fides ; *Inventaire de la littérature dans deux périodiques agricoles*, par Bernard Dumouchel.

LA CHAIRE POUR LE DÉVELOPPEMENT DE LA RECHERCHE SUR LA CULTURE D'EXPRESSION FRANÇAISE EN AMÉRIQUE DU NORD (CEFAN)

Faculté des lettres, Université Laval
Cité universitaire (Québec)
G1K 7P4

téléphone : (418) 656-5170
télécopieur : (418) 656-2019
courrier électronique : Cefan@cefan.ulaval.ca

Les membres de la CEFAN

La CEFAN de l'Université Laval est administrée par un comité directeur dirigé par le doyen de la Faculté des lettres, Jacques Desautels. Ce comité confie à un comité scientifique interdisciplinaire le mandat d'élaborer des objectifs de recherche et de programmer des travaux en conséquence. Le comité scientifique est composé de chercheurs des quatre départements de la Faculté des lettres : Yves Roby, historien ; Cécyle Trépanier, géographe ; Joseph Melançon, littéraire et titulaire de la Chaire ; Jacques Ouellet, linguiste ; ainsi que de collègues d'autres facultés : André Turmel, sociologue ; Florian Sauvageau, communication ; et d'autres universités : Francine Belle-Isle, Université du Québec à Chicoutimi ; Yolande Grisé, Université d'Ottawa ; René Hardy, Université du Québec à Trois-Rivières.

Les activités de la programmation 1994-1995

Pour l'année universitaire 1994-1995, la CEFAN a tenu un séminaire, un colloque et une conférence publique.

Le séminaire « Institution, culture et savoirs » s'est déroulé sous la responsabilité d'André Turmel du Département de sociologie. L'objectif général du séminaire était de dégager les schèmes d'intelligibilité qui façonnent les rapports entre une société et sa permanence dans l'espace-temps, à travers l'analyse des rapports entre institution, culture et savoirs.

Pour sa part, le colloque intitulé « Érudition, humanisme et savoir » était sous la responsabilité d'un comité dirigé par Yves Roby, du Département d'histoire. Ce colloque a été organisé en hommage à Jean Hamelin, historien renommé et premier titulaire de la Chaire. La partie rétrospective du colloque rappelait son apport important, ainsi que celui de ses nombreux étudiants, dans tous les secteurs de l'histoire : économique, politique, social et culturel. Chaque table ronde ouvrait sur des perspectives de recherche nouvelles quant aux thèmes, aux problématiques ou à la méthodologie.

La conférence publique « Deux figures complémentaires : Étienne Parent et François-Xavier Garneau » a été prononcée par le politicologue renommé, Gérard Bergeron. Tout comme l'an dernier, la conférence s'inscrivait dans une série de manifestations, sociales et culturelles, coordonnées par le Conseil de la vie française en Amérique, pour souligner la Semaine internationale de la francophonie. Gérard Bergeron nous a présenté les deux grandes figures, Étienne Parent, premier intellectuel, et François-Xavier Garneau, premier historien, comme étant complémentaires.

Les activités complémentaires

Chaque année, la CEFAN participe activement à des activités suscitées par une conjoncture particulière ou un événement fortuit. Ces activités sont généralement tenues en collaboration avec d'autres institutions. Pour l'année universitaire 1994-1995, ces activités complémentaires se sont déroulées sous forme de relations extérieures du titulaire et de son adjointe, et de travail d'édition pour la publication des travaux de la Chaire.

Les publications de la Chaire

Fernand Harvey (dir.), *La Région culturelle. Problématique interdisciplinaire*, Québec, IQRC / CEFAN, 1994.

Recueil de textes de réflexion écrits par des géographes, des historiens, des sociologues, des littéraires et des linguistes, portant sur la « région » définie, non pas comme une entité économique ou politique, mais comme une entité culturelle.

Claude Poirier (dir.), Aurélien Boivin, Cécyle Trépanier et Claude Verreault (collab.), *Langue, espace, société : les variétés du français en Amérique du Nord*, Sainte-Foy, Presses de l'Université Laval, coll. « Culture française d'Amérique », 1994.

Une synthèse qui fait le bilan de la situation des francophones en Amérique du Nord, dans ses dimensions linguistique, littéraire, géographique, historique et ethnologique.

Simon Langlois (dir.), *Identité et cultures nationales. L'Amérique française en mutation*, Sainte-Foy, Presses de l'Université Laval, coll. « Culture française d'Amérique », 1995.

L'ouvrage porte sur les mutations de l'identité nationale en Acadie ainsi que dans les communautés ontaroise et franco-américaine : comment elles se sont constituées et comment elles ont évolué. Deux des 17 textes sont consacrés à l'analyse de la langue et du statut politique du Québec. L'ouvrage se termine par une bibliographie commentée.

Jacques Mathieu (dir.), *La Mémoire dans la culture*, Sainte-Foy, Presses de l'Université Laval, coll. «Culture française d'Amérique», 1995.

Jacques Mathieu (dir.), *Expressions de mémoire*, Sainte-Foy, CEFAN, 1995.

Ces deux ouvrages, issus d'un séminaire aux études avancées, ont une problématique identique. Ils explorent d'autres objets et d'autres lieux de mémoire, des rapports moins bien connus entre les sociétés et leur passé, et illustrent ces relations intimes entre le passé et le présent, entre la mémoire et la culture. Le premier contient des travaux de chercheurs accomplis, le second, les meilleurs travaux d'étudiants et une bibliographie commentée.

Fernand Dumont, *L'Avenir de la mémoire*, Nuit blanche, coll. «Les conférences publiques de la CEFAN», 1995.

Gérard Bergeron, *Deux figures complémentaires: Étienne Parent et François-Xavier Garneau*, Nuit blanche, coll. «Les conférences publiques de la CEFAN», 1995.

Les premiers-nés d'une nouvelle collection de la CEFAN, ils contiennent une présentation de l'auteur et le texte de leur allocution.

À venir

1) Les activités

Le programme triennal 1995-1998 de la Chaire aura comme thème «La rencontre des cultures». Ainsi, dans les trois années à venir, les travaux de la Chaire étudieront la nature des rencontres qui posent le problème aigu de l'assimilation ou de l'isolement.

La première année de la programmation portera sur «Le dialogue des cultures». Ce thème annuel se veut une exploration des diverses rencontres dans les cultures francophones d'Amérique du Nord. Concrètement, l'exploration commencera par un séminaire interdisciplinaire au trimestre d'hiver. Dirigé par un géographe, Eric Waddell, il privilégiera la dimension spatiale du dialogue des cultures, dont celui avec les Irlandais, les autochtones, notamment les Métis, l'Amérique créole et les Acadiens.

Intégré à ce séminaire, aura lieu un colloque international, dirigé par la littéraire Françoise Tétu de Labsade. Intitulé «La littérature et le dialogue interculturel», il comportera, en plus de la conférence inaugurale de François Paré, cinq séances qui porteront tour à tour sur la problématique générale du colloque, sur le sujet et l'objet de l'écriture et sur le sujet et l'objet du dialogue littéraire.

2) Les publications

Brigitte Caulier (dir.), *Religion, culture, sécularisation? Les expériences francophones en Amérique du Nord*, Sainte-Foy, Presses de l'Université Laval, coll. «Culture française d'Amérique».

Yves Roby (dir.), *Érudition, humanismes et savoir*, Sainte-Foy, Presses de l'Université Laval, coll. « Culture française d'Amérique ».

André Turmel (dir.), *Institution, culture et savoirs*, Sainte-Foy, Presses de l'Université Laval, coll. « Culture française d'Amérique ».

L'INSTITUT FRANCO-ONTARIEN

Pavillon Alphonse-Raymond
Université Laurentienne
Sudbury (Ontario)
P3E 2C6

téléphone : (705) 675-1151, poste 5026
télécopieur : (705) 675-4816

Directoire scientifique

Directeur : Yvon Gauthier

Secrétaire : François Boudreau

Trésorier : Annette Ribordy

Responsable des publications : Kapele Kapanga

Responsable de la recherche : Diane Lataille-Démoré

Responsable de la documentation : Lionel Bonin

L'Institut compte également un grand conseil qui est composé des membres du directoire et de six autres membres recrutés auprès d'organisations provinciales ontariennes.

Les activités accomplies de septembre 1994 à septembre 1995

L'Institut poursuit l'établissement d'un programme de maîtrise interdisciplinaire en études franco-ontariennes à l'Université Laurentienne. Ce programme comptera sur la participation de professeurs de trois facultés, soit les sciences sociales, les humanités et les écoles professionnelles, ainsi que de professeurs venant de l'Université d'Ottawa, du Collège Glendon et du Collège universitaire de Hearst.

Les publications

Deux numéros de la *Revue du Nouvel-Ontario* ont été publiés depuis mars 1995. Le numéro 16 contient cinq articles de fond sur divers aspects de la réalité franco-ontarienne, deux analyses critiques et un compte rendu de lecture.

Le numéro 17 est une livraison spéciale sur l'histoire des ouvriers-mineurs de la région de Sudbury. Ce numéro comprend les articles suivants : 1) « Les Canadiens français et le travail minier dans la région de Sudbury, 1816-1912 » ; 2) « Les Italiens de Copper Cliff, 1886-1912 » ; 3) « Les accidents de travail à la Canadian Copper Company, 1900-1920 » ; 4) « Des ouvriers-mineurs de Sudbury (1912-1930) : le cas de l'International Nickel Company ». Trois numéros sont en préparation pour l'année 1995-1996. De plus, un numéro du *Filon*, le bulletin d'information de l'Institut, a été publié en octobre 1995.

Les projets en cours

L'Institut poursuit, depuis 1991, l'informatisation des registres de paroisses (baptême, mariage, sépulture) de la région de Sudbury et du nord-est de l'Ontario. Jusqu'à présent, l'Institut a informatisé les registres de près de quinze paroisses. Il mène ce projet en collaboration avec le Centre interuniversitaire SOREP et la Société franco-ontarienne d'histoire et de généalogie. Il compte pouvoir reconstituer bientôt les familles francophones de la région de Sudbury à partir de ces registres. Ce projet jouit de subventions de la Fondation du patrimoine ontarien et de la Fédération des caisses populaires de l'Ontario. L'Institut compte publier les premiers résultats de ce projet au cours de l'année 1996.

En collaboration avec le Comité d'action de service aux sourds francophones et l'Association canadienne-française de l'Ontario (ACFO), l'Institut effectue un inventaire et un sondage auprès de la population sourde francophone de l'Ontario afin de déterminer ses besoins et d'établir les services nécessaires. Ce projet est en cours depuis 1993 ; l'étape du sondage devrait avoir lieu au cours de la prochaine année.

L'Institut vient de publier un important ouvrage dans sa collection « Fleur-de-Trille ». Il s'agit des actes du colloque sur les « Familles francophones : multiples réalités », qui a eu lieu à l'automne 1994. Le livre a été publié sous la direction de trois professeurs de l'Université Laurentienne : Christianne Bernier, sociologie ; Sylvie Laroque, sciences infirmières ; et Maurice Aumond, sciences de l'éducation. L'Institut évalue présentement trois manuscrits qui lui ont été soumis pour publication dans cette collection.

Le professeur Cornelius J. Jaenen, du Département d'histoire de l'Université d'Ottawa, s'est mérité le prix Omer-Legault de l'Institut franco-ontarien. Le prix est décerné, tous les deux ans, à l'auteur d'une publication sur l'Ontario français jugée la meilleure par un jury de trois membres. Ce prix a été inauguré en 1991, en collaboration avec la Fédération des caisses populaires de l'Ontario, pour rendre hommage à un pionnier du mouvement coopératif dans le nord de l'Ontario.

Finalement, l'Institut est en train de se préparer pour célébrer son 20e anniversaire, qui aura lieu à l'automne 1996. Les membres du comité organisateur sont Yvon Gauthier, Gaétan Gervais, Donald Dennie et Guy Gaudreau.

LE CENTRE D'ÉTUDES ACADIENNES

Université de Moncton
Moncton (Nouveau-Brunswick)
E1A 3E9

téléphone : (506) 858-4985
télécopieur : (506)858-4086

Le conseil d'administration

Deux réunions, le 17 juin et le 26 octobre 1994, ont rassemblé un nombre réduit de chercheurs du conseil scientifique du Centre d'études acadiennes (CEA). Ces rencontres visaient à préciser le rôle et les responsabilités des études acadiennes à l'Université de Moncton. La directrice du CEA, Phyllis LeBlanc, a déposé un rapport sur l'avenir des études acadiennes à la fin de son mandat en juin 1995. La teneur du rapport a été influencée par la décision de l'administration de l'Université de regrouper sous une même administration le Centre d'études acadiennes, la Chaire d'études acadiennes et le Musée acadien. La nouvelle structure administrative est dirigée depuis le 1er juillet 1995 par Jean Daigle.

Les activités accomplies en 1994-1995

Le Centre a tenu sa conférence annuelle en mars 1995. À cette occasion, Laurier Turgeon, directeur du CELAT et professeur d'histoire de l'Université Laval, a prononcé une allocution devant un groupe d'une trentaine de personnes.

Les publications parrainées par le Centre

Le *Glossaire acadien*, publié conjointement en 1993 avec les Éditions d'Acadie, a été réédité en 1995. Il faut souligner que cette réédition a fait l'objet d'une nouvelle mise en pages qui facilite la consultation de cet ouvrage de référence tout en modifiant la pagination par rapport à l'édition de 1993.

En juin, le Centre publiait une recherche sur la filmographie acadienne. L'étude de Josette Déléas, *Images d'Acadiens et de Cadjens de 1908 à 1994 (Filmographie acadienne)*, recense en 127 pages les productions vidéo et les films produits par les Acadiens au Canada et en Louisiane.

Deux numéros de *Contact-Acadie* ont été publiés en 1994-1995. Il s'agit des numéros 24 (décembre 1994) et 25 (juin 1995). Le *Contact-Acadie* rend service à ses lecteurs, comme en font foi les commentaires reçus suite à une mise à jour de la liste des abonnés.

Les projets en cours

Grâce à un projet de l'article 25 de la loi sur l'assurance-chômage, le CEA continue l'informatisation des données généalogiques sur les familles acadiennes qui avait débuté en 1993. Deux personnes ont été embauchées pour faire la saisie des données. La première étape avait permis de recueillir 55 000 noms et nous comptons ajouter 15 000 autres noms à la liste généalogique.

Le Centre, de concert avec la Chaire d'études acadiennes et le Musée, a entrepris d'assurer sa présence sur l'Internet en développant une page d'accueil sur le World Wide Web (WWW). Notre objectif est de rejoindre les chercheurs grâce au réseau informatique en publiant électroniquement les inventaires, les guides de recherche et les bibliographies qui ont déjà été numérisés. Cette publication se fait de manière progressive, ce qui ne peut qu'encourager les utilisateurs à visiter régulièrement le site du CEA au http://www.umoncton.ca/étudeacadiennes/Centre.

Le Centre accueille, pour l'année universitaire 1995-1996, un chercheur en résidence, Damien Rouet. Ce dernier poursuit, grâce à une bourse postdoctorale du gouvernement français, une étude comparative du choix des prénoms aux XVIIe et XVIIIe siècles en Acadie, en Nouvelle-France et au Poitou.

LA CHAIRE D'ÉTUDES ACADIENNES

Université de Moncton
Moncton (Nouveau-Brunswick)
E1A 3E9

téléphone : (506) 858-4530
télécopieur : (506) 858-4086

Les membres du conseil consultatif

Lors de la réunion régulière de septembre 1994, le titulaire Jean Daigle a accueilli trois nouveaux membres au sein du conseil consultatif de la Chaire d'études acadiennes. Bertille Beaulieu, du Centre universitaire Saint-Louis-Maillet remplace Nicole Long; Verner Smitheran de la University of Prince Edward Island représente l'Île-du-Prince-Édouard; et l'étudiant Maurice Raymond remplace Judith Perron. Les membres réguliers sont Phyllis LeBlanc, Roger Ouellette, Louise Péronnet, Léon Thériault et Léandre Desjardins du Centre universitaire de Moncton; Marielle Cormier-Boudreau du Centre universitaire de Shippagan; et Neil Boucher de l'Université Sainte-Anne.

Le Conseil consultatif voit son champ d'action s'élargir avec la création, en juillet 1995, d'une nouvelle structure administrative qui regroupe la Chaire et le Centre d'études acadiennes ainsi que le Musée acadien.

Les activités accomplies en 1994-1995

La principale activité de la Chaire au cours de l'année écoulée a été de gérer le processus de traduction en langue anglaise de *L'Acadie des Maritimes*, publié en 1993. Ce collectif de nature encyclopédique rédigé par 33 spécialistes a remporté, en 1994, le prix France-Acadie décerné annuellement par l'association française « Les Amitiés acadiennes ».

Une équipe de six traducteurs et traductrices ont conjugué leurs efforts pour établir une traduction vers l'anglais des 900 pages du livre. Le projet a été rendu possible grâce à des subventions du Conseil des premiers ministres des Maritimes et de l'organisme Dialogue New/Nouveau-Brunswick. La version anglaise a été lancée en novembre 1995.

Les projets en cours

Jean Daigle, titulaire de la Chaire, s'est vu confier, en juillet 1995, la responsabilité administrative du Centre d'études acadiennes et du Musée acadien. Parmi les objectifs que le directeur des études acadiennes doit atteindre, il faut mentionner la mise en place d'une structure de fonctionnement intégré, la recherche de fonds de subvention et l'encadrement de la recherche dans le domaine des études acadiennes.

La Chaire appuie un projet de recherche collectif sur le journal *L'Évangéline*, dirigé par Gérard Beaulieu du Département d'histoire-géographie du Centre universitaire de Moncton. La Chaire fournit un support logistique et intellectuel à l'équipe de 16 chercheurs qui prévoit fournir la version finale de leur texte en juillet 1996. La publication de cette étude par la Chaire est prévue pour 1997, l'année du 110ᵉ anniversaire de la parution de *L'Évangéline*.

La Chaire est présente sur l'Internet. Elle s'est dotée d'une page d'accueil sur le World Wide Web (WWW). Il est possible d'y retrouver des renseignements sur les buts, les objectifs de la Chaire ainsi que la liste de ses publications en visitant le site http://www.umoncton.ca/etudeacadiennes/chaire/CHEA.html

LE CENTRE D'ÉTUDES FRANCO-CANADIENNES DE L'OUEST (CEFCO)

Collège universitaire de Saint-Boniface
200, avenue de la Cathédrale
Saint-Boniface (Manitoba)
R2H 0H7

téléphone : (204) 233-0210
télécopieur : (204) 237-3240

Membres du conseil d'administration

Président-directeur : Raymond Théberge (CUSB)

Membres : Lise Gaboury-Diallo (CUSB)

André Fauchon (CUSB)

Carol J. Harvey (University of Winnipeg)

Albert Lepage (CUSB)

Alan MacDonell (University of Manitoba)

Rachel Major (Brandon University)

Comité de rédaction des *Cahiers franco-canadiens de l'Ouest* :

André Fauchon, rédacteur en chef

Lise Gaboury-Diallo

François Lentz

Les activités accomplies de septembre 1994 à septembre 1995

1) Le quatorzième colloque annuel du CEFCO a eu lieu à Edmonton en octobre 1994, et portait sur les *Pratiques culturelles en milieu franco-canadien.*

2) À l'occasion du cinquantième anniversaire de *Bonheur d'occasion*, le CEFCO a organisé le Colloque international *Gabrielle Roy*, du 27 au 30 septembre 1995, suivi d'une excursion de deux jours, les 1ᵉʳ et 2 octobre, à la Petite Poule d'Eau et à Altamont. Ce colloque a rassemblé une centaine de spécialistes du monde entier et cinquante communications y ont été présentées.

Les publications parrainées par le CEFCO

Cahiers franco-canadiens de l'Ouest, vol. 6, n° 2, automne 1994.

La Production culturelle en milieu minoritaire, les actes du Treizième colloque du Centre d'études franco-canadiennes de l'Ouest, Saint-Boniface, Presses universitaires de Saint-Boniface, 1994.

À venir

Pratiques culturelles en milieu franco-canadien, les actes du Quatorzième colloque annuel du CEFCO, Edmonton, 1994.

Cahiers franco-canadiens de l'Ouest : numéro spécial « Histoire », novembre 1995 ; numéro spécial « Récits de voyage et l'Ouest canadien », 1996.

Actes du Colloque international *Gabrielle Roy*

Le colloque international Gabrielle Roy, regroupant des participants et participantes de l'Autriche, du Canada, de l'Espagne, des États-Unis, de la France, de l'Irlande, de l'Italie, du Japon, des Pays-Bas et de la Turquie, a été un grand succès ; le comité d'organisation a décidé de publier les actes sous forme de livre relié d'environ 700 pages, qui paraîtra en 1996.

Personne responsable : André Fauchon
Collège universitaire de Saint-Boniface
200, avenue de la Cathédrale
Saint-Boniface (Manitoba)
R2H 0H7

Téléphone : (204) 233-0210
Télécopieur : (204) 237-3240

L'INSTITUT FRANÇAIS

Collège de l'Assomption
500 Salisbury Street
P.O. Box 15005
Worcester, Massachusetts 01615-0005
États-Unis

téléphone : (508) 752-5615, poste 414
télécopieur : (508) 799-4412

Direction et conseil d'administration

Directrice : Claire Quintal

Président : Gérald-L. Pelletier

Vice-présidents : Jeannette Grenier Bonneau, Leslie Choquette, R.P. Claude Grenache, A.A.

Membres : Normand-J. Babineau, Louise-R. Champigny, Me Helen-M. Comeau, R.P. Louis-F. Dion, A.A., Gérald-E. D'Amour, R.P. Clarence-W. Forand, Clifford-O. Gaucher, Hon. André-A. Gélinas, Robert Graveline, Henry-W. LaJoie, Eugène-A. Lemieux, J. Lawrence Manuell, M.D., Gloria Robidoux Marois, Jeanne Gagnon McCann, Me Wilfrid-J. Michaud, Jr., Marthe Biron Péloquin, Roger-A. Proulx, D.C., Anne Goyette Rocheleau, Jacques-E. Staelen, Bernard-G. Théroux.

Membres d'honneur : Émile-A. Benoit, †Omer-E. Boivin, M.D., R.P. Wilfrid-J. Dufault, A.A., Edgar-J. Martel, †Vivian Rainault Potvin, Gérard-J. Robert.

Les activités accomplies en 1994-1995

Étant donné le déménagement des bureaux de l'Institut français à la Bibliothèque d'Alzon, les efforts de l'Institut et de son personnel se sont concentrés sur l'informatisation de ses collections de livres et d'archives. Déjà, 50 % de ce travail a été effectué. Tout chercheur peut y avoir accès par Internet à l'adresse suivante :

telnet : sun1@assumption.edu

Les publications

Aucune publication n'a paru de septembre 1994 à septembre 1995.

Les projets en cours

Le recueil d'une série d'articles tirés des actes des divers colloques tenus par l'Institut français depuis 1980 devait paraître fin 1995 sous le titre *Steeples and Smokestacks : The Franco-American Experience in New England*. Ce livre, qui comprend environ 600 pages, constitue un survol de la question franco-américaine.

La traduction anglaise d'un livre de Marie-Louise Bonier sur les Franco-Américains de Woonsocket, R.I., paraîtra au printemps de 1996.

Autres activités

Nouvelles, le bulletin d'information de l'Institut français, destiné à ses membres et bienfaiteurs, a paru fin septembre.

À venir

Nous projetons la publication de certains documents tirés de nos archives, dont le journal intime de Phydime Hémond, directeur du journal *La Sentinelle* de Woonsocket, R.I.

Lorraine Albert
Université d'Ottawa

La section des livres comprend les titres publiés en 1995 et ceux de 1994 qui n'avaient pas été répertoriés dans le numéro 5 de *Francophonies d'Amérique*.

Notre liste inclut des thèses de maîtrise et de doctorat soutenues depuis 1992, car il nous est difficile d'avoir accès aux thèses de l'année courante. Nous serions d'ailleurs reconnaissants aux personnes qui voudraient bien nous faire parvenir les titres de thèses récentes soutenues à leur institution ou ailleurs, dans les domaines qui intéressent cette revue.

Les titres précédés d'un astérisque font l'objet d'une recension dans les pages qui précèdent.

Nous tenons à remercier d'une façon toute particulière, cette année encore, Gilles Chiasson, du Centre d'études acadiennes de l'Université de Moncton, pour sa précieuse collaboration à la section de l'Acadie.

L'ACADIE (par Gilles Chiasson, Université de Moncton)

ARSENAULT, Raymond J., *Faces*, [s.l., s.n., 1994?], 136 p.

AUCOIN, Réjean, *Cédric à la barre du Bluenose II*, Montréal, Guérin, 1994, 47 p.

BABINEAU, René, *Les Babineau de l'Amérique du Nord : de l'an mille à l'an mille neuf cent quatre-vingt-quatorze*, [s.l.], L'Auteur, 1994, 119 p.

BABINEAU, René, *Résumé d'histoire d'Acadie, 1604-1994*, 6ᵉ édition revue, corrigée et mise à jour, Richibouctou (N.-B.), L'Auteur, 1994, 59 p.

BASQUE, Raynald, *Souris et moi : dessins éditoriaux*, Lévis (Qué.) ; Caraquet (N.-B.), Éditions Faye, 1994?, 256 p.

BASQUE-DUPLESSIS, Alma, *Grand-mère me racontait… : nouvelles et récits*, Grand Bay (N.-B.), L'Auteure, 1995, 115 p.

BERTRAND, Gabriel, *Paroisse acadienne de Rustico (Î.-P.-É.) et la banque des fermiers : recueil de citations épistolaires du Père Georges-Antoine Belcourt*, Moncton,

Chaire d'études coopératives, Université de Moncton, «Cahier de recherche», n° 95-04, 1995, 101 p.

BOUCHARD, Guy, J. MARCO, D. COUTURIER et Michel GAGNÉ, *La Petite Histoire du Madawaska*, Edmundston, [s.n.], 1994, 24 p.

BOUDREAU, Berthe (dir.), *Littérature acadienne pour la jeunesse des débuts à nos jours : guide bibliographique*, Moncton, Centre de ressources pédagogiques, Centre universitaire de Moncton, 1995, 44 p.

CHEVRIER, Cécile, *Acadie : esquisses d'un parcours / Sketches of a Journey*, Dieppe (N.-B.), La Société nationale de l'Acadie ; Saint-Joseph-de-Memramcook (N.-B.), La Société du Monument Lefebvre, 1994, 89 p.

CHIASSON, Anselme, *Contes de Chéticamp*, Moncton, Éditions de l'Acadie, 1994, 194 p.

CHIASSON, Anselme, *Le Nain jaune et autres contes des Îles de la Madeleine*, Moncton, Éditions d'Acadie, 1995, 134 p.

Claude Roussel en relief : rétrospective 1944-1993, Moncton, Galerie d'Art, 1993, 44 p.

COMEAU, Fredric Gary, *Ravages : poèmes*, Moncton, Éditions Perce-Neige ; Trois-Rivières, Éditions des Forges, 1994, 70 p.

CONGRÈS MONDIAL DES ACADIENS, *Le Guide officiel : retrouvailles : Congrès mondial acadien : 12-22 août 1994*, Dieppe (N.-B.), Congrès mondial acadien, 1994, 103, 36 p.

CORMIER, Hector, *Le Cercle Jacqueline-Collette de la SERF : dix ans déjà ! 1985-1995*, [Nouveau-Brunswick], Le Cercle Jacqueline-Collette de la Société des enseignantes et enseignants retraités francophones (SERF) du N.-B., 1995, 134 p.

*COUTURIER, Jacques Paul, avec la collaboration de Réjean OUELLETTE, *L'Expérience canadienne : des origines à nos jours*, Moncton, Éditions d'Acadie, 1994, 468 p.

*DAIGLE, France, *1953 : chronique d'une naissance annoncée*, Moncton, Éditions d'Acadie, 1995, 166 p.

DÉLÉAS, Josette, *Images d'Acadiens et de Cadjens de 1908 à 1994 (Filmographie acadienne)*, Moncton, Centre d'études acadiennes, Université de Moncton, 1995, 126 p.

DESGRANGES, Juliette et Gilles FOUCAUX, *Roch Voisine : jusqu'au bout de la tendresse*, Paris, Éditions J'ai lu, 1993, 188 p.

DIONNE, Gérard, *Petite Histoire de la famille de mon enfance, suivie de souvenirs personnels de ce que la Providence avait en réserve pour moi*, [s.l.], L'Auteur, 1995, 215 p.

*DOUCET, Michel, *Le Discours confisqué*, Moncton, Éditions d'Acadie, 1995, 240 p.

DUGAS, Albert, *La Bombe acadienne: de l'inconscient au conscient*, Wolfville (N.-É.), Éditions du Grand-Pré, 1995, 130 p.

DUGUAY, Jacques A., *Paroisse des Saints-Martyrs canadiens de Pont-Landry: hommage aux pionniers (1838-1995): cent cinquante-sept ans d'héritage*, Caraquet (N.-B.), Impression et conception, Acadie Presse, 1995?, 410 p.

EMOND ROBINSON, Lise, *Une décennie de ma vie en poésie, 1984-1994*, Saint-Basile (N.-B.), Éditions Lavigne, 1994, 66 p.

ENTREMONT, Clarence-Joseph d', *Histoire civile de Pubnico-Ouest (Nouvelle-Écosse)*, Pubnico-Ouest (N.-É.), L'Auteur, 1994, 258 p.

GABOURIE, Gaétane, *Blessure in-pansable*, Saint-Basile (N.-B.), Éditions Lavigne, 1994, 137 p.

GAGNÉ, Marc, *Évangéline et Gabriel: poème dramatique*, Québec, Le Loup de Gouttière, 1995, 136 p.

GAUTHIER, Jacques, *Tranquille et Modeste: roman. Chroniques d'Acadie*, t. 3, Montréal, Éditions Pierre Tisseyre, 1995, 428 p.

GIROUARD, Anna, *La Force herculéenne du maître chantre: père Louis-Joseph Ouellet, curé de Sainte-Marie-de-Kent, 1870-1913*, Sainte-Marie-de-Kent (N.-B.), Éditions les Balises, 1995, 125 p.

GIROUARD, Anna, *La Revenante du vaisseau fantôme de la baie de Bouctouche*, Tracadie-Sheila (N.-B.), La Grande Marée, 1995, 48 p.

HACHÉ, Colette, *Caraquet en été*, Caraquet (N.-B.), La Petite Imprimerie ltée, 1995, 39 p.

HARTIGAN, Shannon, Réa McKAY et Marie-Thérèse SÉGUIN (dir.), *Femmes et pouvoir. Réflexions autour d'Olympe de Gouges*, Moncton, Éditions d'Acadie, 1995, 296 p.

JACQUOT, Martine L., *Sables mouvants: nouvelles*, Wolfville (N.-É.), Éditions du Grand-Pré, 1994, 109 p.

JACQUOT, Martine L. (dir.), *Le Premier Atelier*, Wolfville (N.-É.), Éditions du Grand-Pré, 1995, 57 p.

J'ai une histoire à raconter, Halifax, Équipe de travail en alphabétisation, Fédération acadienne de la Nouvelle-Écosse, 1995, 48 p.

LABELLE, Ronald, *The Acadians of Chezzetcook*, Lawrencetown Beach (N.S.), Pottersfield Press, 1995, 96 p.

LABONTÉ, Robert, *Recueil des histoires du ruisseau de l'église*, Saint-Basile (N.-B.), Éditions Lavigne, 1995, 84 p.

LAFONTAINE, André, *La Famille Prince (Le Prince)*, Sherbrooke, L'Auteur, 1995, 212 p.

LANDRY, Rodrigue et Réal ALLARD, *Profil sociolangagier des francophones du Nouveau-Brunswick*, Moncton, Centre de recherche et de développement en éducation, Faculté des sciences de l'éducation, Université de Moncton, 1994, 193, 27 p.

LANTEIGNE, Léopold, *À la recherche d'un sens dans un monde confus : savoir, violence, espoir*, Boucherville (Qué.), Éditions de Mortagne, 1995, 289 p.

LAVOIE, Jean-Baptiste, *75 années de solidarité avec nos prêtres / 75 Years of Solidarity With Our Priests : Conseil / Council Mgr-W.-J.-Conway n° 1932, Edmundston, N.-B., 1919-1994*, [s.l., s.n.], 1994?, 277 p.

LEBLANC, Gérald, *Éloge du chiac : poésie*, Moncton, Éditions Perce-Neige, 1995, 120 p.

LÉVESQUE, Berthe, *Souffle de l'Atlantique*, Saint-Quentin (N.-B.), L'Auteure, 1995?, 176 p.

LOSIER, Eugénie, *Souvenirs de famille : Roussel Basque*, Tracadie (N.-B.), [s.n.], 1994?, 37, 30 p.

MACDONALD, Anne-Louise, *Le Chat de Mamie Laure*, Moncton, Éditions d'Acadie, 1995, 24 p.

MAILLET, Antonine, *Les Cordes-de-bois*, présentation de Pierre Salducci, Saint-Laurent (Qué.), Bibliothèque québécoise, 1994, 290 p.

MAILLET, Antonine, *La Fontaine ou la Comédie des animaux : théâtre*, Montréal, Leméac, 1995, 132 p.

MASSIGNON, Geneviève, *Trésors de la chanson populaire française : autour de 50 chansons recueillies en Acadie*, Paris, Bibliothèque nationale de France, 1994, 2 vol.

McGEE, Arlee, *La Force de la solidarité : l'histoire du Syndicat des infirmières et infirmiers du Nouveau-Brunswick*, Fredericton, Syndicat des infirmières et infirmiers du Nouveau-Brunswick, 1994.

Our Stories : Heritage '94 / Nos histoires : patrimoine '94, Fredericton, Bureau du multiculturalisme et de l'immigration, 1994, 108 p.

PARATTE, Henri-Dominique, *Confluences suivies de Elouèzes dans la nuit*, Wolfville (N.-É.), Éditions du Grand-Pré, « Le Verger d'or », n° 6 ; « Mouvance américaine », n° 1, 1995, 98 p.

PICHETTE, Robert, *Bâtie sur le roc : Mgr Numa Pichette, témoin d'une époque*, Moncton, Éditions d'Acadie, 1995, 228 p.

PITRE, Martin, *Pommette et le vent*, Moncton, Éditions d'Acadie, 1995, 24 p.

POIRIER, Donald, *Introduction générale à la Common Law,* Cowansville (Qué.), Éditions Yvon Blais inc., 1995, 441 p.

*RAINVILLE, Simone LeBlanc, *Madeleine ou la Rivière au printemps,* Moncton, Éditions d'Acadie, 1995, 198 p.

RAYMOND, Maurice, *La Soif des ombres : poèmes,* Moncton, Éditions Perce-Neige, 1994, 74 p.

Le Répertoire de la vie française en Amérique (1994-1995) : Acadie, présentation spéciale, 29ᵉ éd., Québec, Conseil de la vie française en Amérique, 1995 ?, 525 p.

RICHARD, Andréa, *Femme après le cloître : autobiographie,* Moncton, Éditions d'Acadie ; Montréal, Éditions du Méridien, 1995, 354 p.

ROSS, Sally et J. Alphonse DEVEAU, *Les Acadiens de la Nouvelle-Écosse : hier et aujourd'hui,* Moncton, Éditions d'Acadie, 1995, 294 p.

ROUSSEL-CYR, Lise Y., *Reflet d'une vie,* Saint-Basile (N.-B.), Éditions Lavigne, 1994, 153 p.

ROY, Albert, *La Mer en écrits : poésie,* Edmundston (N.-B.), Éditions Marévie, 1995, 111 p.

ROY, Gilles, *Fleurs d'automne : poésie,* Edmundston (N.-B.), Éditions Marévie, 1995, 90 p.

ROY, Réjean, *Le Bateau fantôme de la Baie des Chaleurs,* Tracadie-Sheila (N.-B.), La Grande Marée, 1995, 63 p.

ROY, Réjean, *Le Bateau fantôme de la Baie des Chaleurs / The Phantom Ship of the Chaleur Bay,* Petit-Rocher (N.-B.), Éditions Bert ltée / Bert Publishing Ltd., 1995, 84 p.

ROY, Réjean (dir.), *Échos péninsulaires II : nouvelles et récits,* Tracadie-Sheila (N.-B.), La Grande Marée, 1995, 251 p.

SAVOIE, Jacques, *Le Cirque bleu : roman,* Montréal, La Courte Échelle, « 16/96 », 1995, 156 p.

SIROIS, Anne-Marie, *Le Petit Chaperon mauve : une aventure époustouflante à en perdre la laine,* Moncton, L'Auteur, 1995, 22 p.

SONIER, Livain, *Histoires glanées icitte et là,* Sheila (N.-B.), L'Auteur, 1994 ?, 243 p.

SOUCY, Camille, *Farceur de l'école : conte,* Saint-Basile (N.-B.), Éditions Lavigne, 1994, 23 p.

SOUCY, Camille, *Le Flair de l'inspecteur Duroc. Faux cadavre,* Saint-Basile (N.-B.), Éditions Lavigne, 1994, 49 p.

SOUCY, Camille, *Le Flair de l'inspecteur Duroc. Suicide familial*, Saint-Basile (N.-B.), Éditions Lavigne, 1994, 55 p.

SOUCY, Camille, *Mireille: roman*, Saint-Basile (N.-B.), Éditions Lavigne, 1995, 176 p.

SOUCY, Camille, *Pierre et Marie: petite pièce théâtrale en un acte*, Saint-Basile (N.-B.), Éditions Lavigne, 1995, 13 p.

SOUCY, Camille, *Réminiscence et nostalgie*, Saint-Basile (N.-B.), Éditions Lavigne, 1995, 59 p.

THÉRIAULT, Joseph-Yvon, *L'Identité à l'épreuve de la modernité: écrits politiques sur l'Acadie et les francophonies canadiennes minoritaires*, Moncton, Éditions d'Acadie, 1995, 324 p.

THIBODEAU, Serge Patrice, *Nous, l'étranger: poésie*, Trois-Rivières, Écrits des Forges; Grand Duché du Luxembourg, Phi, 1995, 86 p.

THIBODEAU, Serge Patrice, *Le Quatuor de l'errance, suivi de La Traversée du désert: poésie*, Montréal, L'Hexagone, 1995, 252 p.

L'ONTARIO

ANDERSEN, Marguerite, *La Soupe: roman*, Montréal, Triptyque; Sudbury, Prise de Parole, 1995, 222 p.

BEAUCHAMP, Estelle, *Les Mémoires de Christine Marshall*, Sudbury, Prise de Parole, 1995, 159 p.

BELLEFEUILLE, Robert, *La Machine à beauté: théâtre*, adaptation du roman de Raymond Plante, Sudbury, Prise de Parole, 1995, 119 p.

BELLEY, Marlène, *Les jours sont trop longs pour se mentir: poèmes*, Hearst, Le Nordir, 1995, 52 p.

BOURAOUI, Hédi, *La Francophonie à l'estomac*, Paris, Éditions Nouvelles du Sud, 1995, 94 p.

CANTIN, François, *Un gars ben ordinaire*, Hearst, Éditions Cantinales, 1995, 145 p.

CLÉMENT, Michel, *La Dérive des continents: poésie*, Hearst, Le Nordir, 1995, 80 p.

CORMIER, Pierre-Paul, *Mécanique cantique: récit*, Hearst, Le Nordir, 1995, 80 p.

COTNAM, Jacques, Yves FRENETTE et Agnès WHITFIELD (dir.), *La Francophonie ontarienne: bilan et perspectives de recherche*, avec des textes de Roger Bernard *et al.*, *et une bibliographie des thèses sur l'Ontario français*, par Jean Yves Pelletier, Hearst, Le Nordir, 1995, 361 p.

COULOMBE, Caroline-Anne, *Ce qu'il y a d'absolu : poésie*, illustration de Luc Archambault, Hearst, Le Nordir, 1995, 68 p.

DALLAIRE, Michel, *Dans ma grande maison folle : nouvelles*, Sudbury, Prise de Parole, 1995, 122 p.

DALPÉ, Jean-Marc, *Lucky Lady : théâtre*, Montréal, Boréal ; Sudbury, Prise de Parole, 1995, 186 p.

DESBIENS, Patrice, *Un pépin de pomme sur un poêle à bois, précédé de Grosse Guitare rouge, précédée de Le Pays de personne : poésie*, Sudbury, Prise de Parole, 1995, 205 p.

DESGROSEILLERS, Arthur, *Le Trésor de la Missinaibi : roman*, Timmins, Éditions Julie Alison, 1995, 183 p.

*DONOVAN, Marie-Andrée, *Nouvelles volantes*, Orléans, Éditions David, 1994, 82 p.

DUMITRIU VAN SAANEN, Christine, *Millénaire*, Saint-Boniface, Éditions des Plaines, 1995, 61 p.

FLAMAND, Jacques (dir.), *A cappella : cinquante textes de création* par l'Atelier littéraire des aîné.e.s, Ottawa, Éditions du Vermillon, « Inédits de l'École flamande », n° 3, 1995, 160 p.

FORTIN, Robert, *Peut-il rêver celui qui s'endort dans la gueule des chiens ? : poésie*, Sudbury, Prise de Parole, 1995, 144 p.

GERMAIN, Doric, *La Vengeance de l'orignal : roman*, Nouv. ed., Sudbury, Prise de Parole, 1995, 117 p. (Publié pour la première fois en 1981.)

GROSMAIRE, Jean-Louis, *Une île pour deux : roman*, Ottawa, Éditions du Vermillon, « Roman », n° 11, 1995, 194 p.

GUINDON, Roger, o.m.i., c.c., *Coexistence féconde : la dualité linguistique à l'Université d'Ottawa*, vol. 3, *1936-1965*, Ottawa, Presses de l'Université d'Ottawa, 1995, 174 p.

HÉNAULT, Georges-Maurice, Paul LAURENT et Gilles PAQUET, *L'Efficacité du symbolique : la socio-économie spectacle de l'Ontario français*, Ottawa, Université d'Ottawa, Faculté d'administration, « Documents de travail », n° 95-27, 1995, 18 p.

HENRIE, Maurice, *Le Balcon dans le ciel : roman*, Sudbury, Prise de Parole, 1995, 148 p.

KARCH, Pierre, *Les Ateliers du pouvoir*, Montréal, XYZ, 1995, 165 p.

LACELLE, Andrée, *Tant de vie s'égare : poésie*, Ottawa, Éditions du Vermillon, « Rameau du ciel », n° 16, 1994, 92 p.

LACELLE, Andrée, *La Voyageuse : poésie*, Sudbury, Prise de Parole, 1995, 79 p.

LAMONTAGNE, Léopold, *Kingston : son héritage français : étude*, Vanier, Ont., Éditions L'Interligne, 1995, 240 p.

LEVAC, Roger, *L'Anglistrose : essai*, Sudbury, Prise de Parole, 1994, 156 p.

L'HÉRAULT, Marie-Josée, *Immersion : roman*, Ottawa, Arion, 1995, 250 p.

MARINIER, Robert, *L'Insomnie : théâtre*, Sudbury, Prise de Parole, 1995.

ONTARIO, COMMISSION ROYALE SUR L'ÉDUCATION, *Pour l'amour d'apprendre : rapport de la Commission royale d'enquête sur l'éducation*, Coprésidents : Monique Bégin, Gerald L. Caplan, Toronto, La Commission, 1994, 4 vol.

ONTARIO, COMMISSION ROYALE SUR L'ÉDUCATION, *Pour l'amour d'apprendre : rapport de la Commission royale d'enquête sur l'éducation, Notre version en raccourci*, Coprésidents : Monique Bégin, Gerald L. Caplan, Toronto, La Commission, 1994, 1 vol.

OUELLETTE, Michel, *Le Bateleur : théâtre*, Hearst, Le Nordir, 1995, 124 p.

*PARÉ, François, *Théories de la fragilité*, Ottawa, Le Nordir, 1994, 158 p.

PELLETIER, Pierre, *Autobiographies d'un cri : poèmes*, Ottawa, Éditions du Vermillon, « Rameau du ciel », n° 17, 1995, 86 p.

POISSANT, Guylaine, *Portraits de femmes du Nord ontarien : essai*, Hearst, Éditions du Nordir, 1995, 171 p.

POLIQUIN, Daniel, *Le Canon des Gobelins : nouvelles*, Hearst, Le Nordir, 1995, 172 p.

PROULX, J. Roger, Pierre TRUDEL et Pierre BOUDREAU, *Profil de carrière et satisfaction au travail des éducateurs physiques franco-ontariens : rapport de recherche présenté à la Direction de la recherche du ministère de la Culture, du Tourisme et des Loisirs du gouvernement de l'Ontario*, Ottawa, École des sciences de l'activité physique, Faculté d'éducation, Université d'Ottawa, décembre 1993, 85 p.

RUNTE, Roseann, *Poeme*, In romaneste de Dorin Ghisa, Timisoara, Editura Hestia, 1994, 147 p.

SYLVESTRE, Paul-François, *Homoportrait : poèmes*, dessins de Pierre Pelletier, Hearst, Le Nordir, « Textualité », 1995, 52 p.

TREMBLAY, Gaston, *Souvenir de Daniel : nouvelles*, Hearst, Le Nordir, 1995, 56 p.

TRUDEL, Pierre, Pierre BOUDREAU et J. Roger PROULX, *Les Éducateurs/ éducatrices physiques franco-ontariens : une analyse qualitative de leur profil de carrière et de leur satisfaction au travail*, Ottawa, École des sciences de l'activité physique, Faculté d'éducation, Université d'Ottawa, octobre 1994, 73 p.

VAILLANCOURT, Laurent et Michel OUELLETTE, *Cent bornes : livre d'art*, Sudbury, Prise de Parole, 1995, 224 p.

*VALLÉE, Danièle, *La Caisse*, illustrations de Cécile Boucher, Ottawa, Éditions du Vermillon, 1994, 80 p.

VECQUEMANS, Jacqueline, *Malepeine : poèmes*, Ottawa, Éditions du Vermillon, « Parole vivante », 1994, 70 p.

VOLDENG, Evelyne, *Mémoires de Ti-Jean : espace intercontinental du héros des contes franco-ontariens*, Vanier, Éditions L'Interligne, 1994, 164 p.

WHITFIELD, Agnès, *Où dansent les nénuphars : récit*, Hearst, Le Nordir, 1995, 83 p.

L'OUEST CANADIEN

AMMANN, René, *Joue, carcajou : comptines et poèmes*, Saint-Boniface, Éditions du Blé, 1995, 50 p.

ARCAND, Tatiana, *Trésors du passé manitobain*, illustrations de Réal Bérard, Montréal, Guérin, « Horizon pancanadien », 6ᵉ série, nᵒ 13, 1994, 47 p.

BENOIST, Marius, *Louison Sansregret, métis : un récit historique*, illustrations de Suzanne Gauthier, 2ᵉ édition refondue, revue et corrigée, Saint-Boniface, Éditions du Blé, 1994, 92 p.

BERGERON, Henri, *Le Cœur de l'arbre, le bavard récidive*, Saint-Boniface, Éditions du Blé, 1995, 276 p.

BERNIER, Claire, *Histoire du scoutisme et du guidisme francophones en Alberta de 1931 à 1988*, Edmonton, Éditions Duval, 1995, 168 p.

CHOQUETTE, Robert, *The Oblate Assault on Canada's Northwest*, Ottawa, University of Ottawa Press, « Religions and Beliefs Series », 1995, 258 p.

*DUBÉ, Jean-Pierre, *La Grotte : roman*, Saint-Boniface, Éditions du Blé, « Rouge », 1994, 130 p.

HILL, Lawrence, *De grandes choses : roman*, traduit par Robert Paquin, Saint-Boniface, Éditions du Blé, 1995, 270 p.

HUSTON, Nancy, *Désirs et réalités : textes choisis, 1978-1994*, Montréal, Leméac, 1995, 240 p.

HUSTON, Nancy, *Pour un patriotisme de l'ambiguïté : notes autour d'un voyage aux sources*, Saint-Laurent (Qué.), Fides, « Les grandes conférences », 1995, 38 p.

LEGAULT, Suzanne et Marie-France SILVER, *Vierges folles, vierges sages : kaléidoscope de femmes canadiennes dans l'univers du légendaire*, Saint-Boniface, Éditions des Plaines, 1995, 279 p.

*LEVASSEUR, Donat, o.m.i., *Les Oblats de Marie Immaculée dans l'ouest et le nord du Canada, 1845-1967: esquisse historique*, Edmonton, University of Alberta Press, Western Canadian Publishers, 1995, 345 p.

LEVASSEUR-OUIMET, France, *Mon grand livre d'images*, Edmonton, Les Éditions Duval, « Parle-moi de francophone », 1994, 77 p.

LÉVEILLÉ, J.R., *Causer l'amour: poésie*, Paris, Éditions Saint-Germain-des-Prés, 1993.

LÉVEILLÉ, J.R., *Romans: Tombeau, La Disparate, Plage*, Saint-Boniface, Éditions du Blé, 1995, 170 p.

LEYSSAC, André de, *Le Triomphe de l'ignorance: essai*, Winnipeg, Éditions de l'Indépendance, 1995, 57 p.

*MACKENZIE, NADINE, *Théo et Samoa*, illustrations de Michel LeBlanc, Saint-Boniface, Éditions des Plaines, 1994, 40 p.

MARCOTTE, Nancy Sellars, *Les gens qui ont bâti l'Alberta*, Edmonton, Éditions Duval, 1994. Traduction de *Ordinary People in Alberta's Past*.

*ROMNEY, Claude et Estelle DANSEREAU (dir.), *Portes de communications: études discursives et stylistiques de l'œuvre de Gabrielle Roy*, Sainte-Foy (Qué.), Presses de l'Université Laval, 1995, 212 p.

ROY, Gabrielle, *Alexandre Chenevert: roman*, Nouvelle édition, Ville Saint-Laurent, Boréal, « Boréal compact », 1995, 300 p.

ROY, Gabrielle, *Un jardin au bout du monde: nouvelles*, Montréal, Boréal, « Boréal compact », n° 54, 1994, 178 p.

ROY, Gabrielle, *La Montagne secrète: roman*, Nouvelle édition, Montréal, Boréal, « Boréal compact », n° 53, 1994, 186 p.

ROY, Gabrielle, *La Rivière sans repos, précédée de Trois nouvelles esquimaudes*, Ville Saint-Laurent, Boréal, « Boréal compact », 1995, 248 p.

SAINT-PIERRE, Annette, *De fil en aiguille au Manitoba*, Saint-Boniface, Éditions des Plaines, 1995, 384 p.

SAVOIE, Paul, *Mains de père: récit*, Saint-Boniface, Éditions du Blé, 1995, 146 p.

STEBBINS, Robert A., *The Franco-Calgarians: French Language, Leisure and Linguistic Lifestyle in an Anglophone City*, Toronto, University of Toronto Press, 1995, 152 p.

VERRET, Jocelyne, *Forêts et océans / Of Trees and Sea*, Edmonton, Les Entreprises Verret ltée, « Littart », 1994, 22 p.

VERRET, Jocelyne, *Gens d'ici, gens d'ailleurs / People from Here and Afar*, Edmonton, Les Entreprises Verret ltée, « Littart », 1995, 40 p.

LES ÉTATS-UNIS

Acadian Culture in Maine, Boston (Mass.), National Park Service, North Atlantic Regional Office, 1994, 92 p.

BIZIER, Richard, *La Louisiane*, Montréal, Ulysse, 1994, 409 p.

*BRAUD, Gérard-Marc, *De Nantes à la Louisiane : l'histoire de l'Acadie, l'odyssée d'un peuple exilé*, Nantes, Ouest éditions, 1994, 159 p.

HERO, Alfred Olivier, *Louisiana and Quebec*, New York, University Press of America, 1995.

HOYT-GOLDSMITH, Diane, *Mardi Gras : A Cajun Country Celebration*, New York, Holiday House, 1995, 32 p.

JEHN, Janet B., *Acadian Descendants*, Vol. IX, Covington (Ky.), Acadian Genealogy Exchange, 1994, 229 p.

The New Orleans French, 1720-1733 : A Collection of Marriage Records Relating to the First Colonists of the Louisiana Province, Baltimore (Md.), Clearfield Company, 1994, 113 p. (Réimpression)

*QUINTAL, Claire (dir.), *La Femme franco-américaine / The Franco-American Woman*, Worcester (Mass.), Éditions de l'Institut français, Collège de l'Assomption / French Institute of Assumption College, 1994, 216 p.

TALLANT, Robert, *Evangeline and the Acadians*, Illustrated by Corinne B. Dillon, Gretna (La.), Pelican Publishing Company, 1995.

TAURIAC, Michel, *Évangéline : roman*, Paris, Éditions Julliard, 1995, 360 p.

GÉNÉRAL

BECKETT, Sandra (dir.), *Exilés, marginaux et parias dans les littératures francophones*, Actes du Colloque international de l'Université Brock, Ontario, 23-24 octobre 1992, Toronto, Éditions du GREF, « Dont actes », n° 12, 1994, 332 p.

BERNIER, Serge, *French Canadians and Bilingualism in the Canadian Armed Forces : 1969-1987, Official Languages. National Defense's Response to the Federal Policy*, Vol. 2, Accents Publications Service Incorporated, 1994, 843 p.

*CAJOLET-LAGANIÈRE, Hélène et Pierre MARTEL, *La Qualité de la langue au Québec*, Québec, Institut québécois de recherche sur la culture, « Diagnostic », n° 18, 1995, 167 p.

CONSEIL INTERNATIONAL D'ÉTUDES FRANCOPHONES, *Francophonie plurielle*, Actes du premier congrès mondial du Conseil international d'études francophones tenu à Casablanca, Maroc, en juillet 1993, direction et présentation de Ginette Adamson et Jean-Marc Gouanvic, LaSalle (Qué.), Hurtubise HMH, 1995.

COUILLARD, Marie et Patrick IMBERT (dir.), *Les Discours du Nouveau Monde au XIXᵉ siècle au Canada français et en Amérique latine / Los discursos del Nuevo Mundo en el siglo XIX en el Canadá francófono y en América latina*, Actes du colloque tenu du 29 septembre au 1ᵉʳ octobre 1994 à l'Université d'Ottawa dans le cadre de l'Accord d'échange entre l'Université d'Ottawa (Canada) et l'Universidad Nacional de Rosario (Argentine), Ottawa, Legas, 1995, 288 p.

COULOMBE, Pierre A., *Language Rights in French Canada*, Vol. 2, Peter Lang Publishing, « Francophone Cultures & Literatures Series », 1995, 192 p.

*COUTURIER, Jacques-Paul et Réjean OUELLETTE, *L'Expérience canadienne : des origines à nos jours*, Moncton, Éditions d'Acadie, 1994, 468 p.

FRANCE, HAUT CONSEIL DE LA FRANCOPHONIE, *État de la francophonie dans le monde : données 1994 et 5 enquêtes inédites*, Paris, Documentation française, 1994, 565 p.

GRISÉ, Yolande (dir.), *États généraux de la recherche sur la francophonie à l'extérieur du Québec*, Ottawa, Presses de l'Université d'Ottawa, « Actexpress », 1995, 283 p.

GRISÉ, Yolande et Jeanne d'Arc LORTIE, avec la collaboration de Pierre SAVARD et Paul WYCZYNSKI, *Les Textes poétiques du Canada français, 1606-1867*, vol. 8 : *1860*, Édition intégrale, Montréal, Fides, 1995, 576 p.

*HALFORD, Peter W., *Le Français des Canadiens à la veille de la Conquête : témoignage du père Pierre Philippe Potier, s.j.*, préface d'André Lapierre, Ottawa, Presses de l'Université d'Ottawa, « Amérique française », n° 2, 1994, 380 p.

HUSTON, James, *De la position et des besoins de la jeunesse canadienne-française, 1847, suivi de Visite à un village français sur la frontière américaine, 1842*, Saint-Jacques, Éditions du Pot de fer, « Pour le texte », 1994, 45 p.

LANGLOIS, Simon (dir.), *Identité et cultures nationales : l'Amérique française en mutation*, Québec, Presses de l'Université Laval, « Culture française d'Amérique », 1995, 378 p.

LARIN, Robert, *Contribution du Haut-Poitou au peuplement de la Nouvelle-France*, Moncton, Éditions d'Acadie, 1994, 396 p.

LEGENDRE, Napoléon, *La Langue française au Canada : avec quelques courtes études philologiques*, Saint-Jacques (Qué.), Éditions du Pot de fer, « Pour le texte », n° 1, 1994, 177 p. (Première édition, Québec, Typographie de C. Darveau, 1890).

NICHOLSON, Byron, *Le Canadien-français : esquisse de ses principaux reliefs caractériels*, traduction d'Ulric Barthe, Saint-Jacques (Qué.), Éditions du Pot de fer, « Pour le texte », n° 24, 1994, 152 [68] p. (Éd. originale, Québec, Cie d'imprimerie commerciale, 1904).

*POIRIER, Claude (dir.), *Langue, espace, société: les variétés du français en Amérique du Nord*, Sainte-Foy (Qué.), Presses de l'Université Laval, CEFAN, «Culture française d'Amérique», 1994, 508 p.

PRÉVOST, Philippe, *La France et les nominations épiscopales au Canada, 1921-1940: un combat pour la francophonie*, Saint-Boniface, Éditions du Blé, «Soleil», 1995, 184 p.

Répertoire des associations et des médias écrits et électroniques francophones de l'Amérique du Nord, Québec, Conseil de la vie française en Amérique, 1994, 35 p.

ROY, Jean-Louis, *Mondialisation, développement et culture: la médiation francophone*, Montréal, Hurtubise HMH, 1995, 156 p.

THÈSES

BERNARD, Laure, *Comparison Between the Acadians' and the Quakers' Neutrality in North America Between 1713 and 1756*, Mémoire de maîtrise, Université d'Orléans, 1994, 104 p.

BRUN, Joseph, *Les Femmes d'affaires dans la société coloniale nord-américaine: le cas de l'Île Royale, 1713-1758*, M.A., Université de Moncton, 1994, 125 p.

COLLINGS, Christopher M., *Bill 75 Policy. Implementation Within the Metropolitan Toronto School Board: A Case Study (Ontario, Francophone Schools)*, Ph.D., Université Laval, 1993, 326 p.

DESJARDINS, Richard, *La Perception du professionnalisme chez le personnel enseignant et chez les membres de la direction des écoles franco-ontariennes*, Ph.D., Université de Montréal, 1992, 341 p.

DOUCET, Carol, *Le Cercle de presse comme lieu de cohabitation des journalistes et des relationnistes francophones du Nouveau-Brunswick*, M.A., Université Laval, 1994, 140 p.

GIGON, Nathalie, *Rôle du milieu et vie associative locale francophone dans l'Est ontarien*, M.A., Université d'Ottawa, 1993, 169 p.

HARBOUR, Steve, «*Le Travailleur*», *les Franco-Américains de Worcester, Massachusetts, et la Deuxième Guerre mondiale*, M.A., Université Laval, 1992, 131 p.

HEFFERMAN, Peter-J., *Les Contenus culturels dans l'enseignement des langues dans les cours de langue seconde et maternelle destinés aux élèves anglophones et francophones canadiens*, 2 vol., Ph.D., Université Laval, 1995, 620 p.

LAFONTANT, Jean, *L'Incidence de l'État dans la formation et l'évolution des organisations de revendication citoyennes: le cas de deux groupes féminins/féministes franco-manitobains*, Ph.D., Université Laval, 1993, 268 p.

LANG, Nicole, *La Compagnie Fraser Limited, 1918-1974. Étude de l'évolution des stratégies économiques, des structures administratives et de l'organisation du travail à l'usine d'Edmundston au Nouveau-Brunswick*, Ph.D., Université de Montréal, 1994, 402 p.

McKEE, Isabelle, *Rapports ethniques et rapports de sexes en Acadie: les communautés religieuses de femmes et leurs collèges classiques*, Ph.D., Université de Montréal, 1995, 453 p.

MARCOUX, Christine, *Les Couples biculturels anglophones et francophones de la région d'Ottawa-Hull: la rencontre des identités socio-culturelles*, M.A., Université Laval, 1993, 150 p.

MARSAUD, Myriam, *L'Étranger qui dérange. Le procès de sorcellerie de Jean Campagna: miroir d'une communauté acadienne, Beaubassin, 1685*, M.A., Université de Moncton, 1993, 172 p.

PERRON, Judith, *Théâtres, fêtes et célébrations en Acadie (1880-1980)*, Ph.D., Université de Moncton, 1995, 267 p.

PLANTE, Ronald, *Histoire et fictions: pôles et convergences. Étude des Chroniques du Nouvel-Ontario d'Hélène Brodeur*, M.A., Université de Waterloo, 1995, vi, 123 p.

REGIMBAL, Suzanne Aline, *L'Échelle d'intelligence de Wechsler pour enfants: A Translation and Adaptation of the WISC-R for Use With Franco-Ontarians*, Ph.D., Michigan State University, 1994, 211 p.

RICHARD, Ricky G., *Les Formes de l'acadianité au Nouveau-Brunswick: action collective et production de l'identité (1960-93)*, M.A., Université Laval, 1994, 123 p.

RIOUX, Marie-Claude, *L'Emprunt à l'anglais chez les pêcheurs acadiens de la Nouvelle-Écosse*, M.A., Université de Moncton, 1993, 145 p.

ROBICHAUD, Jacqueline, *Analyse qualitative de la compétence cognitivo-académique en français langue maternelle chez les jeunes Acadiens des provinces Maritimes*, M.A., Université de Moncton, 1994, 85 p.

ROBICHAUD, Lise, *Didactique des arts visuels au primaire en Acadie et art acadien contemporain: élaboration d'un devis pédagogique ethno-esthétique*, Ph.D., Concordia University, 1994, 173 p.

ROSS, Rita, *Evangeline: An Acadian Heroine in Elite, Popular and Folk Culture*, Ph.D., University of California, Berkeley, 1993, 213 p.

SMITH, Jane S., *A Morphosyntactic Analysis of the Verb Group in Cajun French*, Ph.D., University of Washington, 1994, 244 p.

Comment communiquer avec

ℝANCOPHONIES
D'AMÉRIQUE

POUR TOUTE QUESTION TOUCHANT AU CONTENU DE LA REVUE
AINSI QUE POUR LES SUGGESTIONS D'ARTICLES :

FRANCOPHONIES D'AMÉRIQUE
DÉPARTEMENT DES LETTRES FRANÇAISES
UNIVERSITÉ D'OTTAWA
C.P. 450, Succ. A
OTTAWA (ONTARIO)
K1N 6N5
TÉLÉPHONE : (613) 562-5800 poste 1100
(613) 562-5797
TÉLÉCOPIEUR : 562-5981

POUR LES NOUVELLES PUBLICATIONS ET LES THÈSES SOUTENUES :

LORRAINE ALBERT
DÉPARTEMENT DES COLLECTIONS
BIBLIOTHÈQUE MORRISET
OTTAWA (ONTARIO)
K1N 6N5
TÉLÉPHONE : (613) 562-5800
TÉLÉCOPIEUR : 562-5133

POUR LES QUESTIONS DE DISTRIBUTION OU DE PROMOTION :

LES PRESSES DE L'UNIVERSITÉ D'OTTAWA
UNIVERSITÉ D'OTTAWA
542, RUE KING EDWARD
OTTAWA (ONTARIO)
K1N 6N5
TÉLÉPHONE : (613) 562-5246
TÉLÉCOPIEUR : (613) 562-5247

FRANCOPHONIES
D'AMÉRIQUE

Revue annuelle: ISSN 1183-2487

		Canada	**Autres pays**
Abonnement		22,00 $	24,00 $
	TPS 7 %	1,54 $	0
	TOTAL	23,54 $	24,00 $
Au numéro		24,00 $	26,00 $
	TPS 7 %	1,68 $	0
	TOTAL	25,68 $	26,00 $

Numéros déjà parus

- ■ *Francophonies d'Amérique*, nᵒ 1 (épuisé)
- ❏ *Francophonies d'Amérique*, nᵒ 2 .... _____ $
- ❏ *Francophonies d'Amérique*, nᵒ 3 .... _____ $
- ❏ *Francophonies d'Amérique*, nᵒ 4 .... _____ $
- ❏ *Francophonies d'Amérique*, nᵒ 5 ISBN 2-7603-0406-X ...... _____ $
- ❏ *Francophonies d'Amérique*, nᵒ 6 ISBN 2-7603-0429-9 .... _____ $

Total (transport inclus) .... _____ $

Mode de paiement

- ❏ Veuillez m'abonner à *Francophonies d'Amérique* (facturation par retour du courrier)
- ❏ Veuillez m'adresser les titres cochés
- ❏ Ci-joint un chèque ou un mandat de ...._____ $
- ❏ Visa   ❏ Mastercard   Nᵒ _____

Date d'expiration _____ Signature _____

Nom _____

Institution _____

Adresse _____

_____Code postal _____

Service d'abonnement:

AGENCE INTERNATIONAL
INTERNATIONALE SUBSCRIPTION
D'ABONNEMENT AGENCY
C.P. 444, Outremont, QC
Canada H2V 4R6
Tél.: (514) 274-5468
Téléc.: (514) 274-0201
Tout le Canada:
Tél.: 1-800-361-1431

LES PRESSES
DE L'UNIVERSITÉ
D'OTTAWA

Vente au numéro:

Gaëtan Morin éditeur
Diffuseur exclusif des Presses de l'Université d'Ottawa
171, boul. de Mortagne, Boucherville, QC
Canada J4B 6G4

Tél.: (514) 449-7886—Téléc.: (514) 449-1096

Diffuseur en Europe:
TOTHÈMES DIFFUSION
26, Avenue de l'Europe
78141 Vélizy, France

Tél.: (1) 34 63 33 01
Téléc.: (1) 34 65 39 70

• Cap-Saint-Ignace
• Sainte-Marie (Beauce)
Québec, Canada
1996